农家乐开办经营指南

赵春涛 编著

金盾出版社

内容提要

本书是一本专为广大农家乐投资创业者、经营管理者及政府有关部门决策者编写的学习参考用书。作者根据自己长期的调查研究，理论结合实际，在书中系统全面而又深入具体地介绍了农家乐的市场现状与发展前景、投资决策与前期筹备、总体规划与项目设计、营销策略与服务技能、人员招聘与各项管理等，揭示了获得成功的秘诀和需要注意的各种问题。本书内容丰富，科学实用，紧贴实际，通俗易懂，具有很强的指导性和可操作性，对于准备投资开办农家乐和正在经营农家乐的企业人士来说，实为一本难得的创业指南与经营宝典，不可不读。

图书在版编目(CIP)数据

农家乐开办经营指南/赵春涛编著.— 北京：金盾出版社，2014.6(2018.2 重印)
ISBN 978-7-5082-9221-2

Ⅰ.①农…　Ⅱ.①赵…　Ⅲ.①农村—旅游业—经营管理—中国—指南Ⅳ.①F592-62

中国版本图书馆 CIP 数据核字(2014)第 037304 号

金盾出版社出版、总发行
北京市太平路 5 号(地铁万寿路站往南)
邮政编码:100036　电话:68214039　83219215
传真:68276683　网址:www.jdcbs.cn
封面印刷:双峰印刷装订有限公司
彩页正文印刷:双峰印刷装订有限公司
装订:双峰印刷装订有限公司
各地新华书店经销

开本:880×1230 1/32　印张:12.25　字数:295 千字
2018 年 2 月第 1 版第 6 次印刷
印数:38 001～41 000 册　定价:28.00 元

前言

乡村的生活方式和精神风貌，与乡村的未来息息相关。城市化是否意味着乡村的消亡？是否意味着乡村生活方式和精神风貌的消亡？这些疑问如今已经成为人们的热门话题。

2000 年至 2010 年，中国自然村由 363 万个锐减到 271 万个，平均每一天消失两百多个村落。全国汇总数字表明，我国现存的具有传统性质的村落仅有 12 000 个。进入国家保护重点的传统村落现有 646 个。伴随着中国现代化进程，中国村落数量正在锐减，依附其上的民间文化也在渐渐消失。

你也许会说农家乐是乡村生活方式和精神风貌的守望者。这是出于怀旧的、田园牧歌式的想象，还是出于一种对历史的现实思考？但是有一点，就是我们今天所能做的是把乡村的未来当现实来思考。当今中国农村，乡土社会的亲情、家族、道德、礼俗这些文化处在慢慢衰颓之中，还有集体主义精神的丧失。这使得农家乐能起到凝聚一个村庄的力量的作用，而得到更多城市游客的关注也是情理之中的事情。

城市化不是让所有的乡村都消亡掉。有政协委员建言，对于一些特色鲜明却规模不大的小村镇，宜走旅游、文化创意、休闲养老、生态低碳之路，成为“精、特、美”的小村镇。在今天全面实现小康社会的大背景下，在小村镇开办农家乐是新农村建设中增加农民收入、提升农民幸福指数的一个新思路。对于不想上城市打工的农民创业者来说，开一家农家乐是一个非常理想的选择。农家乐开办成本低，利润高，资金周转速度快，所用食材就地取用，十分方便。投资不多、占地不大、员工不多、价格不高的农家乐，无疑吸引了众多城市游客来此消费。

近年来，农家乐成为一个新兴的行业，呈现出一派迅速发展、繁荣的景象。悄然兴起的农家乐正在成为中国乡村旅游的主要目的地之一、城市游客淘宝寻梦的“桃花源”、中国农村的新兴经济实体。

我国农家乐前景看好的趋势，使得不少人产生投资农家乐的想法。可是，其中有相当一部分人之前从未开过农家乐或是初次创业，他们急需了解农家乐的许多知识，比如：投入多少资金比较合理？规模和档次怎样定位？回报的效益有多大？风险性如何？具体如何经营？农家乐虽然前景美好，但赚钱并非易事。表面上看起来，开一家农家乐就是利用村中自家庭院支起炉灶，把菜炒熟卖给游客，但如何吸引游客过来并让其大掏腰包并不是想象中那么容易。就是再小的农家乐，开办的程序一道也少不了。而且，有很多环节一定要做好，如定址、装修、宣传、经营管理等。

本书是农业开发与农民增收致富的指南性图书，也是政府立项的指令性课题。本书在大量调查和经验总结的基础上，从实际出发，淡化理论，注重方法技巧，借鉴和吸收了国内外农家乐行业的先进管理经验，内容涉及农家乐运作的诸多方面，包括市场调研、投资决策及筹备、选址与布局设计、菜品的风味特色、菜单的选配与设计、人员的招聘与管理、采购库存管理、厨房管理、营销管理、成本控制、卫生与安全管理，旨在帮助农家乐从业者做好各项经营管理工作。

为了打造一部农家乐从业者入门必学、农家乐经营管理者必读、政府有关部门决策必备的精品图书，编著者以最新的农家乐开发理念、最实用的农家乐开办经营细节、最全面的农家乐营销之道、最先进的农家乐管理经验、最有针对性的问题解决模板，试图带给读者别样的感受和体验，并让读者有超值之享：一是数十款农家菜、农家手工艺品、农家民族服装等均为传统土法设计、制作，不含任何化工产品和有毒添加剂，保证绿色、环保、无公害、安全、卫生、实用。需要强调的一点是，把老东西、老物件留住的同时，也要把濒临失传的老手艺抢回来。二是数十个农家乐常见经营、管理问题解答，让读者一学即会，一用就灵。

本书内容丰富、生动形象，以通俗易懂、深入浅出的文字语言展现了开办农家乐的实际运作过程，具有很强的指导性、实用性、可操作性。相信它必将成为您创业的良师益友。

本书在编写的过程中，引用了许多资料，并得到了中国地质大学赵之豪、华中农业大学赵之媛、社会学者贾付军及政府研究室、农业开发办公室、农业局、旅游局、环保局等机关许多专家学者的帮助指导。同时，有幸面遇一直关心中国农家乐发展，曾为农家乐代言的农民歌手朱之文，并与其交谈，受到了他的影响和启发。在此，一并表示诚挚的感谢。由于编者水平有限，书中不足和错误之处恳请广大读者给予批评、指正！

编　者

H.V.

目录

第一章　农家乐开发之名

（决定农家乐经营信誉和影响力）

玩转农家乐开发

·开发农家乐应注意的几个方面

·开发形式、开发模式、开发特点及坐落位置、位置形式、规模分类、投资价值等是开发应考虑的重要因素。

·开发还要考虑目的地社区和居民的心理行为的变化。

第二章　农家乐发展之策

（决定农家乐前途）

玩胜农家乐发展

• 发展概况

中国旅游业从 20 世纪 80 年代开始进入高速发展的阶段，成为中国国民经济的重要产业。

• 是什么决定了人们的旅游需求和态度

1. 时间和收入的可自由支配程度决定旅游需求和态度。

2. 带薪休假是促进旅游需求的一个重要因素。

3. 而生产力水平提高到发达程度和经济发展根本改变了人们对休闲旅游的看法。

• 发展个性化旅游满足游客的新需求

第三章 农家乐开办之方

（决定农家乐生存）

玩顺农家乐开办

·其实开办的是一种方式。

旅游是现代社会一种基本生活方式。通过这种方式生活，可以得到宝贵的回忆、美好的感受、丰富的阅历。这种生活方式是有成本的，基本成本就是金钱、时间和精力。

这种方式背后是一种观念，一种哲学。旅游休闲的观念是休闲的哲学，提高生活质量的哲学。

农家乐乡村游是把生活方式的固定化，保持其稳定，并不断发展其内涵和外延。

开办农家乐其实开办的是一种方式，而这种方式决定了农家乐的生存。

第四章　农家乐设计、制作、加工之技

（决定农家乐核心竞争力及客源）

玩酷农家乐设计制作

·对当前旅游产品的评价

1. 结构有不尽合理之处。

2. 类型还不够多样。

3. 质量还有待提高。

4. 给人带来的紧张感多于解放感，快乐成分多于安乐成分。

·对当前旅游软硬件的评价

服务（软件）

设施（硬件）

·设计人们的旅游体验

第五章 农家乐经营之道

（决定农家乐经营利润）

玩炫农家乐经营

·从产业性质上讲，旅游业是一种服务产业。

·消费者购买旅游产品的实质就是购买服务。

·服务的生产（如度假）和旅游消费发生在同一时间里。

·旅游消费者本身也是产品的一部分。

·各种资源、设施和服务的结合，依赖于游客现场买旅游服务产品。

·服务水平高低、服务质量优劣直接决定旅游企业兴衰。

·努力提高服务质量。

·要重视旅游售后服务。

第六章　农家乐管理之术

（决定农家乐销售扩大）

玩活农家乐管理

·内部管理状况如何决定企业销售扩大

1. 有针对性有预见性地做农家乐经营管理工作。

2. 人的管理是农家乐管理的重要组成部分。

3. 对员工心理进行深入分析，了解员工心理状态，有针对性地做好思想工作，进行心理引导，解决员工心理问题，调整好人际关系，保证工作协调一致，共同搞好工作，避免矛盾。

4. 有的放矢运用激励机制调动全体员工积极性、创造性，更好地实现组织目标。

第七章　农家乐运行之法

（决定农家乐效益）

玩顺农家乐运行

- 农家乐经营者要应对危机。
- 农家乐要适应互联网经济的要求。
- 农家乐要保持经营水平不下降。
- 农家乐利润要保持上涨。
- 农家乐要避免污染环境。
- 农家乐要预防地质灾害。

第八章　农家乐的规划和设计案例

（决定农家乐的导向）

玩活农家乐规划

- 农家乐景观设计要与周边环境相协调。
- 设计好农家乐开发全案策划和修建规划。

第九章　怎样撰写农家乐文书

（决定农家乐的特点）

玩神农家乐文书

- 常用农家乐书有七类。

第一章　农家乐开发之名

（决定农家乐经营信誉和影响力）

本章从“认识农家乐”入手，讲解了“什么是农家乐”、“农家乐的特点”、“农家乐的分类”、“农家乐的兴起”。

近年来，农家乐在我国成为了一个新兴的行业，农家乐的开发建设也进入了一个新的时期。有鉴于此，本章对农家乐的开发模式、开发特点、开发应注意的问题进行了探讨，为农家乐开发正名。

农家乐开发之名决定农家乐经营信誉和影响力，这是本章进行上述探讨的意义所在。

玩转农家乐开发

- 开发农家乐应注意的几个方面

1. 遵循开发规律，把满足旅游者的需要作为开发建设的前提条件。

2. 盲目开发景点和安排设施是开发的禁忌，如果开发不能够被广大旅游者接受，以致旅游者不愿光顾，那么就会造成人力、物力浪费，设施、资源也发挥不出应有的作用。

3. 所开发的景点设计大型娱乐设施对旅游者能否产生吸引力，这是开发经营者应考虑的因素。

4. 设计设施、开发资源应特别关注旅游者的心理变化。旅游者只有获得了心理上极大的满足，才能获得美好的经历。

5. 在改进和发展现代化的交通设施时要考虑到旅游者安全、快捷、舒适的心理诉求。在发展现代化的旅馆设施时要考虑到旅游者的生理、心理特点，力求给他们创造出一个方便、舒适、恬静的生活环境。

• 开发形式、开发模式、开发特点及坐落位置、位置形式、规模分类、投资价值等是开发应考虑的重要因素

• 开发还要考虑目的地社区和居民的心理行为的变化

1. 尽最大可能把基本抵触情绪消除掉。

2. 通过努力让外来旅游者与目的地居民保持融洽的关系。

3. 让目的地居民生活质量有所改善。

4. 让目的地的社会保持和谐、稳定发展的势头。

• 开发也要重视做好基础性工作

现代休闲观光农业、农村文化旅游的投资是农业开发、土地流转开发、农民就业投资的题中应有之义。农家乐出现在人们的视野中是农业要素多层次、多样化合理配置使然。开发、投资农家乐就是农业开发、土地流转的投资、农民就业的投资。

开发农家乐决不能一味停留在“土法、制作简单”水平上。不故步自封，才能探寻到多样化的开发模式。要在开发模式上体现多元化。开发农家乐必须坚持的宗旨应为：农家乐是农非农，非新即高；农家乐乡村园林是林非林；农家乐乡村景观是景非景。倾心打造农家乐，生发新型的乡村景观园林，并不是城市模式的简单拷贝，而是具有乡村城市的特色。

开发农家乐为农村经济发展、农民致富增收、劳动力转移、农村产业结构调整、加快城镇化进程、建设社会主义新农村开辟出一个新的领域。其贡献巨大，其影响深远。

一、什么是农家乐

（一）什么是农家

农家是指农村家庭。现在的农村家庭，可分为三种：

大家庭（也叫联合家庭）：是父母与几个已婚儿子组成的家庭，人口较多，关系较为复杂，家庭权利一般集中在第一代或第二代手里，是理想的家庭模式。这种家庭模式能使三世或更多世代累进同住共财。

主干家庭：指直系家庭，指父母与一个已婚子女组成的家庭。农业社会里，养老是靠家庭实现的。这是传统农村家庭的主要形式。

核心家庭：又叫“小家庭”，指由一对夫妇及未婚子女组成的家庭，数量更多，最普遍。

从农村社会学的角度看，狭义的农家是个体家庭，能产生一定的私有财产、剩余农产品，到那时就会拿出来交易。广义的农家则包含了大家庭、主干家庭、核心家庭。不论是狭义的农家，还是广义的农家，家庭要对其剩余财产占有和分配，要利用其财产、产品使其增值。

（二）当代农家的含义

农家以婚姻和血缘关系为基础，是农村社会的一种基本群体。其含义是：至少由两个以上人口组成；婚姻是家庭的起点、基础；血缘关系以亲子、兄弟姐妹关系为主要内容。家庭应是经营共同生活的单位。

(三)什么是农家乐

国家旅游局认为,农家乐乡村游是最具中国特色的乡村旅游,也是目前我国乡村旅游的最主要的表现形式。农家乐是我国一种新兴的旅游形式。

农家乐按其内涵有狭义和广义之说。狭义的农家乐就是城市游客到农村吃喝,放松心情。广义的农家乐还包括游客参与种植、养殖、园林绿化、体验民风民俗、观赏文艺演出等。

对农家乐下定义,先要理解“乐”。“乐”包含两层意思,一个是城里人到农家乐一乐。另一个就是农民自己在农家乐一乐。接下来要理解“农家”,这个“农家”其实是经过包装了的农家,是复古加时尚的完美结合体。具体而言,农村风貌、村民日常生活、田园乐趣和乡土文化三者合起来才是完整的“农家乐”字面涵义。

农家乐以城郊或乡村的农户家庭为接待单位和地点。可利用的旅游资源包括乡村生态景观(田园风光、自然景色)、农业旅游资源、乡村风土人情、农民生产生活、地方民俗文化、周边旅游景点。提供的服务项目包括向游客提供住宿、餐饮、旅游咨询或观光导游等等。

农家乐主要内容包括吃农家饭、品农家菜、住农家屋、干农家活、享农家乐、购农家产品。农家乐形式是旅游,内容其实是文化。法国历史学家伏尔泰主张用文化(风俗、礼仪、社会制度)等来解释历史。“文化”(Culture)最早是拉丁文 Cultura,意思是“耕种”、“培养”。15世纪的法语和英语中,“文化”才开始作为“知识和精神训练”使用。

崇尚自然者、乡俗好奇者、健身爱好者、怀古复古者是农家乐的客源基础人群。受教育程度较高、经济条件较好的城市中等收入人群应是农家乐客源的主体。农家乐游客目标在于回归自然、放松身心。游客动机是健康、返璞归真、放松心情。观光占有一定比例,而度假休闲的比例在逐年提高。在农家乐客源中所占比例逐年上升的是中青年游客。短程旅游为主的游客在农家乐旅游地逗留的时间逐年延长。

一般地,农家乐的服务价格低廉,为游客提供乡村风味的餐饮、住宿、娱乐及简单的农事活动和农家产品。投资少、风险小、见效快、经营灵活让农家乐占有一定的优势。

(四)农家为什么会成为"乐"之源

从农村社会学的角度看,游客走进另一个家庭,不是打破其婚姻关系,而是到那个家庭去消费,这背后折射出农家家庭功能的嬗变。

应该说农村家庭的主要功能是供家庭成员生存。生产、消费基本上是在家庭内部进行。

改革开放后的农村家庭成为组织生产的单位。对其房屋财产有支配和利用的权利。此外,农村闲置房屋还具有养老的功能。农村生产力水平不高,养老问题大多落在子女肩上,同时子女的发展使其居所发生了变化,住上新房后,老房就闲置了下来。如出租出去可以以房养老,也可以开农家乐,利用老房经营,获得旅游收入。

农村许多生活消费品是通过家庭生产自我满足,这种功能受农村社会消费意识、民族和地方习俗的影响和制约。当自我满足饱和之后,就会寻找消费的新对象。这就出现了农家乐农产品的销售。

人是社会性的动物,精神生活是必不可少的部分。人与人除了在经济、文化中会结合在一起,彼此联系之外,还有一种感情上的结合的需要,这种结合体现在农村社会里很少有娱乐活动在公共场所举行,而在家庭举行,这就使得农村家庭承担了娱乐的功能。

农村家庭内部的人口和外部的游客,在农家乐里吃罢晚餐,一起打牌、聊天,在庭院里或在瓜棚下,谈天论地,因此而得到放松、休息。

(五)农家乐如今已成为乡村旅游模式的俗称

纵观农村,农村的传统经济减弱已是不争的事实,但 20 世纪 80 年代出现的农家乐旅游为之注入了活力。随着旅游人数的激增,农家乐 20 世纪 90 年代以后迅速发展。它打破了假期的局限,使游客随时享受到乡村的优美景观、自然环境和建筑、文化等。这些资源也使农家乐对农村经济有了积极的推动,创造了不少就业机会。

农家乐如今已成为乡村旅游模式的俗称,许多地方又称之为民俗旅游。民俗文化型农家乐正在成为我国现在旅游的重要组成部分之一。

虽然我国农家乐起步较晚，比欧洲晚 200 多年，但发展较快。农家乐如今已不是狭义的住农家炕、吃农家饭，而是形成多样的广义上的概念了。如果以狭义的概念看待各地旅游，那么未免太过狭窄，也不利于推动其进一步发展。从休闲层面上讲，农家乐是一种休闲方式的倡导者。这种方式是“健康回归、自然回归”。从经营层面上讲，农家乐是一种创新方式的倡导者。这种方式是“做别人不愿做的，做别人不敢想的”。从旅游模式上看，农家乐解决了如何优化农村旅游资源的问题。农村有着丰富的旅游资源，但普遍存在开发程度不够、优化程度不够的问题。农家乐以再现农业生产过程、农村风貌、农民生活劳动场景为主，利用传统经济的资源做文章。

二、农家乐的特点

(一)法国农家乐的特点

《特别文摘》2010 年第四期有一篇转载的谢芳文章《夜宿法国农家乐》，该文对法国农家乐做了描述，法国农家乐具有这样的特点：

1. 有的很大，但有的却很小 小一点儿的农家乐所在的村很小，只有几户人家，且不起眼，不好找，只能借助 GPS 系统。

2. 旧宅越破旧，农家乐就越有历史感 居住环境陈旧反映了法国农家乐经营者的理念：旧宅越破旧就越有沧桑感，越凸显村庄历史悠长。

3. 农家乐融合人与自然的和谐统一 生活环境恬静、高雅、务实，达到与自然共生、和谐相处的境界，这是社会发展进入相对成熟期后的一种理念。

4. 景色优美是农家乐的环境依托 乡村景色如油画一般。白牛在坡上吃草、草鸡满地觅食。乡村道路整洁，路灯外形高雅。

5. 农家乐的细节(如床上用品、卫生间)处理得好 木头结构的农家乐旅舍，尽管外观十分陈旧，但室内床上用品却十分洁净，洗手间收拾得光可鉴人，十分现代，这正是游客十分在意的地方。

6. 农家乐安全做得好 法国农家乐旅舍一般没有房门钥匙，村里人从来不锁门，十分安全。

7. 农家乐有很高的艺术品位 就餐的饭馆有浓厚的艺术气息，墙上挂几幅艺术画，就餐所用的桌布、餐巾、杯碟、刀叉等十分考究。桌布的花边是手工编织的蕾丝，桌子上摆放园子里采摘的鲜花，盛葡萄酒的玻璃杯一尘不染。

8. 农家乐吃的是慢餐 慢餐是法国农家乐餐饮特点。第一道上开胃菜，如：小牛肉等；第二道是头菜，如：很嫩的煎鱼；第三道是主菜，如：炙烤脆嫩的鸭子；第四道是奶酪；最后一道是甜点心，如：桃子做成的“桃派”。以上食材是经营者自己家农场生产。

9. 农家乐享的是精神愉悦 因为法国农家乐还设有小型图书馆，供游客读书阅报。

(二)国内农家乐的特点

1. 独特的自然环境、人文环境、地理位置形成了不同地域的农家乐独有的特点 比如：在新疆吐鲁番有如玛瑙一般的甜葡萄，那里的农家乐很多，前来采摘的游客看准的就是那里的自然环境。日照时间长、早晚温差大、炎热、干燥，却有利于糖分的储存。而有的农家乐，搞庭院葡萄采摘，可品尝时怎么也品不出吐鲁番的甜，原因就在于此。

2. 地形、气候、水质凸显农家乐的特点 地形使自然资源的开发、农家乐的发展带有一定的复杂性。气候使农家乐带有一定的季节性。而水质则使农家乐农产品质量带有一定的标志性。比如：贵州茅台镇的水使酒扬名中外。贵州茅台酒用的是赤水河的水，赤水河水重阳节是青绿色。用的是当地产小高粱、小麦。人工翻仓。投入 5 公斤的粮食，只出一斤的酒。成分复杂，茅台酒有 800 多种成分，其中酚类物质对人体有益。酒颜色微黄透明，是自然陈酿出来的，色泽晶莹清澈。工艺与天气浑然一体。

3. 农家乐的特点还有就是成本低　有的开办者是在自家宅基地盖上的老房子改动一下，扒个窗户，加个门，或不改动。有的开办者租用村集体的土地十年或二十年，一次性付租金。多则年租金2000元一亩，少则500元一亩。多数农家乐开办者雇佣的都是自家人，即所谓的“杀家鞑子”。在城里开农家乐餐饮服务店，首先就是交不起房屋租金，而在农村就不存在这样的问题，可以让消费者吃得实惠。原料更是近水楼台先得月，就地从自家菜园取新鲜、生态、绿色、环保的蔬材，自家圈养、散养的土猪、土鸡更是城里人艳羡不已的放心美味材品。

4. 当然，农家乐还有农家特色和乡土味浓的特点　这是和城市餐饮实体相比。但是在乡村，农家乐餐饮如果“千家一面”，菜品无特色，服务无新意，那么就很容易被城市餐饮打倒，这一点是农家乐开办者应该加以注意的。

5. 农家乐的特点还有包容性强　之所以农家乐的内容丰富、形式多样，就在于它的包容性强。虽说它脱胎于乡村旅游和农业园区生态旅游，但其发展层次高于它们。

6. 农家乐的特点还有慢游　出差旅行不等于自费旅游。但如今，差旅正在变成自费旅。农家乐游客中不乏差旅人士。出差旅行，办完商务事赶快回来的心态，让游客对旅行有了快旅之说。而农家乐则属于慢游，自费旅游居多。人们在慢运动中享受休闲、放松的心情，旅游感到轻松。

三、农家乐的类型及功能

（一）农家乐的类型

农家乐的类型比较多。

按功能划分，农家乐包括观赏、品尝、购物、参与、娱乐、疗养、度假型。

按人们的习惯，农家乐可分为餐饮、休闲娱乐、生态田园风光、民俗文化、聚集民居、农耕文化、宾馆型。

农家乐还可分为体验型、餐饮型、旅舍型三种类型。

农家乐也可分为田园、体验、认领、生态等形式。

(二)农家乐的功能

农家乐的功能有：改善生态、美化环境、游览观赏、休憩娱乐、强身健体、社交场所、教育基地、资源保护地、旅游中心等。

四、农家乐涉及的产业

农家乐涉及的产业较多，兼业色彩浓厚。

(一)一　产

1. 一产农业　粮食、瓜菜、经济作物生产、野菜栽培、观光。

农业创业项目：种植园(种植新品质、种植采用新技术)观光游。上述农业创业项目适合农家乐。

2. 一产林业　育苗、植树(速生林、高贵树种、新品种果木)、林下副产品、旅游。

林业创业项目：维护采摘及栽培山野菜、食用菌等。养殖蚕、林蛙，开辟森林浴及山林各季节风景的观光旅游项目。以上项目适合农家乐。

3. 一产牧业　放牧、畜禽养殖、昆虫养殖、种牧草、旅游观光。

牧业创业项目：牧业旅游。

(1)牧场旅游。组织游客徜徉在辽阔的草原、呼吸着清新的空气、观赏蓝天白云、绿草、成群牛羊。游客可骑马、牧羊、采白蘑、吃丰盛大餐。

(2)养殖场旅游。组织游客观赏养殖的孔雀，还可让游客骑鸵鸟赛跑。

4. 一产渔业 捕捞、养殖、海滩、水塘旅游休闲。

渔业创业项目:渔业旅游。有美丽的沙滩,可组织游客欣赏日出日落,渔舟唱晚之景。可组织游客海水浴,向游客出租帐篷、游艇、游船、钓具等。淡水塘,可组织游客钓鱼、水上观赏荷花、观赏鱼,还可以出售产品。

(二)二　产

轻工业(属二产制造业)。

轻工业创业项目:地方特色食品、DIY 用品等。

(三)三　产

1. 三产商业 住宿和餐饮业、农家乐商品销售等。

住宿和餐饮业创业项目:(1)农家乐餐厅、休闲厅、旅游服务。(2)旅店及帐篷住宿。在车站、码头、温泉、旅游地周边及旅游农家地方,开小旅店。在旅游景点的海滩、山林、沙漠等地方,搭建帐篷、临时房,为游人提供住宿。

2. 三产文化、体育和娱乐业 文化娱乐等。

文化、体育、娱乐业创业项目:戏剧演出、展览;钓鱼、攀岩、射箭、滑翔、骑马、棋类活动、健身(农家乐乡村游,游客关心的是健康,涵盖在文化、体育和娱乐业中);皮影表演、演奏会。

3. 三产旅游业 乡村旅游等。

乡村旅游业创业项目:餐饮、住宿、主题景观游(蔬菜园、养殖场、就地餐厅、自然景观、人文景观);售旅游纪念品;售当地土特产。

(四)新产业

1. 社会开发

社会开发创业项目:生活环境基础配备(住环境、娱乐);土地开发配备(地域、城镇开发、交通、物流、信息、通讯);产业活动环境配备(选址、废弃物处理、流通)。

社会开发要科学规划路、绿化、各管网的容量、水系、人居环境等。

2. 环保技术产业

环保技术产业创业项目：生态循环种菜；种植养殖场（人－养殖禽畜－粪尿垃圾－制沼气－供人生活用－沼气废物肥料－种植蔬菜－蔬菜供人、畜禽食用，如此循环）。

农家乐涉及的产业存在交叉，从而使农家乐行业存在着一定的特殊性。

例如：农副产品加工，农家乐店加工芝麻酱，为食品加工服务业。倘若工业化生产，就是生产工业了。面包加工，在农家乐店生产就是餐饮服务业，倘若工业化大企业生产，就属食品生产工业。加工农产品（例如淀粉制出粉条，山野菜腌渍等）属于一产加工业。开发农产品中的服务项目（销售的经纪人服务）就属于一产服务业。

五、农家乐的经营范围和职业分类

（一）农家乐经营范围

1. 种植项目　新奇植物、芳香调味料、西餐用蔬菜、花卉。

2. 养殖项目　新品种禽、畜、野生动物、昆虫等。

3. 食品项目　各种小规模食品加工、健康食品加工等。

4. 生活用品制作项目　各种生活用品制作、日杂用品制作。

5. 餐饮住宿项目　各种形式餐饮服务、住宿服务。

6. 建筑项目　各种配套或独自小建筑施工等。

7. 旅游、娱乐、文化、健身项目（配套或独自服务）

8. 批发、零售项目（零售小型店铺）

9. 其他项目（一、二、三次产业其他各种项目）

(二)农家乐职业分类

农家乐职业分类属第四大类(商业、服务人员),或属第五大类(农、林、牧、渔、水利生产人员),或属第六大类(玻璃、陶瓷、搪瓷及其制品加工人员职业;工艺、美术品制作人员职业;文教、体育设计及制作人员职业)。

第四大类(商业、服务人员)可细分为餐饮服务人员职业(餐厅服务、厨师、营养配餐、调酒、茶艺)、旅游、娱乐服务人员职业(旅店、旅游、娱乐、健身等服务)。后者可从事候鸟式老人短期旅游兼养老住所服务;出租郊游饮食炊事、帐篷、桌椅等用品的服务;与农村的植物、动物养殖场联办游览观光园、农村餐厅等。与温泉、森林、沿海有关单位联办森林浴、沙滩浴等特色健身、休闲游服务;游乐、游戏、棋艺、射击、跳舞、唱歌、音乐欣赏、魔术、台球、门球、娱乐活动、钓鱼、骑马、游览等服务。

六、农家乐的兴起

(一)农家乐的起源

1. 作为世界潮流的农家乐,从20世纪60年代的西班牙兴起

西班牙的农场主把乡村城堡、自家房屋装修改造成旅馆或饭店,用以留宿过往客人,类似客栈。同时,农场主还要对农场、庄园进行规划,增加景点和游玩项目,客人可以在这里骑马、漂流、参加农事活动。

2. 国外农家乐的开办理念首先在四川×××郊区龙泉驿书房村落地

1994年3月这里迎来了首批游客。农民眼中司空见惯的柴鸡、架茄成了城里人稀罕的“新鲜、绿色、环保、生态”的东西。过去白送人的东西成了可以卖钱的商品。过去谁把自家树上打下的大枣卖给别人就让人看不起,而城里人来了,颠覆了农民的传统意识,带来了市场经济的劲风。

返璞归真、回归自然是我国城市居民的心理需求,农家乐正适合了这一需求。2004 年在全国蓬勃发展的农家乐就是一个明证。有需求就会有市场,向需求找市场,而不是向市长找市场。但市场似乎又离不开市长。成都市长对城郊农村进行农业结构调整的安排部署,使那里的农民在全国率先品尝到了"农家乐"这个"四喜丸子"。

(二)农家乐的兴起之动因

1. 绿色旅游成为人们的一种时尚

说起农家乐的兴起,不能不说绿色旅游。生活水平提高了,人们的精神生活也有了飞跃。怎样才能玩得好?怎样玩得痛快?很多人把相当一部分钱花在旅游上,使旅游成为现代社会的一种时尚。因此,有人说,旅游是一个消遣和娱乐的过程,学习的过程,锻炼、陶冶的过程,接触事物,获得知识的过程。

绿色旅游在 21 世纪的旅游业将占据相当大的比重。绿色是"环境保护、回归自然、呼唤生命本源"的代名词。广义的绿色旅游指具有亲近环境或环保的各类旅游产品及服务。狭义的绿色旅游指远离喧嚣与污染、亲近大自然并获得健康精神情趣的一种时尚旅游,通常指农村旅游,即:发生在农村山区和渔村等的活动。在英国,每年大多数家庭都会安排假期去长途旅行。绿色旅游作为一种新的旅游形态,具有观光、度假、休养、科学考察、探险和科普教育等多重功能。

植物资源对农业生产、绿色旅游起基础指导作用,可美化环境,提供绿荫,调节温度,降低风速,减少噪音,防止水土流失,还是绿色旅游存在和发展的基础。植物园、历史园林、国家公园、郁金香花田,雨林.森林都是绿色旅游的好去处。

此外,园里草坪来源于天然牧场,能净化空气,消除病菌,净化粉尘。这也是绿色旅游能让人保持健康的一个秘诀。

绿色旅游支持购买当地生产的工艺品和食品,因为其节省的能源较多,所以得到了更多人的认可和支持。

2. 感受乡村建筑和大自然的原生态生活成为人们通向幸福的路径

压力时代企事业员工群体性焦虑日益增强。这种焦虑变成“压力山大”之类的调侃,又是无法让人快乐沟通的调侃。员工加班有压力,不加班也有压力,身体有压力,心理有阴影。一周中五天保证不休息,两天休息无保证。

一项资料表明:2012 年三分之二的受访者表示,身体健康受到压力的困扰。中老年疾病的年轻化趋势明显。长期处于紧张工作和竞争压力下,身体常处于疲劳状态。

身累固然可怕,心累更加可怕。2011 年中国企业员工健康调查结果显示,78.9%的企业员工有过“烦躁”情绪,59.4%的人感受过“焦虑”,38.6%的人觉得“抑郁”,也有 6.2%的人出现过情绪失控的状态。工作负荷大、往上走的职场追求是压力的来源。环境失调、关系失衡,对员工产生了不同程度的影响,通过压力、焦虑、挫折等表现出来的负面情绪加剧。

在现代化进程中,缓解人们的压力、缓释焦虑情绪,最应选择的的方式就是情绪宣泄,快乐旅游。而快乐旅游制造出的产品就是员工幸福。

平房越来越少,高楼越来越多,城里人产生楼房病态建筑综合征的原因:通风不良;空气和污染物再循环;化学污染物;生物污染物。

建筑是人类劳动实践的产物。中国古代先哲们很早就提出的“天人合一”思想,在建筑中则体现为建筑与自然的相近、相亲、相融。

平房院落为主的乡村建筑是中国人千百年来的居所。

庭院生活对家居生活充分必要。将公共与秘密空间、动静区域恰到好处地分隔过渡,内外融合形成窗窗有景、家家有园的完美视野。这种人性化舒适生活是千百年来中国人所追求的住宅,是人为的生活空间环境,它反映着当时、当地的社会物质文化水平和科技水平。

3. 果蔬市场存在压力

目前,我国瓜果、蔬菜种植水平落后,生产效率低下,农作物农药化肥污染严重，直接危害到人民的身体健康的状况。此外，国家城市化步伐加快，城镇人口急剧膨胀，新鲜、美味、营养、无公害的绿色瓜果、蔬菜在市场上越来越供不应求，且价格不断攀升，给果蔬市场和百姓均造成很大的压力。

4. 农产品和食品安全在今天十分重要

安全的农产品是指无公害农产品、绿色食品、有机食品。无公害农产品是基本要求。绿色是过渡性要求。有机食品是最严格的要求。无公害食品长期食用不会对人体健康产生危害。广义上的农产品包括有机、自然、生态、绿色食品、无污染食品等。

我国现在的无公害食品不是广义上的而是专指产地环境、生产过程和最终产品，符合无公害食品标准和规范，经专门机构认定，许可使用无公害农产品标志的食品。

生产过程中允许限量、限品种、限时间地使用人工合成的安全的化学农药、兽药、渔药、肥料、饲料添加剂等。这类食品符合国家食品卫生标准，它是食品的一种基本要求。普通商品都应达到这一要求(最低要求)。

绿色食品按质量分为A级和AA级。A级绿色食品就是人们常说的绿色食品。它是按特定生产方式生产，经专门机构的认证、许可使用绿色食品的标志。它是安全、优质、营养类食品。它在生产、加工过程中禁用或限制使用化学合成的农药、肥料、添加剂等生产资料及其他有害于人体健康和生态环境的物质。

为了突出这类食品出自良好生态环境，由此产生绿色食品。显著特点：强调产品出自良好的生态环境；对产品实行“从土地到餐桌”全程质量控制；对产品依法实行统一标志与管理。

AA级绿色食品对应的就是有机食品。它指在生产中不使用人工合成的肥料、农药、生长调节剂和畜禽饲料添加剂等物质，不采用基因工程获得的生物及其产物。在生产、加工过程中绝对禁止使用农药、化肥、激素等人工合成物质。后两者则允许有限制地使用这些。

绿色食品有统一的标志。由三部分构成，即：上方的太阳，下方的叶片和中心的蓓蕾象征自然生态。颜色为绿色，象征生命。农业、环保图形为正圆形意为保护、安全。

AA级绿色食品的标志与字体为白色，底色为绿色。

如何挑选绿色食品？下面，介绍几个小妙招，即：

(1)睁大眼睛，防止受骗

需注意一些企业擅自使用该标志。有的将绿色食品标志直接作为商品的名称或食品包装使用。有的已经超过许可使用绿色食品标志。

(2)谨慎挑选转基因食品

转基因食品是利用现代分子、生物技术，将某些生物的基因转嫁到其他物种中去，改造生物的遗传物质，使其在性状、营养、品质、消费品质等方面向人们所需要的目标转变，优势互补。

央视一项调查显示，国内有许多人认为国外人们不吃转基因食品。其实，国外人们也吃，美国等国家的大型超市里摆放的转基因食品，也有不少人购买。

但国际上尚无统一的评价程序和方法来评价转基因食品的安全性。因此，转基因食品要慎重选择，并非不能购买。

(3)注意食品包装及食品添加剂。慎用塑料袋、食品添加剂、漂白粉、甜味剂、着色剂、防腐剂。

(4)注意餐具污染。需注意的是不用×××龙炒锅，少用塑料餐具，正确使用铝制工具，不锈钢餐具不要长时间盛放盐、酱油、菜汤等。慎用油漆筷子，远离一次性餐具。

(5)不要滥用农药、激素。农药、激素的滥用会让蔬果中有安全隐患，需注意：少用反季节蔬果、吃自然熟的蔬菜、识别作假蔬果、吃不施农药的蔬菜、消除果蔬农药。

农家乐正是人们对食品安全的一点寄托，在这里看不到用激素催肥的肉鸡，用“血脖肉”做成的包子，用避孕药喂肥的泥鳅、黄鳝，用硫磺薰出的黄花菜，用片碱加过氧化氢加工的芝麻，用明矾煮出的瓜子，添加了工业盐、吊白块的豆腐，甲醛泡的毛肚，用装化工原料的铁桶烤出的不安全红薯，掉色的玉米面馒头，用洗衣粉炸出来的油条，等等。如果农家乐的食品也不能让人放心，那么它离关张的日子也就不远了。

七、农家乐的开发模式

今天，农家乐发展前景十分广阔。从某种程度上讲，把握住农家乐发展前景就是把握住了未来的“钱景”。

农产品大幅度增长，使得农业生产经营必须在经营方式创新上求突破，最大限度地提高农业的生态效益、经济效益和社会效益，农业产业化是首选。农业产业化，国外叫“农工商、产供销一体化”，国内又叫“贸工农一体化、产加销一体化”。有限的农业农村土地等资源优化配置，农业要素多层次、多样化合理配置，就使农家乐出现在人们的视野中。市场牵龙头农家乐、农家乐龙头带种养殖基地，基地连普通农家乐的新的农家乐格局必将形成。

经过多年的培育，我国农家乐由小规模大群体向大规模大群体发展，初步形成了产、供、销产业链。技术在初期没有受到足够的重视，后来通过引进新技术、嫁接新技术，使农家乐产品保值增值。各种产业和产品，在社会发展过程中处于一个什么样的地位，决定它的兴衰。农家乐传统的制作方法可能对其控制成本有利，但不利于它的产业规模进一步扩大。在走访的过程中，我们设定了这样一个命题：三只品种相同、重量相同的散养的土柴鸡同时交给三家不同类型的农家乐，经过屠宰、加工、销售，效益如何？回馈的情况是，获利最多的是度假酒店型农家乐，由于面向的大多是高端收入的游客，消费水平高，尽管制作工序复杂，但获利也高。获利其次是面向中等收入的游客的农庄型农家乐。获利最低的是面向低端收入游客的民宿型农家乐。事实证明，每个类型的农家乐的定位不同，结果也会不一样。传统屠宰方式处理的传统方式饲养的土鸡，尽管有吸引人的地方，但是如果夏日卫生条件差，客流上还是令人十分担忧的。粗放式的加工，带来的自然是低廉的效益。其实不管是土法还是洋法，都是要走进游客的胃的。因此，开发农家乐决不能故步自封，一味停留在"土法、制作简单"水平上，要在开发层次、模式上体现多样化、多元化。

(一)多样化的开发层次

民俗风情、特色民居、农事博物如今也成了农家乐的卖点，并且成了进一步开发的潜力所在。

1. 依托古镇、民族村寨宅院建筑和新农村建设格局 如：山西××大院、云南××傣族自然村、河南×××村等。活动：访古、探幽、休闲、体验、研究、学习。

2. 利用农业观光园、农业博览园 如：陕西××全国农业科技示范园、北京×××现代农业科技园、河南省××农业高科技园等。活动：了解农业历史、学习农业技术、增长农业知识。

3. 利用规模化的农业产业活动和风貌 如：山东××葡萄园、四川××××桂圆林、河南××国家花木博览园区等。活动：林果、花卉、渔业游。

4. 依托乡村风土人情、民俗文化 如：贵州××民族村寨、山东××××民俗村、河南×××××村等。活动：农耕展示、民间技艺、时令民俗、节庆活动、民间歌舞。

5. 依托环境优美的山地、湖泊、瀑布、温泉、溪流、海边等 如：广州×××××茶田度假村、湖北×××岛庄园、河南××丰乐农庄。活动：住宿、餐饮、娱乐、健身、购物、休闲度假、景区游乐。

6. 利用乡村优美的自然风景、奇异的山水、绿色森林等 如：草原赛马、乡村高尔夫、观览、登山、滑雪。

(二)多元化的开发模式

农家乐的多元开发模式：

1. 农家乐的现代农村观光农业示范园区模式

本身是生产、加工农产品的基地，但可向游客开放，如：北京海淀××大地农业园(为现代乡村观光农业示范园区)、北京朝阳××科技园(为现代化渔业示范基地)。

某园区被某省科技厅评为省级农业科技园区(试点)。该园区规划建设面积30平方公里。引进农业项目超亿元的有5个。

近年来,围绕着建设环首都“优质农副产品供应基地、特色食品加工基地、高品位休闲农业基地”目标,某远郊市初步建起了现代农业发展格局,建成涵盖农产品生产、加工、物流、科技展示、观光休闲等内容的农业园区50个。科技贡献率达到65%。有一些生产技术达到国内外一流水平。

农业园区是一、二、三产业的融合体,也成为农家乐的一个重要依托。农家乐是农民收入增加的一个现实选择。

2. 农家乐的农村主题公园模式

如:北京怀柔××黄金主题公园、北京房山××石雕艺术园、北京丰台××××博园。

3. 农家乐的民俗旅游专业村模式

如:北京昌平××陵民俗旅游村、北京××渡民俗旅游专业村、北京××现代观光村。

4. 农家乐的休闲度假村模式

如:北京朝阳××度假村。

5. 农家乐的新概念旅游基地模式

如:北京怀柔××岛新概念旅游基地。

6. 农家乐的红色旅游基地模式

比如:河北××60多户人家,40多户办起了家庭旅馆,100多户办起了社会旅馆。河北安新××活动遗址、保定××遗址,也开有许多农家乐。

(三)农家乐乡村园林与乡村景观的开发模式

农家乐是农非农,非新即高。农家乐乡村园林是林非林,农家乐乡村景观是景非景。

1. 农家乐乡村园林与农家乐乡村景观

(1)开发程度

开发农家乐园林、景观的程度,同农家乐发展阶段有关。农家乐发展初期,游客停留在在一个景区拍几张照片,以证明自己曾经来过。而在农家乐发展中期,游客需要的是一个环境,实现自己生活方式的入乡随俗。

(2)开发质量

原生性是衡量农家乐景观、园林的开发质量的重要标准。原生是田园风光、泥土芳香、农舍民情,是引人之宝。原生性决定了农家乐景观、园林的真正优势在于“土”字。

2. 农家乐乡村园林与乡村景观的开发模式

(1)美丽乡村旅游环线模式

旅游环线两侧建设森林公园、生态农场、山水自然园等自然景观。某环线宽 5.5 米,总长 20 公里。有公交一路班线开通,运营线路为 A/B 线双向循环对发方式运行,单程长度 26.5 公里,全程运行用时 80 分钟,每车每天各行驶 5 班次。设定站点 28 站。实行全程一票制,投币票价 2 元或可刷卡乘车。

(2)万果园模式

开发万果园,让园艺与赏花摘果结合。

3. 合理开发农家乐乡村园林与乡村景观

开发传统农业景观——开发过渡景观——开发现代农业园区是开发路径之一。现代农业园区管委会倾心打造集约化的现代农业景观,产生新型的乡村景观园林:非城市模式的简单拷贝,而有乡村城市的特色。

八、农家乐开发特点及坐落位置、位置形式、规模分类、投资价值

(一)开发特点

它是农家乐开发所呈现出来的特点。比如:某农家院只是观光、采摘园中的一个单元。

(二)坐落位置

它是农家乐的地理因素之一。如:某农家乐坐落在依山傍水的嘉陵江畔,挨近旅游景区、名胜古迹。

(三)位置形式

它是农家乐的地理因素之一。某农家乐位置离景区远但是离民俗区近。离××陵不远有××村农家乐。南口农场观光采摘园、白泉农艺采摘观光园、灿烂阳光少儿农庄、白鹿苑生态观光园、乡野钓园是处于非景区。

(四)规模分类

它是农家乐的规模划分。某观光采摘园,占地 350 亩,有 20 户农家果园,农家院可小住,湖中有鱼钓。农家乐旅馆升级为星级旅社,成为度假村,集旅游、度假、休闲、娱乐、会议于一体。该垂钓园中的农家乐有 20 余亩占地,主餐厅提供农家菜、家常菜,可同时提供 100 多人就餐,备 10 间林间木屋供休息、就餐。150 平米多功能厅可举办会议、宴会、酒会、舞会。

(五)投资价值

它是农家乐是否值得开发的重要依据之一。某农家乐经营项目

有农业耕作体验、大棚果蔬采摘、休闲旅游、餐饮娱乐。不妨按以上方法为其算一笔账：游客来此农家乐休闲游玩，按每日接待80人，每人每日消费150元，每年接待150天，每年可直接收入180万元。还有农家生活体验馆、绿色原生态养殖区、网上种地、网上订购等综合收益，按人均消费300元计算，至少收入360万元。农家乐除去各种费用，可以显见投资价值很高。

九、农家乐开发应注意的问题

(一)正确认识创业、就业和开发三者的关系

1. 开发就是创业，创业就是就业

开发就是创业。可干、去干、在干的事业是创造出来的。这是一个平台。就业需要创业搭建的平台。

就业就是在这个平台上的安身立命。

就业包括创办一项事业，还包括应聘一份工作。应聘工作需智力或技能或体力。创业包括创办生产型或服务型企业，做老板。创业还包括自谋职业(生产、服务型)当小业主。

农家乐是事业不是工作，这是经营者的共识。其内容是生产、服务产品，其形式是饭店、旅馆、种植基地、养殖场。既是生产项目，又是服务项目。

在众多就业信息中找到农家乐创业项目然后开发它十分重要。

2. 创业项目有大有小

创业初期，一般资金少、条件差，因此多上小项目，单个项目。项目大小由投资规模决定。该大则大，该小则小。小项目易创新，创新生活用品、工业产品、服务产品市场广阔。

3. 编写创业计划书

×××农家乐创业计划书

目的：便于贷款，取得有关部门支持。

项目大小:小型。

类型:生产、服务型。

概述:×××地处××县××镇××村。××××年×月×日经××县工商局登记注册成立。

兴办企业类型:家庭经营。

项目产品定位:采摘葡萄、体验酿酒。

营销市场分析:沙城镇是中国北方葡萄酒重要产地之一,市场空间较大。

品牌及核心竞争力:(略)

经营模式及人力资源配置:(略)

投资及财务分析:(略)

经济效益分析:两年内葡萄园面积达到20亩,销售收入达到×××××元,扣除直接成本、生产费用等,毛利达到××××元,扣除人员工资以及间接费用,净利润××××元。

风险及对策:依托×××农科所,技术风险小。

开办步骤:(略)

4. 选准开发投资农家乐需关注哪些方面

关注时代潮流、生活形态(由安定生活向充实生活过渡;由物质生活向精神生活过渡;由饱和感向个性需求多样化发展;由拥有物质向离物倾向发展)、产品解剖、产业定位、科技发展、地方项目、健康项目。

(二)正确认识农家乐行业特点

1. 农家乐生意的季节性强

这意味着农家乐销售和利润都存在季节性变化。在受季节影响非常大的场合,经营者必须为抵消这种影响而做些调整。农家乐经营者应从事季节特征各有不同的多项业务(多元化)。

2. 受宏观经济形势影响较大 经济衰退期间,游客对清淡菜品的需求会增加,对海鲜菜品的需求会下降。

3. 产业受管制程度较重 由于食品安全问题,农家乐是政府重点管制的行业。规则逐步完善。2013 年 12 月广东一例 H7N9 患者曾到某农家乐就餐，接触过鸡产品。事件曝光后，当地政府勒令该农家乐进行停业整顿。

4. 过于依赖非批量生产的供给要素 自家种的小菜园蔬菜价格昂贵在于总量低。大棚菜相对便宜一些，因为可以批量生产。

5. 农家乐行业成长性好 说一个行业是否成长性好，要看销售额是多还是少。农家乐销售额增长来自两个方面，一是游客数量增多，二是涨价。成长性无中间状态。这使农家乐有一个好的发展前景。

（三）量力而为做规模

规模大小和企业成活率不成正比例。不是说规模大了，企业成活率就高。规模小，企业成活率就低。

一家农家乐，如果你在整个农家乐产业中规模相对较小，但是你拥有特别的竞争优势，那么你就能快速成长。

（四）按市场需求开发产品

按市场需求开发农家乐产品。以市场普遍需求为主，要实用、中低价位，与当前大多数人收入水平（消费水平）相一致。当然，也要考虑少部分高收入消费者需求。

（五）选择创新就是选择高回报率

回报率提高 20%，盈利就能实现 200%的增长，实现高利润率。高利润率能降低经济低潮时企业脆弱的程度，也降低设备成本。创新能使回报率提高。

（六）与众不同能规避竞争

使自己免受竞争冲击，农家乐就要做到与众不同，与众不同才能保护好自己。农家乐要做到控制主要原材料，拥有地域上的绝对优势，或者掌握某种特殊的技术，或者有成本低的优势。

(七)门槛高成功率也高

不要盲目羡慕小农家院,进入门槛越低,小农家乐竞争就越激烈,成功率就低一些。大规模的农家乐,需要投入较多的资金,这让竞争者望而却步,形成更多者进入的一个障碍。此外,专有技术和诀窍、许可及专营、地理、独特营销手段、控制关键原料、低成本生产设施也是令竞争者止步的障碍。

(八)开发农家乐要合理

开发农家乐要合理。合理开发包括:依托本地资源就地取材;坚持扬长避短形成特色;培孕乡土文化建设精品。

(九)开发农家乐应注意的几个基本问题

1. 遵循规律,以满足旅游者需要为前提。

2. 不盲目安排设施和开发景点,一旦开发就让它们为广大旅游者所接受。有旅游者光顾,才不会导致人力、物力浪费,才不会使设施、资源发挥不出应有的作用。

3. 设计设施、开发资源要十分注意考虑旅游者心理因素,使其获得心理上极大的满足,获得美好的经历。

4. 考虑到旅游者安全、快捷、舒适的心理特点后,就要改进和发展现代化的交通设施。

考虑到旅游者生理、心理特点,给其创造方便、舒适、恬静的生活环境,就可发展现代化的旅馆设施。

5. 开发景点设计大型娱乐设施,首先考虑其对旅游者能否产生吸引力。

(十)开发还要考虑目的地社区和居民的心理行为的变化

1. 最大限度消除基本抵触情绪。

2. 促进外来旅游者和目的地居民之间融洽关系。

3. 提高目的地居民生活质量。

4.促进目的地社会和谐稳定发展。

(十一)开发也要重视做好基础性工作

选择开发途径、争取开发立项、争取开发规划或开发方案得到批准、争取有益环境影响报告、争取经营资格核准是开发农家乐的基础性工作。

附:开发农家乐需要做的基础性工作内容一览表

内　容	主管部门
(一)选择开发途径	
1. 购买取得经营权(土地使用权)	土地局、商务局、司法局公证处
2.通过政府招商引资开发此项目	政府开发办
(二)争取开发立项	
1.开发程度报告	政府发改委
2.投资规模确定	政府发改委
3.确定经营项目	政府发改委
(三)争取开发规划或开发方案得到批准	政府、环保局、财政局、金融机构、建设局
(四)争取有益环境影响报告	环保局
(五)争取经营资格核准	文化局、工商局及相关部门

(十二)要从区域开发角度看农家乐项目

1. 交通

××农家乐交通示意图

○五岳寨　◎北京

○驼梁

◆横山岭水库

☆西柏坡中共中央旧址　◆黄壁庄水库　⊕保定

◆岗南水库　⊕平山

▲天桂山　■××农家乐

▲清凉山　○抱犊寨

⊙石家庄市(有铁路去北京、太原、济南、天津方向,有高速路去平山方向)

2. 辐射力

××农家乐辐射范围可包括京、津、冀、晋、鲁。

(十三)开发思路要明晰

××农家乐具有交通便利之优势,毗邻全国著名的革命圣地西柏坡风景区。相邻还有天桂山、五岳寨、驼梁,景色宜人。

依托自然风光,宜开发家庭休闲项目,如:垂钓、采摘、下棋打牌、打台球等。

(十四)明确开发操作难点

1. 如何做成特色

从×××农家乐所在的温塘镇,不难发现:历史悠久的温塘矿泉远近闻名。据说,西汉汉武帝刘彻曾在此淋浴温泉水。据有关部门检测报告，温泉水中含有30多种矿物质，水温常年保持在69℃以上。这里的矿泉属于“高热弱碱氯化物硫酸盐氡泉”，具有祛病健身、增白养颜的功效。农家乐要利用这一优势，把它做成特色，可开发淋浴温泉项目。

2. 如何四季经营

从×××农家乐现在的状况看，经营受季节性影响较大。可开发具有平山特色的核桃等土特产的网上销售。

第二章 农家乐发展之策

（决定农家乐前途）

本章聚焦农家乐发展，讲解了“农家乐的发展前景”、“农家乐的发展趋势”、“农家乐的现状和问题”、“农家乐的发展对策”。发展之策让农家乐前途变得越来越光明。

玩胜农家乐发展

· 发展概况

20 世纪 90 年代开始，旅游业已经发展成为世界第一大产业。

1998 年全世界十分之一的就业岗位是旅游业提供的。旅游活动占全球经济的 6%。1998 年旅游业对全球国内生产总值(GDP)的贡献率为 11.6%，2010 年达到 12.5%。

中国旅游业从 20 世纪 80 年代开始也进入高速发展的阶段，成为中国国民经济的重要产业之一。2010 年中国人均 GDP 已达到 4400 美元，居民实际收入水平正逐步提高。中国居民消费结构开始向发展型和享受型转变。中国现在人均 GDP 水平正是使旅游需求开始全面释放的时期。

有迹象表明：21 世纪旅游业将继续快速发展。世界旅游组织预测，中国将于 2020 年成为世界第一大旅游接待国和第四大客源输出国。每年将有1.3亿游客前往中国，而中国公民出境旅游人数将达到1亿。

在未来50年或整个21世纪，旅游业将会继续成为世界第一产业，继续对人们的生活方式产生巨大影响。

· 是什么决定了人们的旅游需求和态度

1. 时间和收入的可自由支配程度决定旅游需求和态度。

当一个国家人均GDP达到800美元至1000美元时，其居民会普遍产生国内旅游热。

当一个国家人均GDP达到4000美元至10000美元时，其居民会普遍产生国际旅游热。

2. 带薪休假是促进旅游需求的一个重要因素。

3. 而生产力水平提高到发达程度和经济发展根本改变了人们对休闲旅游的看法。在生活中，人们越来越重视度假、旅游、休闲及体验文化。

· 发展个性化旅游满足游客的新需求

20世纪50年代始于欧美的大众旅游，以度假旅游普及和团体包价旅游为主要特征。

20世纪90年代以来，欧美强调产品结构，寻求新形式，适应个性化旅游的新需求。

中国也在进行着这一方面的尝试和努力。

2013年“两会”中提出：“鼓励和支持承包土地向专业户、家庭农场、农民合作社流转。”这对农家乐发展十分有利。因为这加速了农家乐与家庭农场的融合，从而把农家乐推向一个新的发展高度。这是开发农家乐的契机之一。

一、农家乐的发展前景展望

农家乐具有广阔的发展前景。

这主要是由以下几个方面决定的：

(一)从产业布局角度看，农家乐为建设社会主义新农村开辟出了一个新的领域

农家乐为农村经济发展、农民致富增收、劳动力转移、农村产业结构调整、加快城镇化进程、建设社会主义新农村开辟出一个新的领域，其贡献巨大，其影响深远。

(二)从经济发展角度看，经济发展根本改变了人们对休闲旅游的看法

生产力水平提高到发达程度和经济发展根本改变了人们对休闲旅游的看法。在生活中，人们越来越重视度假、旅游、休闲及体验文化。农家乐的客群也将不断扩大。

(三)从旅游发展角度看，旅游业已经发展成为世界第一大产业

态度被改变也诱发出人们的旅游需求。带薪休假是促进旅游需求的一个重要因素。虽然我国还没有全面实施带薪休假制度，但已经实行了每周五天工作制。1999 年还实行了世界上独一无二的三大节日长假“黄金周”制度，实践证明，作用很大。据国家统计局和国家旅游局统计，2005 年“十一”黄金周期间，全国共接待旅游者 1.11 亿人次，实现旅游收人 463 亿元人民币。农家乐属于乡村旅游，其旅游收入在逐渐增加。

(四)从提高产业附加值角度看,凡是发展农家乐的地方,同时可以发展种植、养殖业,也都产生了附加值

农家乐每收入1元,种植、养殖业可增收4.3元。农家乐每增加1个工作人员,相关行业可增加5个工作人员。在加快城镇化发展的今天,农家乐对不离乡不离土就地市民化贡献较大,收入增长能加快农民就地市民化。在农家乐一日游的游客中人均花费105元人民币的不在少数。过夜游客人均日消费也能够达到88元人民币。有关资料表明:××市郊农家乐经营户的年收入平均可达40万元以上。有多少这样的经营户就意味着有多少人踏入了市民化的行列。

(五)从投资回报角度看,本小利大,见效快,回报高

农家乐以小投入搏大回报。一户农家投资几万就可以营业。本小利大,见效快,回报高,自家的房子不会闲置,自己也吃自家小园里的蔬菜,不会浪费掉。小农家乐连接着村外的大世界,小经营开拓的是一个大市场,小投入获得的是高回报。

从上述分析,把握住发展前景就是把握住了未来的"钱景"。

二、农家乐的发展趋势

(一)现代高新技术(生物技术、信息技术、核技术、太空技术)会越来越广泛地应用于农家乐的相关环节

先来了解一下农业的发展。

在相当长一段时期,石油农业是主要的农业特征。农业科技如农业机械化、农业化学化,因以石油为原料和动力,故被称为"石油农业"。这种农业的副作用在于破坏土壤结构、造成环境污染。

如今,现代高新技术在许多方面对我国农业发展发挥着积极的推动作用。何谓现代高新技术?现代高新技术是指随时代发展而出现的生物技术、信息技术、遥感技术、核技术、工程自动化技术、激光技术、同步辐射技术、航天技术。它代表着当今这个时代最先进的技术水平和研究成果。

在农业上应用信息技术可实现农业信息化。农业信息化包括：精准播种；变量施肥；实时收割；手机种田。应用遥感技术有利于发展精准农业，包括：全球卫星定位；地理信息；遥感技术。农业发展成为聪明农业，它的三大依托是：农业信息化；精准农业；智能农业。

在农业上运用生物技术可培育出优质、高产、抗病、抗逆的农产品优良品种。未来10～30年将有相当部分蔬菜、花卉、作物的生产由田间移到温室、自由温室转到可全面控制的环境空间，实现全年播种，全年收获。

未来农业将由“机械化”向“电脑自控化”发展。今后，超级智能机器人将参与农场一切管理且完成各种农活。农业由陆地型向宇宙型扩展、由农场向公园式发展的21世纪，人们不仅要求吃好、用好、穿好，而且要求玩好。由于土地日益珍贵，一些具有远见的农艺家别出心裁地将一个个农场改建成一座座农业公园。现在，荷兰、日本正在朝这个方面尝试。在农业公园里各种动、植物、花卉和娱乐场所，自然景色真实，空气新鲜，布局艺术、四季协调。

此外，农业由“化学化”向“生物化”发展不可逆转，随着基因工程学、生物技术的发展，现代农业化学时代将会发生变化，如：生物固氮取代氮肥，抗病与基因引入，大大减少农药使用。现在日本开发一项蔬菜种植的新方法，人工控制使完全无菌的种植工厂如雨后春笋已遍布日本各地，每周7天，每天24小时不间断生产生菜、绿叶菜。日本顾客高价购此菜，不用水洗就可安全食用，没有使用农药，也就不存在中毒可能。日本种植工厂的生菜一年可收割20次，一些大型的种植工厂，一年可生产300万棵蔬菜。尽管产品很卫生，但并非我们所理解的真正意义上的食品，但因不使用化学制剂，所以得到了政府支持。

食物原料生产过程中的污染、销售过程中的污染、食用过程中的污染是食品卫生的不安全因素。食品的卫生安全是今后食品发展中的难点之一。

由此看来，绿色食品是未来食物的方向，农家乐恰恰适合了这一方向。人们会精选食物、认品牌，绿色食品作为一种代表无污染、高质量食品的品牌有着巨大的市场潜力。

未来食物生产构筑可持续发展的食物生产技术体系，它建立在生态环境和合理的资源开发利用基础之上。绿色食品的生产过程有较为严格的质量控制和技术要求，代表着未来食物生产的方向。食物规范化生产是必然趋势。绿色食品生产为食物生产提供了良好的技术。

今后，农业食品工业与营养的关系越来越密切。绿色食品的优质包括了食物品质的改善和营养价值的提高，满足人们选择更富营养食品的需要。

在绿色农业（生态农业）中，高新技术的应用影响深远，它使自然资源与社会资源利用率和效用价值倍增。农业由“石油型”向“生态型”发展已是大势所趋。生态型农业是一种久兴不衰的方式，将在未来农业中占据主要地位。

展望中国农业未来发展趋势，可以得出以下认识：一是重视市场营销、重视农产品质量安全，发展无公害、绿色、有机农产品生产；二是利用世界贸易组织的“绿箱”政策，扶持绿色产品；三是重视“绿色营销”，培育有影响力的知名品牌；四是保护生态环境，实现人与自然和谐。

已成为农业经营的一种模式的农家乐，其未来发展趋势可以预见的一点就是：现代高新技术（生物技术、信息技术、核技术、太空技术）会越来越广泛地应用于农家乐的相关环节。

（二）大气污染让城里的人们更渴望蓝天、阳光、新鲜空气，农家乐去污染化发展将成趋势

英国某位王储每年都会在自己的农场里秀一下他的有机厨房。他厨房里的所有食材都是有机农场中种植出来的，蔬菜瓜果无所不有。王储还兴致勃勃写了一本有机食谱。他还计划给农产品标注上

二氧化硫排放值。世界范围内趋于流行的绿色消费观，其基本特征是：恒温消费；经济消费；安全消费；和谐消费；精神消费。

大气污染让城里的人们更渴望蓝天、阳光、新鲜空气。化学技术是一把双刃剑。近几十年来，已经确认一些化学物质会致癌。另外，还存在大量的可疑致癌物。有毒化学品进入不同的环境要素，污染、有毒农药进入水体就会造成水污染，如：滞留在土壤中会造成土壤污染。污染通过食物链最终到达人体。在人体内不断积累，会对人类健康造成严重危害。交通运输、工业生产噪声、建筑工地噪声、居住噪声、公共场所噪声等噪声污染是一种感觉性公害，是城里人不喜欢的声音，造成器官、心理状态、精神状态的危害，也会造成生活质量的下降。

农家乐去污染化发展将成趋势。

（三）农家乐环境绿化将得到发展

观赏植物分为观光树（银杏、水杉、雪松、金钱松、侧柏、圆柏）、观赏花卉（花卉对园林观赏绿化、美化、香化具有重要意义）、草坪植物（草坪也是绿化不可分割的组成部分。中国园林造景一向重视利用草坪，对人类生存环境绿化、美化起很大作用）三种。

园林绿化、观赏植物为人类身心健康提供了良好的生活和娱乐环境。

中华民族有爱花、赏花的天性。花开有时序：正月梅花傲雪绽放；二月杏花开在料峭春风里；三月桃花踏青而开；四月蔷薇着芳竞放；五月石榴火红耀目；六月荷花翠绿怡人；七月凤仙带来馨香；八月木樨映入眼帘；九月菊花胜芳迷人；十月芙蓉花开绰约；十一月水仙花独具风采；十二月腊梅迎春。

森林是人类艺术创作的重要源泉。在人们的心理、视觉、听觉等方面，森林已被潜意识当成一种重要的审美对象或审美构成要素。森林是滋养我国多民族文化的一片沃土。森林植物释放精气（又叫植物精气，又称芬多精，植物杀菌素），具有镇痛、抗风湿、促进胆汁分泌、降血压、化痰功效。中南林学院森林旅游研究中心将研究成果已经应用在生态旅游实践之中。

（四）农家乐有些环节将向立体式发展

未来的中国农业将由“平面式”向“立体式”发展。为了在有限的土地上获得大量的农产品，需要将作物布局由平面向立体方向发展。利用作物生长过程中的“空间差”和“时间差”，按上下错落式进行精心组装，合理搭配，塑造高效生态系统。地上推行高矮间作、长短套种、喜阴和喜生品种共生，水中搞密养，混养以及分层养。

（五）农家乐成为养生院的趋势明显

举个例子：银杏果菜，含银杏、黄酮，有保健、疏通心脑血管的功效。经常吃白果，可养生。经常喝银杏叶茶，可以养生。这是某些农家乐的秘方。养生是中华民族特有商品。农家乐的长寿养生汤，重要的两点是：火候＋草药。大自然的馈赠之一就是中草药。中草药有些处濒危状态。而有些养生秘方也濒临失传，亟待抢救开发。南方水道不同、山道不同、性格不同，养生方式也不同。湖北武当山采药人喜爱的地方，是传说道士将草药炼成仙丹的地方。在汉民族传统词典里，神仙＝养生。农家乐成为养生院的趋势明显。

（六）随着人们生活水平的提高，近年来主题农家乐发展十分迅速。主题农家乐掀起投资热潮

建筑小品、运动设施、植物、水系、山石等元素共同创造了环境优美、生态良好的主题农家乐。

三、农家乐的现状和问题

在湖南、湖北、陕西、四川、上海等省市，农家乐已形成了产业链，促进了当地农村经济的发展。笔者曾执笔撰写了1998年在湖北省长阳土家族自治县召开的全国民族文化先进县表彰会六个典型发言

中的一个材料。国家民委、文化部有关领导看过后，对这份材料给予了充分的肯定。但接触到湖北省文化厅撰写的材料后，感触最深的一点是南、北方在农家乐文化理念上有着明显的不同之处。会议地点选在长阳土家族自治县是很有道理的，鱼峡口是该县农家乐搞得非常好的地方，非常值得北方县学习。因此，多年后我有了撰写《农家乐开发经营指南》的想法。此后，我相继走访了成百上千的农家乐经营者，掌握了第一手资料，加深了对目前我国农家乐发展现状的认识。

(一)我国农家乐发展现状

2012 年××市申请到省级旅游专项资金补助 604 万元。当地财政局与农工部联合申报"民俗文化型农家乐开发计划"示范点，到位省市财政补助资金直接用于相关建设上。

2012 年前 11 个月××市农家乐接待游客 1165.26 万人次，同比增长 20.53%，旅游收入 92.25 亿元，同比增长 21.89%。

到 2013 年，××市共有省级农业旅游示范点 15 家，评定一、二、三级星级民俗文化型农家乐 20 家、文明生态型农家院 30 家。

这是××市农家乐的发展现状。

改革开放以来，我国农家乐进入了一个快速发展的阶段。农家乐数量激增的同时，服务质量也有了很大提升，增加了许多服务项目和内容。通过农家乐建设，一些历史文化遗址、民俗项目得到了较好的保护。一些少数民族民俗文化项目，如：生活习俗、婚姻、家庭、人生礼仪、民间文学艺术、民族科技工艺、宗教信仰、医药卫生、狩猎、节庆等得到了开发，为我国传统文化的发展做出了贡献。

农家乐经济效益、社会效益、环境效益同步共进，农家乐持续发展。

(二)我国农家乐发展问题

近年来，农家乐纷纷建立，创造了致富的奇迹。但与此同时，农家乐发展因资金、技术等限制而相对滞后，农家乐发展状况存在着地区的差异。

农家乐发展走向了一个误区：片面追求眼前利益，游客流量下降，缺乏统筹管理，资金投入效率低，技术力量有限，设计水平低。

有一些农家乐由于地处背乡村，开办、停业在有关部门登记的意识不强，有关部门监管起来不太容易，于是出现了一些违规的行为，比如：生活污水随意排放、白色垃圾随意丢放等等，很多经营者没有相关工作经历、文化程度较低，盲目跟风，仓促上马，准备不够，这都制约了农家乐的健康发展。

制约农家乐发展的问题还很突出，主要是：

1. 氛围不太浓厚，资源不能被加以有效利用。一些人认为本地旅游没有优势，没山没水没资源，对参与到农家乐建设中来不自信，不重视资源潜力的挖掘，相关行业联系不够密切，整合资源不全面、不深入。

2. 缺乏整体规划，布局和结构不合理，缺乏较多社会投入，吸金融资办法不多，农家乐成不了经济主支柱，规模一般较小。

3. 总量偏小，创业平台不够健全，引进高级农家乐经营人员、复合型人才较为迫切。

4. 深加工不够，科技含量低。

5. 风格雷同。有的地方的农家乐房屋造型一致、经营方式相同。

6. 项目单一。只为游客提供吃喝，其他项目一概没有。其实，来农家乐的游客不但要求吃好，而且要求能玩好。比如：蹬蹬水车、推推石磨、转转山林，购购“土特产”、“野味”。

7. 单打独斗。不少农家乐是你发展你的，我发展我的，缺乏扬长避短的往来，缺乏共同发展的意识。

8. 目光短浅。只顾眼前利益，不能热情对待游客。有的地方甚至出现“宰客”现象。菜品价格随人就市。遇见熟人、本地人就低，遇见生人、外地人就高。有时还和游客发生矛盾、纠纷等。既不利于农家乐本身吸引回头客，还给当地声誉造成了不良的影响。

此外，制约农家乐旅游发展的瓶颈是交通运输。随着我国高铁的发展，这种情况正在改善。例如：2013 年 7 月 1 日开通的宁沪甬高铁，每小时时速达300公里。该线路连接占全国经济总量三分之一的苏沪杭，站与站距离五十里。交通运输情况的改善，缩短了游客与农家乐目的地的距离，让更多的游客有机会享受农家乐的独特风景、优质服务。

四、农家乐的发展对策

(一)农家乐建设背后的文化情结

增加农民收入的重要抓手是农家乐建设。细究一下，农家乐建设背后蕴含的其实是中国传统文化的情结。

1. 农家乐建设崇尚诗意的乡村生活

诗意是生活层面的事情。随时随地发现乡村诗意，既是乡村生活的本意，也是一种生活在乡村的能力。乡村生活的最高境界是诗意的生活。诗意栖居在人们的心中，不论他是否能够写出一首诗歌来。诗意的生活不需要我们刻意地去寻找，需要我们经常清除心灵里面的杂质，留些空间去接受更美好的东西，比如：游农家院，这对很多都市人都觉得不错，但对农家人觉得再普通不过了。但如果这一过程经过仪式化处理，再辅以一定的艺术形式，那么就成了精致的生活方式，而上升为农家乐了。

2. 农家乐建设背后的传统文化

农家乐建设解决的应是农民想要什么样的生活的问题。现代社会，像时钟一样准确的生活，是机械的、过分科学的。它发展到极端，就使人成了偏执狂，精神紧张、焦虑、无人情味。而传统文化中儒家的礼乐文明，是人文的、温情的、诗意的。当你在为生活奔波、身心疲惫时，传统文化就是你的心灵老家。外儒内道，让农家乐建设回归于传统。

中国人有着自己的文化情结。乡村农民可以自由地生活在阔天沃地之间，都市人则在钢筋水泥丛林中追求抽空到乡村享受山林之乐的闲暇。

陶渊明《归园田居五首》中第一首，为我们画出两幅“农家乐”。一幅是“开荒南野际，守拙归园田”。一幅是“方宅十余亩，草屋八九间，榆树荫后檐，桃李罗堂前，暧暧远人树，依依墟里烟，狗吠深巷中，鸡鸣桑树颠。户庭无尘杂，虚室有余闲”。既是风景，也是风情。为什么“农家乐”受人追捧呢？原因在于现代人的生存状态与价值取向。中国传统文化是重德文化，是重义轻利的文化。许多现代人的知识结构、精神气质与现代生活的机械严谨和枯燥乏味格格不入，是两种风格。许多现代人是诗意的、跳跃的，而不是枯燥的。道德至上是诗意的表现。因此，从某种程度上讲，农家乐建设其实是诗的形式。

中国传统文化是重内省、重自我修养的。享受农家乐趣，在大自然中涤荡心性、陶冶人格，这才是幸福。

3. 农家乐建设中跳动着的休闲文化元素

农家乐建设崇尚“休闲”，“休闲”不是先富起来的农民的专利，相反，在中国文化中它是很平民的。享受休闲生活比享受奢侈生活来得容易。要享受悠闲的生活只要有一种艺术家的性情，在全然悠闲的情绪中，去消遣一个闲暇无事的下午。

现代乡村已是现代后工业社会的一个缩影。好比一架高速运转的机器，人们就像机器上不由自主的部件，被滔滔洪流裹挟前行。

虽在忙碌之中，我们不应缺少的是对中国传统文化的回望和守护。中国道家文化崇尚人与自然的和谐共处，个人与现实的冲突在现代社会虽难以避免，但人内心要安静、平和下来，不妨学一下道家，心无挂碍，就可以游刃有余，过一种逍遥、幸福、诗意的生活。

4. 农家乐建设与民俗文化

中国民间民俗文化是传统文化的“活化石”，不仅是历史积淀的产物，更凝聚着劳动人民的智慧和创造力。其扎根民间，时至今日依然洋溢着无限的生机和活力，并成为弥足珍贵的非物质文化遗产。这就是为什么农家乐建设要用民俗文化来“打点”的原因之一。其中，民间工艺具有强烈的民俗特色。

(二)以民俗文化旅游型“农家乐”开发助推幸福乡村建设

要以幸福乡村建设为抓手，强力推进新农村建设工作。思路是“规划先行、民居引领、产业带动、农民自愿、特色鲜明”，打造“布局合理、设施完善、环境优美、生活便利、安居乐业、文明和谐”的幸福乡村。

党的十八大提出“四化同步”。解决三农工作出现的新问题(如：农民增收缺乏新的支撑点、农村环境改善不够)是实现这一目标的重要途径。新农村建设是全面建成小康社会的基础和前提。幸福乡村建设是新农村建设的重要抓手。民俗文化型农家乐建设是幸福乡村建设的一个重要助推器。

农家乐于 20 世纪 60 年代初起源于欧洲。国内真正意义上的现代农家乐开始于 1992 年成都郊区龙泉驿书房村的桃花节。2004 年农家乐在全国范围内雨后春笋般蓬勃发展。一些大中城市周边逐渐形成了乡村旅游休闲度假带。乡村文化旅游正在成为特色产业和创意产业。

国内对农家乐这种源自西班牙的文化旅游形式有一些研究，但对农家乐如何落地，落地后如何克服“水土不服”问题，还需要深入研究，这使民俗型文化旅游型农家乐开发助推幸福乡村建设成为一个十分有必要研究的重要课题之一。

1. 政府主导的民俗文化旅游型农家乐开发在幸福乡村建设中的地位

湖南、湖北、陕西、四川、上海等省市，农家乐已形成了产业链，促进了当地经济的发展，而乡村农家乐还远未发挥出助推幸福乡村建设的作用。通过对问题的剖析、梳理，以民俗文化旅游型农家乐开发为重点，以政府主导型为主题的模式是我们研究的目的.

“政府主导、市场化运作”是民俗文化旅游型农家乐最应倡导的开发模式。农家乐最大的吸引力是它的农家特色和乡村的味道。民俗文化旅游型农家乐因其具有的独特特点，必将成为国内京、津、冀游客参加率和重游率最高的乡村文化旅游项目。而把幸福乡村建设与发展政府主导、市场运作的民俗文化旅游型农家乐结合起来，无疑具有创新意义。

各地蔬菜产业发展工作领导小组由农业局、发改局、农业开发办、国土资源局、水务局、供电公司、农村信用联社及各乡镇政府等组成。农业局负责建设现代农业园区、农作物品种区域实验示范、测土配方施肥、农产品安全检测、绿色有机蔬菜产业。

各地食品安全可追溯体系建设领导小组由食品安全委员会办公室、食品药品监督管理局、农业局、畜牧兽医局、质量技术监督局、工商行政管理局、卫生局、商务局及各乡镇政府组成。农家乐养殖区建立兽药、饲料和饲料添加剂质量安全可追溯制度，兽药、饲料产品进有记录养殖有记录卡耳标，建立动物可追溯体系，可确保农家乐散养户养殖动物的质量安全可追溯。

农家乐开发也可以成立相应的组织机构。

2. 民俗文化资源优势使民俗文化旅游型农家乐呈现美好发展前景

今日中国的经济奇迹，很大程度上受益于生产力革命。本质上是将体力工作者（农民）的生产力大幅提升（成为农民工）的结果。近几年中国社科院的研究报告也揭示，农民工对中国GDP的贡献率一直高达60%。

生产力的发展，使得体力工作者的收入大幅度增加，其工作强度和时间大幅下降，社会地位上升，由无产者变成收入相对稳定的中产者。这不但使体力工作者生产力提升，而且彻底改变了社会的阶层结构。

提高农民的经营能力，促进农村生产力发展，是幸福乡村建设的基础。

我国总体上已进入工业化发展的中期阶段，具备以工促农、以城带乡的客观需求和经济条件。

民俗文化旅游型农家乐发展前景广阔，各地民俗文化资源是一座金矿，开发出来，就打开了幸福乡村的幸福之门。

(三)农家乐的进一步发展的对策

客观上讲,农家乐确实是农业领域的新商机。农业产业多元化发展给农家乐提供了机会和市场。游客对饮食的口感和绿色安全方面的要求日益提高,农家菜的市场需求加大。市场决定需求,需求引领投资。投资需要善于经营才能维系一定的回报率。不光是农家乐,农业其实就是一个大的经营体系。农家乐其实是这个体系当中的一个链条。农业要靠经营赚钱致富,农家乐要靠经营赢取利润。农业致富的经验是农家乐经营的参考。当然,农业产业发展也是农家乐发展的基础和依据。

为使农家乐进一步发展,应做好以下几个环节的工作:

1. 坚定办好农家乐的信心。要对农家乐的品位提升有正确的认识。

2. 充分认识自身优势。自身的优势资源靠区位拉近与周邻强势资源的借助利用。

3. 真正把文化特色融入到农家乐活动中去。坚持以传统文化为切入点,做"土色生香"的农耕农作文章。

4. 不要为了农家乐而农家乐,而要把农家乐放在一个大的背景下去考虑,要把发展农家乐同实现小康社会相结合。

5. 要办特色农家乐,规划建设好农家乐,避免项目雷同,千村一面。

6. 要小而精,不要大而全。

7. 让游客亲眼见证品尝到的东西一定是卫生的,放心的。

8. 农家乐垃圾集中堆放点在不规范的情况下,极易发生二次污染。应配备集中收集箱,直接运到垃圾场可避免二次污染。

9. 引导农家乐改变一些不良的加工方式。

10. 稳步实现规模发展。之所以会出现"一哄而起,一哄而散"的现象,是跟规模盲目贪大有关,没有初始资本积累、技术积累和经验积累,农家乐是很难一下子做大的。

11. 提倡创新开发。如:自打井水按优惠价提供游客汲水。

12. 普及农家乐知识。

13. 加强推广。

14. 树立商品意识。

15. 调整内部结构。

16. 建设好农家乐园路。建设园路需要周密计划，科学施工。

（四）防止出现商业模式下的农家乐过度旅游开发性破坏

商业模式下的农家乐过度旅游开发性破坏，会间接导致传统村庄、群落的消亡，这是开发农家乐需要重视的问题。

1. 村庄概述 村庄是农民的聚居形态。一个村庄不仅有一定的人口，而且具有这些人赖以进行社会生活的地域要素和生产、生活设施，并具有一定特殊的文化和管理机构。尤其是广大村民对自己所属村庄具有明显的认同感。村庄内部既包含村民的经济生活和经济关系，又包含着村民的政治、文化、生活和血缘、地缘等多重社会关系。

2. 村庄的类型 按村庄具有的主要生产职能分农村、林村、牧村、渔村；按村庄平面分布形态分集村、散村；按行政分自然村、行政村。

3. 村庄的土地经营方式

村庄的土地是集体土地，属于劳动群众集体（即从事农业用途的群体），农民拥有该集体土地的使用权，而不拥有土地的所有权。土地具有生产功能、保障功能、资产功能、生态功能、公益功能。

一些农村拆迁，对农民土地只对其生产功能给予补偿，而对土地保障农民生存、生活的功能和作为农民以此增值的资产功能补偿过低。

在建设新农村、搞旅游开发的口号下，近年来规模化经营的趋势非常明显。一些地区20%以上的土地都被集中了起来。土地的规模化集中，易出现行政化强迫农民进行流转的现象。

农民的承包地使用性质不能被改变，否则就会极大地损害农民的利益。

土地集中后，归谁所有、使用、做什么用途，都不能损害农民利益，不能侵害农民的财产权利。

4. 村庄环境

环境是指与某一体系有关的周围客观事物的总和。生物依赖于环境，环境污染对生物有很大影响。生命系统与环境系统在制定空间的组合上形成生态系统。

现阶段农村生态环境的状况：

(1)农村饮用水污染严重。(2)化肥、农药等农用物资的不科学使用对生态环境造成极大污染和破坏。(3)生活垃圾、生活污水的无组织倾倒对生态环境造成严重污染。(4)乡企对农村生态环境污染较重。(5)矿产资源不合理开发破坏自然环境，从而使生态功能退化。(6)环境意识淡薄，经济发展水平不高，造成生活污染不断加剧，对农村生态环境造成了更大污染。

(五)认真研读旅游法，制定相关策略

2013 年 4 月 25 日第十二届全国人民代表大会常务委员会第二次会议通过《中华人民共和国旅游法》，自 2013 年 10 月 1 日起施行。

该法第四章旅游经营第四十六条“城镇和乡村居民利用自有住宅或者其他条件依法从事旅游经营，其管理办法由省、自治区、直辖市制定”。这一条被业内人士解读为是对“农家乐”等农村旅游经营者管理的法律依据。

各省、自治区、直辖市参照旅游法制定了对农家乐的管理规定。其中，有如下认识：

农家乐适用此法。农家乐提供游览、度假、休闲等形式的旅游项目，还提供相关服务的经营。(参照旅游法第一章第二条)农家乐是旅游经营活动的一种形式。

农家乐在有效保护旅游资源的前提下，依法合理利用旅游资源。开发农家乐应坚持社会效益、经济效益、生态效益相统一的原则。(参照旅游法第一章第四条)农家乐是旅游市场经营主体之一。

农家乐应做“健康、文明、环保”的旅游方式的倡导者和公益宣传的使者。(参照旅游法第一章第五条)

农家乐应当诚信经营,公平竞争,承担社会责任,为旅游者提供安全、健康、卫生、方便的旅游服务。(参照旅游法第一章第五条)

农家乐协会实行自律管理。(参照旅游法第一章第八条)

农家乐经营者自愿参加旅游职业教育和培训,提高旅游从业人员素质。(参照旅游法第一章第八条)

开办农家乐,应具备以下条件,取得旅游主管部门的许可,依法办理工商登记:

1.有固定的经营场所;

2.有必要的营业设施;

3.有符合规定的注册资本;

4.有必要的经营管理人员和导游;

5.法律、行政法规规定的其他条件。

(参照旅游法第四章第二十八条)

经营高空、高速、水上、潜水、探险等高风险旅游项目,应当按照国家有关规定取得经营许可。(参照旅游法第四章第四十七条)

为旅游者提供交通、住宿、餐饮、娱乐等服务的经营者,应当符合法律、法规规定的要求,按照合同约定履行义务。(参照旅游法第四章第四十九条)

旅游经营者应当保证其提供的商品和服务符合保障人身、财产安全的要求。旅游经营者取得相关质量标准等级的,其设施和服务不得低于相应标准;未取得质量标准等级的,不得使用相关质量等级的称谓和标志。(参照旅游法第四章第五十条)

旅游经营者应当严格执行安全生产管理和消防安全管理的法律、法规和国家标准、行业标准,具备相应的安全生产条件,制定旅游者安全保护制度和应急预案。旅游经营者应当对直接为旅游者提供服务的从业人员开展经常性应急救助技能培训,对提供的产品和服务进行安全检验、监测和评估,采取必要措施防止危害发生。旅游经营者组织、接待老年人、未成年人、残疾人等旅游者,应当采取相应的

安全保障措施。(参照旅游法第六章第七十九条)

旅游经营者应当就旅游活动中的下列事项,以明示的方式事先向旅游者作出说明或者警示:(1)正确使用相关设施、设备的方法;(2)必要的安全防范和应急措施;(3)未向旅游者开放的经营、服务场所和设施、设备;(4)不适宜参加相关活动的群体;(5)可能危及旅游者人身、财产安全的其他情形。(参照旅游法第六章第八十条)

突发事件或者旅游安全事故发生后,旅游经营者应当采取必要的救助和处置措施,依法履行报告义务,并对旅游者作出妥善安排。(参照旅游法第六章第八十一条)

(六)发展个性化旅游满足游客的新需求

20 世纪 50 年代始于欧美的大众旅游,以度假旅游普及和团体包价旅游为主要特征。

20 世纪 90 年代以来,欧美强调产品结构,寻求新形式,适应个性化旅游的新需求。

中国也在进行着这一方面的尝试和努力。这也是农家乐发展的一个对策。

第三章　农家乐开办之方

（决定农家乐生存）

本章围绕开办农家乐讲述了一些秘方，如："农家乐的开办前的调查、定位、预算之方"、"农家乐的选址、起名、登记之方"、"农家乐的设计、装修之方"。这些方法其实是农家乐的生存之方。

玩顺农家乐开办

• 其实农家乐开办的是一种方式。

旅游是现代社会一种基本生活方式。通过这种方式生活，可以得到宝贵的回忆、美好的感受、丰富的阅历。这种生活方式是有成本的，基本成本就是金钱、时间和精力。

这种方式背后是一种观念，一种哲学。旅游休闲的观念是休闲的哲学，提高生活质量的哲学。它不同于以往"为了工作而休闲"，而强调要"为了休闲而工作"。

工业化始于20世纪初，恢复体力、调整精神状态、提高工作效率是对休闲活动的理解。因此，旅游休闲等于养精蓄锐。

后工业时代的信息社会中，人们普遍认为提高生活质量非常重要。强调"为了休闲而工作"。这样，努力工作就等于获得旅游休闲的经济基础。多赚钱等于更好地进行旅游、休闲，最大限度地提高生活质量，从而更好地享受人生。“为了休闲而工作”，中心是休闲，目的是提高生活质量。

农家乐乡村游是把生活方式固定化，保持其稳定，并不断发展其内涵和外延。

开办农家乐的方式决定了农家乐的生存。

农家乐开办案例

项目名称：河南宁陵县刘花桥村××农家乐

项目概况：(略)

成功之道：

1. 做了什么？

政府规划—将该县旅游主题定为：花海果园、中原梨香。把刘花桥村打造成为中原原生态梨园村落，形成梨花桥旅游景区。

2. 因为什么？

(1)进行了调查和对已有旅游资源的分析比较。

①产品有美誉度、知名度，这就是卖点。

②产品历史悠久，这就是看点。

③产品种植面积广，这就是突破点。

④所处村庄历史文化资源丰富，这就是重点。

⑤历史的遗迹呼应着美丽的传说。

⑥民俗是最好的产品配套资源。

(2)分析比较得出结论：

结论是发展生态旅游，优势明显。

3.做了什么？

(1)明确了市场定位

挖掘本县的品牌旅游资源，主打××牌可增加农民收入。优势资源集中在××村，以××村为发展龙头切实可行。

(2)明确生态旅游规划方案

①以××村为实施目标。

②依托××××等旅游资源。

③开发三大系列旅游产品体系。

④通过×××的举措，实现把×××打造为××××的目标。

(3)明确市场定位

①总体定位

②宣传口号

(4)进行科学选址

选址从以下方面进行了考量：

一看历史是否悠久、历史文化资源是否丰富？

二看该地民间传说及旅游资源是否相对集中？

三看是否处于规划区的中央核心地带？

四看景区的可进入性是否强？

一、开办农家乐前的规划和市场调查

(一)规划、设计在农家乐中的作用

交给你一把钥匙,你会去干什么?开锁。

农家乐就是一把待开的锁。

而规划、设计就是开这把锁的钥匙。

(二)规划设计的类型

规划设计的类型主要包括农家乐产品规划、地址规划、游客活动半径规划、景观功能空间规划等。

(三)农家乐规划设计的特点和发展趋势

1. 农家乐设计的特点

一是环保;二是文化;三是休闲;四是智能;五是艺术美。

2. 农家乐设计的发展趋势

传统设计用人工手段改造自然。现代设计认为自然文化是永恒的主题,强调顺应自然规律进行适度调整,尽量减少对自然的人工干扰,越来越多地用植物造景,既有欣赏效应,又有生态效应。

(四)对农家乐精心进行规划

对农家乐规划的目的:

加强市场调查;确保特色;确保不重复建设;确保不造成资源和环境的严重浪费和破坏。

精心规划就要做好以下几点:

1. 了解地理概况

内蒙古××旅游区内两座金色沙山连着3万亩沙丘。沙生植物可供观赏。可开办以滑沙、沙地摩托车、沙滩排球、沙疗健身娱乐等内容的农家乐，让游客在蒙古包里住宿，与骆驼合影，吃蒙古味餐。

2. 了解政策

始于 1978 年的农村改革，路子及走向是实行家庭联产承包责任制与发展农村集体经济（乡镇企业）。20 世纪 90 年代农村改革发生逆转。农村承包并没有得到深化，走入乡镇企业的农村剩余劳动力向大城市转移，从事农业生产的农民逐渐减少。推行城市化的过程中，不少农民成为城市的农民工。但启动城市内需并没有因农民工群体的增大而出现实质性的加速，原因是农民工更倾向于为远在农村的家人储蓄，而不是消费。

2009 年国家加快城镇化步伐，思路从城市化向城镇化转变。目的是要使农村有良好的发展。地方政府制定相关政策，重视对农村基建投资和硬件投入。带来的是繁荣的经济数字和 GDP 的增长。中国 GDP 总量现已跃居世界第二位。农村农民收入在 GDP 中的比重不断增加。

农村农民由小农到农业生产者，再到农场主的变迁，其实是又一场巨大的农村社会革命。对于农村来说，这种巨变可能要延续很长一段时间。农民不会因城镇化而无限地减少。2030 年中国总人口将达到 15 亿左右。如果城镇化率达到 70%，生活在农村的人口仍将达到 4.5 亿之巨。

无论乡村是否终结，农业从业者作为基本生活必需品原料的供应商不会消失，例如：美国、加拿大、澳大利亚、法国、西班牙等国家，尽管是发达工业国家，但农业也没有被忽视，它们同时是农业产出大国。

尽管农村农民收入在 GDP 中的比重不断增加，但农村的结构性问题，比如食品安全、环境成本高等问题并不能通过 GDP 体现出来。开放农村金融，保护集体土地产权和深化农村市场改革，进一步增加农民收入是切实解决农村结构性问题，增强农村可持续发展能力的必由之路。这个过程中，既会有农家乐的发展新机遇，又会有乡村的工业文明的出现。既会有田园牧歌生活方式的哺养，又会有个体和集体的追忆。现实与梦幻交织，欣喜与怀恋并存。

3. 了解相关法律、法规

××旗××航天城根据国家有关法律、法规，是严禁记录地理坐标的。在此附近开办农家乐也是不被允许的。因为涉及国防安全，旗府三次让出府地。

新版有机产品认证标志 2012 年 7 月 1 日实施。除现场采摘销售的果蔬类有机产品，不直接销售的加工原料，无法实施有机产品认证标志的散装或裸装产品，以及鲜活动动物产品外，获证单位或个人应按规定在获证产品或产品最小销售包装上加施有机产品认证。目前市场上自称“有机产品”但未加贴有机认证标志的产品属违规行为。国家认监委规定：7 月 1 日后出厂销售的获证产品必须使用国家有机产品认证标志，同时标明有机码认证机构信息。7 月 1 日前已出厂销售、使用旧版有机产品认证标志的有机产品，仍允许流通。

4. 了解有无可能申请为财政补助项目

争取农业开发办公室支持，经过农业开发办公室进行项目选项、审查把关、报批等环节，××牧业、养殖型农家乐及农产品及农民专业合作社型的农家乐争取到了农业产业化财政补助项目。项目贷款可获得产业化中央财政贴息。贴息资金一般拨付至县（市、区）财政局和项目单位。

5. 制定发展方向

农家乐的开办不是脑袋一热说开就开的，它是靠时间养效益，从投资行为上分析，其实它是一个长效投资，不是短、平、快的投资。因此，要对新开农家乐的未来做规划。如果是开在已有农家乐的周边地区，那么就要考虑它的竞争能力如何，现在的规模和实力是否能与对手抗衡。如果是开在没有开农家乐的地区，那么它的发展速度能否实现三年一保、五年一跃？一般认为：农家乐开业如果超过三年就是度过了危险期，进入到相对安全的时期。如果五年能自身发展再开一个农家乐，就跃上了一个新台阶。如果秉持急功近利式的开办初衷，那么农家乐开得就不会长久，如果只注重了眼前利益，那么忽视了长远利益，结果可想而知。

6. 做好农家乐的规划设想

(1)做好规划对农家乐意义很大。

编制农家乐总体规划,要注意以下方面:

一是确定东西南北中特色。如某综合型农家乐确定:北牧(发展特色养殖)、南菜(发展设施蔬菜种植)、西闲(发展休闲商品)、东综(综合开发)、中流通(发展物流配送)的总体规划。

××旗××路是一条连接盟旗的交通要道。一家农家乐看重的是这里的交通规划。设想是搭建几个蒙古包,提供蒙古炒米、奶皮、奶酪、起蛋子、奶茶等餐饮服务,提供住宿房间里有本地的特产戈壁奇石,供游客选购。

二是确定具体规划设想。具体规划设想一般有规模大小、总投资多少、一期工程完工时间和进度,二期工程完成期限等数据。

(2)农家乐园地(种植)规划基本要求。

一般果园面积不宜过大,以1公顷左右为宜;建生产基地面积较大,需布局合理;分割成几个生产小区,小区内设有作业道,小区之间应设小路、支路和毛渠、支渠等排灌系统。大区间应有干路、干渠;兼种其他作物和轮作倒茬作物的茬口和布局,提高土地利用率;大棚以南北延长为好,上上下下都能受光;日光温室以东西延长为好,东西两侧光照均匀,气温也均衡。

(3)农家乐园地整理程序:整地—做畦—施肥—定植—栽后管理。

(4)规划方案要有新意。

①规划方案要依据现有条件创新意

某地农家乐规划建设修学、疗养旅舍21间,在该地区是首创,也富有新意。有的农家乐规划引进生长期短、不打农药、出油率高的油葵,还有的农家乐规划中药材生产、加工。

②规划设想要有特色

沙漠是牧户的特色环境,也让农家乐有了特色之处。世界上第四大沙漠是内蒙古的巴丹吉林沙漠。沙山高达500米,游客驾驶农家乐出租的吉普车穿越沙山有冲浪般的刺激感。独特的沙漠景观吸引了许多游客前来。行程多在三五天。白天赏景，晚上在农家乐里听马头琴乐，看蒙古族歌舞表演，享用风干牛羊肉、沙瓤瓜果，夜宿农家蒙古包旅馆。许多游客流连忘返，大呼特爽。

（五）对农家乐进行市场调查

1. 市场调查步骤

市场调查步骤：确定目标—确定内容—选择方法—制订方案—进行调查—撰写报告。

2. 市场调查方法

（1）快速调查法—区域市场。政策、规划、人文等。

（2）思维空间法—调查四个地方，即：村委会村民活动中心、村主路、村头、村尾。

3. 市场调查项目

（1）人。

①商圈人口规模。如果某地人口 50 万人，乘以 5%，得出 2.5 万人。

②商圈人口状况。某地人口 12.5 万人乘以 25%，得出 3.125 万人。

（2）财力。

①当地财政收入总值。财政收入 1 亿元乘以 30%，得出 3000 万元。②顾客消费习惯。③消费水平。

（3）预计市场份额。预计人均购买某一类商品金额。预计核心顾客人均购买某一类商品金额。预计某一类商品销售在当地所占份额。

计算公式是：

预计市场份额＝年实际销售平均数×40%（市场份额）

（4）经济环境。

包括总人口、地区、人口结构、从业人员构成、家庭户数构成、收入水平、消费水平、GDP 发展状况、可支配性收入、存款余额等。

某农家乐据此得出：

某年的销售基数＝年平均销售平均数×40％＋销售(财政收入)×30％＋销售(城区人口)×25％＋销售(城市人口)×5％。

(5)周边环境。

包括：客流量、周边配套设施及环境美观程度、商业活动频率。

(6)地块情况。

包括地理位置、公共设施状况、交通状况、道路状况、乡村情况、各项机能、乡村规划等。

(7)游客行为等。

根据世界旅游组织的规定，旅游是指人们为休闲、商务或其他目的离开惯常环境，到其他地方访问，连续停留时间不超过一年的活动。它包括过夜游(我国规定6个月以内)和一日游(10公里以上)，出游时间6小时以上、24小时以内。

旅游的主体称为游客。产生游客的地区或游客居住的地区，是客源地。游客到访的地区或旅游接待地区称目的地。交通运输部门提供游客去达、往返的手段。

游客必须具备的条件有：旅游动机、可自由支配收入、余暇时间。旅游地必须具备的条件有：旅游吸引物、旅游服务及其设施。旅游吸引物包括：自然旅游资源、人文旅游资源、旅游服务、社会制度、人民生活方式等。旅游服务包括：分散型、集约化旅游。设施包括：交通运输设施、食宿接待设施、游览娱乐设施、旅游购物设施等。

(8)游客出行线路。

以北京为例，分析北京市民(自驾游)的出游方向可以说16条线路。覆盖西南、西北、东南、东北方位。

(9)重游率分析。四分之三的游客会每年重复消费2次以上，占30％的每季重游客户是农家乐应争取的主要群体。

(10)舒适度分析。游客为了避暑的需要，选择到农家乐游玩。但是你知道舒适度和游客出行的关系吗？河北省140多个县区30年来夏季(6月至8月)的舒适天数排名数据显示：夏季舒适度最高的达86.8天。夏季舒适度指数是由日平均气温、日平均风速、日平均相对湿度经过复杂的公式演算后得出的。分为酷热不舒适、热不舒适、舒适，“舒适”天数越多的地方，说明越适合游客夏季避暑。

(11)其他分析。

①休闲停留时间：每年平均停留时间3.6天，其中50%的游客在4天以上。

②营业面积：

营业面积＝总面积×50%(或70%)

③座位数：

座位数＝总面积×60%÷0.6

计算实例：

4人长方形餐桌每一个座位约占0.5平方米；8人和10人圆餐桌每座约占0.7平方米；12人圆桌每座约占0.8平方米；包间每座约占1～2平方米。如增加2个包间，包间面积为10平方米，各设10个座位则：座位数＝10×2＋(总面积×60%－10×2)÷0.6。

④估算总销售额：顾客若人均消费10元，选取每餐每一个座位上一次客人的经营状况，则座位总数120个的话，每天可接待240位顾客，每人平均消费10元，该餐馆全天预期销售额为2400元，全月预期销售总额为72000元，全年预期销售额为864000元左右。

⑤估算毛利润：全年毛利润＝(菜品价格－原、辅料等直接成本)×40%(毛利润率)＝864000×40%＝345600(元)。

二、农家乐的市场分析

一个国家或地区人均GDP超过1000美元时会出现排浪式旅游消费热潮。对于农家乐经营者来说，只要有游客市场，就有经营者生根发芽的土壤。

(一)农家乐分析

1.农家乐环境分析：包括外部环境、内部情况。

2.判断客户群属性。

3.财务能力。

4.竞争状况。竞争的机会,对于经营者而言,意味着什么呢?是意味着成功?还是意味着失败?竞争的激烈程度对经营者又构成多大威胁呢?当市场竞争不激烈的时候,农家乐的经营者相对而言是风也平浪也静。但在面对激烈的市场竞争的时候,一些农家乐的经营者就变得手足无措。经营者也注意到,有一些农家乐却能够敏锐地从竞争中发现前所未有的机会,并牢牢地抓住它。对那些不能很好地抓住市场竞争机会的农家乐来说,机会失掉了是遗憾的,因为有些机会可能永远不会再来。因此,农家乐的经营者要切记:你千万不要放弃竞争的机会,有机会就一定要抓住它,不把它放跑。

5.财务目的。

6.区域特性。

(二)估算商圈范围,做好市场分析

1.农家乐的市场潜力有多大

(1)农家乐的市场潜力有多大?

2009年“十一”黄金周期间,四川省成都市监测的58个重点景区中,接待量排在前两位的都是“农家乐”主题景区。

改革开放30多年来,农家乐在我国农村迅速发展,农家乐接待人数呈现急剧上升的趋势。

据国家旅游局数据显示,我国农家乐接待游客人数已达到1亿人次,旅游总收入超过100亿元。

每年的春节、黄金周期间,全国城市居民出游到乡村的有6000万人次,这形成了农家乐的巨大市场潜力。

(2)为什么说农村农家乐是个潜在的大市场?

从农家乐客群城市人口上看,消费水平高。

试以河北省××市为例,有统计资料表明:2005年底,全市人口380万人。其中城市人口71万人,乡村人口309万人。城市消费品零售额(县以上)占全社会消费品零售额的39.6%。

而××临近北京，京客消费水平更高。

从农村消费潜力上看，具有较大的上升空间。

目前，××市农村整体消费水平仍然较低。从生活消费上看，2005 年农村居民人均生活消费支出为 1660 元，仅是城市消费水平的 1/3，相当于 2000 年的城市消费水平。城镇居民已经饱和的消费品，在农村的普及率仍然很低。从生产消费上看，目前全市农民每年各项支出为 83 亿元，其中生产性支出仅占总支出的 33.5%。

从结余购买力潜力看，农村市场容量较大。

2005 年平均每个农村居民结余购买力(包括手存现金和银行存款两部分)为 7000 元，按全市 310 万乡村人口匡算，全市农村可以形成 213 亿元的结余购买力，短期内将储蓄转化为现实购买力的难度较大，而手存现金对市场具有直接影响，从一定程度上可以反映出农村居民随时购物的货币流通态势，适当加以引导，就可能转化为有效需求，手存现金人均 3397 元，户均(平均每户人口 4 人)13588 元，足够具有购买上千元商品的能力。

2. 农家乐市场的需求究竟有多猛

一个常用的公式得出一个可预见的结论。

市场需求常用的估计公式是：

$$Q=nqP$$

公式中：

Q—总市场潜量。

n—在一定的假设下，特定产品的购买者数量。

q—一个购买者的平均购买数量。

P—单位商品的价格。

按照国家旅游局公布的最新数据，中国人均旅游支出比率为 0.33%。

13 亿中国人，其中旅游人数人均旅游支出 25 元的话是 325 亿元。农家乐市场潜量比例占总潜量比例的 61.5%，据此推算，农家乐市场潜量是 200 亿元。

结论：农家乐市场潜量是 200 亿元。但这只是一个预期而不是最大的市场需求。

提示：就最大市场需求而言，我们可以想要达到该需求水平猛烈水平，必须经过“高且强”的营销努力才能达到，而且以后再进一步增加营销努力，其刺激需求的效果微乎其微。

据有关资料，改革开放以来，我国旅游业从小到大到强。国内旅游市场规模居全球第一位。截止 2011 年，旅游直接从业人数超过 1300 万人。国内旅游人数超过 26 亿人(次)。

3. 培育期的农家乐市场潜量如何

农家乐市场的周期大致可分为培育期、发展期、成熟期、衰退期四个阶段。一般是以农家乐的销售额和利润额的变化来衡量的。严格意义上的农家乐市场是随着社会主义市场经济体制的逐步确立而出现的。在从 1982 年及至 2006 年的二十四年里，农家乐市场基本上还属于培育期或者说从培育期向发展期过渡。市场成熟在于培育。培育期的农家乐市场潜量较大，但农家乐销售数量和码洋并不会有大幅度的提升。所以，农家乐并没有像很多人所预想的那样呈现出再次“井喷”的景象。市场需求不太猛烈。

农家乐市场需求并不猛烈的其他原因：

(1)城市居民收入增长缓慢，开支增大，未来增收预期不稳，延缓了城市居民的即期消费。

(2)城市居民买房成本的增加，影响了城市居民的购买力的增长和农家乐市场的发展。

(3)城市居民收入两极分化，加大了开拓农家乐市场的难度。

(4)城乡消费的差异性减弱，限制了农家乐市场的消费空间。

提示：培育期更要加强营销以刺激和挖掘需求。

4. 农家乐市场需求的其他影响因素

有人说，每年 1.5%的城镇化速度足以让农村赶上城市居民的文化生活水准，那时农家乐市场中本地农民需求会很大。果真如此吗？回答是不一定。因为市场需求往往受一些因素的影响，比如：农民群体至多会有一半成为城镇产业农民，并非城市公职市民，两者人均可支配收入存在明显的差距，较长时期不会有多大改变。比如：农村劳动力大迁移。

提示：随着我国经济的发展，城市化进程的加快，我国未来如果要达到50%以上的城市人口，就将有5亿农民走进城市。尽管迁移是常态，但出于粮食安全的考虑，至少半数的农村劳动力还会留在农村耕作，农家乐市场本地农民会有一定需求，但主要还要靠城市市民的贡献。

评点：有需求是指现在有市场需求。有需求是开办农家乐的前提条件。

三、选择合适的开办方式和经营模式

(一)选择合适的开办经营方式

选择合适的开办经营方式即：开什么样的农家乐。

1. 家族式经营的农家乐

一般是夫妻经营或父子(女)、母子(女)等直系亲属经营。家庭经营色彩浓厚。雇佣的服务员也多是亲戚，季节性的农家乐更是如此。

特点：小规模、小投资。

经营主体：中青年农妇。

主打：经济实惠的家庭旅馆与农家饭菜。

2. 合伙经营的农家乐

两个或多个公民按照协议，各自提供资金或实物等，共同经营、共同劳动、共担风险、共负盈亏的自愿联合体称为合伙。合伙经营农家乐，有房的、有钱的、有经验的结合在一起，其实是优势互补。

特点：当地人出地，外地人出钱，合办农家乐。

经营规模：中等规模和综合配套设施。

开发方向：当地特产。

3. 租赁经营的农家乐

小本经营的，租个农家院子，把农民多余的住房加以装修改造就行，投入大笔资金经营的，有的要和当地乡镇政府签订大规模土地租用协议。

特点：外来户对当地农民的房屋租赁，以年租几万元得到农家院及果园、鱼塘。外来户对某地政府的大规模土地租赁，租后有严格的全面规划、设计，投入资金多，工期长，手续多，费用大。

主打：租赁大片土地的外来户会主打高投资、高回报的餐饮娱乐性质的农家乐。可能对环境有一些破坏，牺牲农民的环境利益。

4. 品牌经营的农家乐

一般由当地乡镇政府统一规划、统一实施，对农家乐使用的商标、商号、产品、经营模式等统一管理，通过管理形成一批专业化的农家乐经营者。

优点：注册集体商标及商品商标。

适用：分布散、规模小、整体特色突出、名气不大的当地户。

5. 特色业态经营的农家乐

指以国际驿站、采摘园、乡村酒店、养生山吧、休闲农庄、生态渔村、山水人家、民族风苑等为特色新业态的升级版农家乐。

(1)国际驿站。特点：当地家庭户。日常生产、生活过程是卖点。

(2)采摘园。特点：高新农业实验基地或种植基地。外来户经营居多。

(3)乡村酒店。特点：农业景观、生态景观、田园景观、住宿、餐饮设施。外来户经营居多。

(4)养生山吧。特点：绿色、养生理论、自然生态、环保是出发点。外来户居多。

(5)休闲农庄。特点：农耕文化。外来户居多。占地 100 亩以上，客房数不低于 20 间，餐厅与餐位不低于 50 位。

(6)生态渔村。特点：水体景观为主题。外来户与本地户数量差不多。

(7)山水人家。特点：游山玩水。有一定规模。

(8)民族风苑。特点：少数民族建筑、服饰、风俗生活形式和宗教信仰与生产方式。

评点：能够做是开办农家乐的另一个前提条件。能够做，即是说现在自己就能做。

（二）选择赚钱的经营模式

1. 原生态、粗放型乡村生活体验经营模式。

2. 以乡村文化品牌为主，由乡村统一管理的标准化、规模化的经营模式。

3. 以小型化、精致化、个性化为特点的量身定做经营模式。

4. 借政府之力进行美丽乡村建设的经营模式。

（三）影响采用哪种经营模式的因素

1. 看要办的农家乐所在地乡镇有没有统一管理模式和要求。

2. 以游客的身份到附近的农家乐转一转。

3. 没有任何竞争者的地方经营模式选择更为慎重。

四、对农家乐进行准确定位

（一）类型定位

1. 农家旅馆型

这是大多数农家乐采用的类型。

优点：小本经营，本地人所有，农民容易参与，富民效果明显。

缺点：特色不突出，文化氛围不浓，服务不很规范。

2. 特色民俗村型

因为村镇对整个村落进行了整体包装，充分展现出当地的地方风物、民间传说、历史文化、地方特色，所以推动了农家旅馆型农家乐进行了升级。

3. 民俗客栈型

使农家乐朝着民俗旅游方向又推进了一大步。

特点：整体风格突出，民间文化味道较浓，接待能力较强，经营管理水平较高。

4. 小型浅山宾馆型

紧密依托乡村优美的田园风光和良好的生态环境。

特点：不是传统意义上的民俗旅游。设施比较高档、周边环境优美、接待规模不大，经营管理规范。

5. 休闲农庄型

借助果园的生态优势，满足游客旅游需要，促进果品采摘，效益双重。

特点：规模较大，需对果园进行资源整合，突出特色并与周边环境相协调。

6. 休闲茶社型

依托交通线路和山地景观。

特点：投资比较小，见效快，带动果品采摘。

7. 垂钓园型

利用养鱼的池塘开展垂钓活动。

特点：能满足不同层次游客的需要。

8. 特色采摘园型

特点：有统一的包装，面积大、品种全、设施完善、采摘期长。

9. 大型乡村风情主题园区型

这是民俗旅游的更高形式。

优点：集乡村文化展示、乡村游乐、特色度假、休闲疗养等功能于一体。发展前景和市场需求广阔。

缺点：内容不够充分，功能体现也不完备。

10. 农家别墅型

特点：新农村建设的典型代表之一。对相应的消费人群有一定的吸引力。

11. 登山健体园型

特点：吸引人流带动民俗旅游的发展。

12. 地方特色产品加工展示型

特点：将农产品、手工艺术品等制作加工及产品集中展示出来，激发游客体验。

13. 戏水型

特点：水资源丰富是其优势。便于开发游客亲水休闲、戏水项目。

14. 单纯乡村餐饮型

特点：以当地土特产为依托，在特色和服务档次上下工夫。

15. 少数民族风情型

特点：少数民族资源的开发，使民俗旅游活动极具民族风情。

(二)形象定位

1. 建筑要与周围自然环境相协调。
2. 氛围要与乡村环境相协调。

(三)特色定位

1. 突出建筑和装饰风格的乡土风情。
2. 突出游乐项目的乡土风情、传统习俗、特色。

农家乐要与民俗旅游、健身旅游、劳动休闲旅游相结合。因为城市人的兴奋点是乐趣（闲趣、野趣）。农家乐提供的应是田园、民俗、农村生产、生活乐趣。

3. 突出饮食服务的乡土味。

(四)区位定位

1. 京津城市远郊区。离市区1～2小时驾车距离范围内。

国内旅游市场出现一种效应，即：同城效应。两个城市之间的距离被拉近，源于“高铁”的通车。区域旅游也进入了同城时代。花上一两个小时的时间，就能到原本不算太近的城郊来个“近郊游”、“休闲游”。游客希望“快旅慢游”，在路上耽搁的时间越短越好，而游玩的时间越多越好。因此，高铁时代的路旅提速，符合游客的愿望，也决定了农家乐的这一区位定位。

2.特色产业基地。指民俗书画等产业为主要特色的休闲旅游开发。

3.旅游景区附近。

(五)文化定位

1.文化的起源

(1)了解文化

在一些学者眼中,“没有历史,也就无所谓文化;没有文化,就没有文明形态的出现”。如何理解呢?历史是发展的,文化也不是一成不变的。文化发展会有一种特殊的形态出现。这种形态是文明的。传说故事是一种文化形态,记载着古代的风风雨雨。

(2)初探的社会文化的历史

这种文化与历史同期的社会形态相适应。而社会形态随着物质生产的发展而不断演变。这就使得社会文化受制于物质生产的发展状况。

2. 地域文化

(1)地域文化的特点。除明显地域性外,地域文化形成过程的长期性、地域文化的渗透性、包容性也是其特点。

(2)利用地域文化优势。进行宣传风情民俗、服饰、民居建筑风格、传统文艺形式、宗教信仰、歌舞戏剧、传统生产工具、历史人物、历史事件、历史遗迹。

如:我国地域广阔,因而有着丰富多彩的岁时节日。

民间民俗过春节。春节,不但是全国的节日,更是全年最重要的节日。

元宵节是民间一个重大节日,当然它也是中国的传统节日。

端午节是重要的传统节日之一。

乞巧节是浪漫色彩比较浓厚的一个节日。

中秋节是温馨的传统节日。重阳节体现了尊老敬老,是具有民族传统美德的节日。

古老的腊八节、上巳节，给人们带来了美好明天的开始。

3. 民族文化

(1)挖掘当地风俗民情

①争看碾子

争看碾子是汉族腊月里一项有趣的习俗。碾子为公用，露天置于村街旁。过年需要预占碾子。在用碾前一天，于碾底铺一把糠或粮食，用碾砣压住，这叫做“铺碾底”、“占碾子”。再有占碾子的人来了，一看有人铺了碾底，就知道有人已占先，便主动到别处去看，或等到第二天再来占用碾子，主要是碾米，碾谷子成小米，碾黍子成黄米或碾苏，苏子、黄米用水捞过，上碾子轧成面，过细罗（俗称“绢罗”）。黄米面供撒年糕、蒸黄面窝窝和做“灯盏”。用苏子主要用来发面蒸“丝糕”，也是用来包菜团子的。有“黄面窝窝把你馋，不给就拿苏面团团换”的俗语。

②占磨

汉族旧时有在腊月里占磨的习俗。村中当街中央有大磨，家家共用平时不需要占磨，只有腊月各家用磨集中，所以才有占磨之俗。占磨自有占法。用磨的前一天晚上，在磨眼里灌上粮食或糠，灌平磨眼即可用磨，不管人推还是驴转拉，一家至少要用一晌，有的家要连用一天甚至两三天磨面，主要是磨小麦（白面）、绿豆（或黄豆、杂豆，统称“杂面”）和棒子（玉米、玉秫）面。

③摆年货桌

汉族旧时有在除夕夜各家摆年货桌的习俗。“年货桌”是指在摆上五碗“蜜供”，一堂“平安吉庆”（苹果、橘子之谐音）、各类干鲜果品，以及过年的吃食等的年货桌。现年货多指食品、烟酒、餐具、炊具等。俗语说：“手里抱孩儿，忆着父母时”。做了母亲的女人在每年端午节、中秋节，年兜备面、鲜鱼、鸡蛋等物回娘家赠送父母，名曰“送节”，直至父母去世才停止，表示不忘养育之恩。第一次回娘家送节，必须办盘担，内有酪花、寿桃等若干，但娘家父母只能“看盘”，不能收下，或只收下酪花、寿桃。现代人们简化礼俗，直接包等价的“红包”，让老人家爱吃啥买啥。端午节孩儿胸前的鸡蛋袋是送节时外婆回送的礼物,袋中装有鸡蛋、桃仔、五色线,寓意吃鸡蛋去壳祛灾,桃代表桃枝镇煞。

④拜月、赏月、吃月饼

汉族旧时有在“中秋节”之夜拜月、赏月、吃月饼的习俗。中秋之夜,家家户户在室内朝东的地方设一方桌,摆上月饼、镜子及瓜果,一家人围坐在一起吃月饼,其乐融融。汉族女性在(阴历八月十五日)“中秋节”之夜,向“木雕月姑”拜月祈福。但男女有别,有“男不拜月,女不祭灶”之谚。

⑤十石不动

汉族旧时有在阴历正月初十忌动用磨、䃺、碾等石制用具的习俗,叫“十石不动”。相传,初十是石头生日。

⑥走高跷

汉族旧时有在阴历正月十五走高跷的习俗。高跷,俗称“拐子”,由舞者踩在木跷上表演。木跷高度不一样,低的一尺多,高的一丈五尺,一般为四五尺。高跷分为文、武。文跷用弦乐伴奏,边走边舞,变换各种队形。在街道上表演武跷,除了磕拐、碰拐、跌叉、跳桌等特技表演外,还有抬二节、抬三节、坐抬、上抬、组合抬等高难抬法。

⑦看灯会

灯会一般在正月十五日前后。挂灯,是主要街道的一景。每到灯会,大人小孩则手提花灯集体串巷遛街。花灯有花鸟灯类、瓜菜灯类、农作物灯类、建工灯类,还有宫灯、福字灯、河灯、对联灯等,其中还有一种叫龙灯。每到灯会,还有一些花会表演,比如旱船。旱船是用竹、木、秸秆扎成,外蒙以布、绸、彩绘、绾花装饰而成。表演中,艳装女舞者腰、肩似坐船状,另一人扮艄公,手持木桨,两舞者绕场穿花,载歌载舞,如船行水面。又比如霸王鞭,以高超的技艺吸引人。

⑧舞龙

汉族每逢佳节来临时,有舞龙的习俗。人们用竹条、铁丝、绸缎、纱布扎制成彩龙。每逢过节时都来舞耍一番,表达喜悦的心情。

⑨敲锣打鼓

汉族在节日有敲锣打鼓的习俗。大鼓以杨柳木做鼓腔、牛皮做鼓面，椿木硬杂做鼓槌。

⑩头伏挂锄

汉族旧时有在头伏挂锄的习俗。这叫“歇伏”。对于没日没夜地忙碌了一个春天大半个夏天的农民来说，难掩愉悦。

⑪头伏儿接闺女，二伏儿瞧热热儿

汉族有“头伏儿接闺女，二伏儿瞧热热儿”的习俗。头伏，田地里没活儿了，麦场上也已麦空场净。过了门的闺女回到娘家住上几天，盘腿打扇和日思夜想的老娘一起坐在炕上，叙一叙儿女情长。二伏，热热儿开始鸣唱起来。人们在树上寻热热儿，看其所处的位置高还是低，以此判断来日的热度。

⑫用苇编筐、篮、炕席

旧时坑塘多，产苇子也多，以苇编筐、篮、炕席是秋冬时节的一个民俗。

⑬制作虎枕猫鞋

汉族在新年有制作虎枕猫鞋的风俗。

⑭摘香椿叶

汉族有在春天摘香椿叶的习俗。

(2)展现乡村民俗文化

一是人生庆典民俗。

人生庆典民俗可以说是隆重热烈。

旧时百姓视“无后”为大不孝。从婴儿出生，到满一周岁，再到成年，及至婚嫁，礼仪活动丰富多样，这体现了民间长辈对子女的高度重视。子诞报喜、洗三添盆、满月邀客、庆过百日、周岁抓周、男女冠礼、谈婚论嫁、娶亲回门。作为孝文化的体现，人事去世长辈如生，乃行丧葬大礼。

二是祭祀礼仪民俗。

旧时祭祀礼仪体现出肃穆庄严的特点。

从相当于河姆渡文化同期的许官屯出土文物看，祀祖是先民一件非常重要的事情。天象、地河、雨火、动植物崇拜，以求佑护宗族，而不降祸子孙。

三是备受尊崇的清真寺礼仪民俗。

现存清真古寺,不多见,但清真寺礼仪民俗备受尊崇。清真寺全面反映了伊斯兰教建筑特点。

四是加深感情的社交民俗。

传统社交礼仪以体现出文明为追求。在社会上要尊敬长辈。同长者说话,声量要适当。《养蒙便读》说:“侍于亲长,声容易肃,勿因琐事,大声呼叱”。与人为善是人际交往所应秉持的。“以德报德”是待人接物的基本道德修养。举止庄重,进退有礼,执事谨敬,文质彬彬,不仅能保持个人的尊严,还有助于进德修业。

五是多姿多彩的民族风情民俗。

乞巧,汉族民间岁时风俗,乞巧是夏历七月七日“七夕节”主要习俗之一。民间传说,织妇是一位心灵手巧的能手。每逢七月七日妇女进行各种活动。乞求心灵手巧。此俗起源甚早。《荆楚岁时记》有详细记载。而民间乞巧活动更是各具特色。年轻女子在七夕节着新装,欢聚一堂,月下结盟七姐妹;这一天晚上,在庭院中陈列巧果、莲蓬、白藕、红菱等。女孩对月穿针,以示乞巧;或者放一只蜘蛛放在盒中,第二天开盒,如已结网,就称得巧。有的“丢巧针”:在那天中午,妇女把盛着清水的盆放在太阳下,一会儿,水面生膜,把绣针放下去则漂浮着,再看水底针影,有成云物花头鸟兽形的,就是乞得巧。民间流传《乞巧歌》:“乞手巧,乞貌巧、乞心通、乞容颜,乞我爹娘千百岁,乞我姊妹千万年”。

拜冬,旧时汉族民间岁时风俗。在冬至日,民间悬挂祖师像。届时师生依次拜之,拜毕撤除,跪而焚烧,然后行弟子拜先生、同窗互拜之礼,此俗谓之“拜冬”。起源于较早,汉时已有记载。此外,旧俗有“冬至大如年”之说,故每逢冬至日,家家男女更换新衣,设宴欢聚,先由小辈向长辈拜节,然后四出交拜。民国以后,此俗尚存。今则不行此俗。

忙年,汉族民间岁时风俗。传统新春佳节,一进夏历腊月(十二月),家家户户就开始忙碌,准备过年。旧俗过了腊八便有了过年的气氛,人们忙忙碌碌,买糖果、办年货,采买各样食品,准备敬神敬祖的供品。民谚有“媳妇媳妇你别馋，过了腊八就是年。腊八粥过几天，哩哩啦啦二十三。二十三糖瓜粘，二十四扫房日，二十五炸豆腐，二十六炖羊肉，二十七宰公鸡，二十八把面发，二十九蒸馒首，三十晚上熬一宵，大年初一去拜年”。而腊月三十这一天，还要忙于做除夕夜之团圆饭，然后又有“初一饺子初二面，初三合子往家转，初四烙饼炒鸡蛋……”。往往是吃了上顿忙下顿，间或亲朋互拜，迎来送往，所以叫“忙年”。

4.挖掘饮食文化

“民以食为天”，崇尚美食是人的天性。崇尚饮食传统简直就是一种美德了。传统的饮食消费习俗则是成规成矩的。

(1)饮食礼仪

在饮食习俗基础上形成饮食礼仪。饮食习俗体现人与人之间的伦理关系。

①第一口和第二口菜的讲究

长辈或领导先夹头一口菜，而这头一口菜过去据说要单放在一个小盘碟内，以敬鬼神。

原始先民祭神时，要把黍米和肉放在烧石上烤炙而献食(现在烧烤羊肉串大概是源于此俗吧)，在地上凿坑当做酒樽用手掬捧而献饮，以此表示对鬼神的敬畏。

第二口，才是自己吃。

“虽疏食菜羹，必祭，必齐如也”，就是说吃糙米菜汤的时候，也要先祭祀，表现得恭恭敬敬。据说这样，再吃饭的时候就会吃的有滋有味。

②席要正方可坐

吃饭的时候，影响胃口的因素一定要排除掉，比如“席不正”、“座不对”。

③要坚持“席不正，不坐”及“食，不宜语”

④老人离席才可告退

要做到“杖者出，斯出矣”(即：等到老人们都离席而出，自己才最后告退)。

⑤首席坐上人其他人才可入席

座位的讲究很严格。“尚左尊东”,“面朝大门为尊”。首席没人座,大家都不能入席。凡是被推举到首席的人,在入座前要向在场的所有人都拱手致意,表示感谢众人的抬举。通常是客人或长者先入座,主人最后入座。

⑥带骨的肉食要摆在左边

摆放菜时,带骨的肉要摆在左边,切好的大块肉要摆在右边。

⑦羹汤要摆在右边

饭要摆在左边,羹汤要摆在右边,仔细切好的烤肉要摆远处,酱醋类放在近处,葱等调料放在旁边,酒水饮料和羹汤放置同一方向。弯曲的熟肉放在左边,挺直的放在右边。

⑧右手握持且托捧于左手上菜

上菜时,右手握持,而托捧于左手上。

⑨鱼尾向客

烧鱼时,鱼尾向客,冬日鱼肚向客右方,夏日鱼脊向客右方。

⑩先上凉菜后上热菜

上热菜,要在凉菜后,热菜从主宾对面席位的左侧上。

⑪斟酒先主宾后主人

斟酒从宾客右侧进行,先主宾,后主人,先女后男,酒斟八分,不得过满。

⑫夹菜时不要在盘子里翻来翻去

夹菜时不要在盘子里翻来翻去。这样的一顿饭,吃后才会觉得有滋有味。

(2)二十四节气中的食俗

立春(也叫打春):是在春节前后,二十四节气中的头一个节气。吃春饼。

雨水:是在每年的2月19日前后,二十四节气中的第二个节气。

清明:公历4月5日前后,节期很长,有10前8日后及10日前10日后两种说法,这近20天内均属清明节。蒸青团,炒螺蛳。吃香椿芽拌面筋、嫩柳叶拌豆腐。

谷雨:每年4月20日或21日。吃香椿。

立夏:每年5月5日或6日。吃面条。

夏至:每年6月21日(或22日)开始至7月7日(或8日)结束。吃面条。

立秋:每年8月7日或8日。贴秋膘,吃肥肉、瓜、水果。

寒露:每年10月8日前后(10月8~9日)。吃萝卜、莲藕、山药、芘不蓝(芥蓝头)、薯类(马铃薯、红薯、芋头)。

立冬:每年11月7日或8日。吃砂锅、火锅。吃狗肉、豆腐、馄饨、年糕、赤豆糯米饭。

冬至:每年12月22日前后(12月21~23日)。吃饺子。

小寒:每年公历1月6日左右(1月5~7日)。吃糖醋胡萝卜丝。

(3)节日中的食俗

农历十二月八日(腊八节):吃腊八粥(又叫七宝粥、五味粥)。制腊八蒜。

腊月二十三(过小年):糖瓜、水饺、火烧、蒸花馍、做枣山。

腊月二十五:磨豆腐,炸豆腐。

腊月二十六:割肉,炖羊肉。

腊月二十七:杀鸡,做鸡菜。

腊月二十八:把面发,蒸枣花。

腊月二十九:买酒。蒸馒头。

除夕(腊月三十):吃素馅饺子。煮面。

正月初一:吃饺子(元宝状)。

正月初二:吃面。

正月初三:吃合子。

正月初四:烙饼卷鸡蛋。

正月初五:吃饺子(花边状)。

正月十五:吃元宵。

立春(春节前后):吃春饼。

龙抬头(农历二月初二):吃面条,爆玉米花,也有炒豆的。还有吃水饺(寓意龙耳)、春饼(寓意龙鳞)、面条(寓意龙须)、米饭(寓意龙子）、馄饨（寓意龙眼）。

农历五月初五（端午节）：包粽子。吃樱桃、桑葚、石首鱼（鳇鱼）、饮酒。

三伏：农历六月，每一伏各占10天。老北京人认为，农历六月六日是夏季中最热的天。

头伏：吃饺子。贴伏膘。

二伏：吃面条。喝酸梅汤。

三伏：烙饼摊鸡蛋。吃西瓜。

七夕（农历七月七日）：吃苎麻。

中秋（农历八月十五日）：吃月饼。

农历九月九日（重阳节、老人节）：吃花糕。吃扣肉、红烧肉。

5. 大力弘扬传统文化

××地区老字号的经营者众多。××政府大打“传统文化牌”，改造××地区，再现传统文化，再现历史风貌，文化与经营的有机结合，将使这一地区成为××新亮点地区。其实，传统文化本身就是无形资产的最好载体，它的形式很多，内容也广泛，可资农家乐经营者利用的东西也很多。农家乐经营者可以从饮食传统挖掘，开发诸如“京东肉饼”、“古传切糕”等，也可从地理自然挖掘，开发“古运河文化景观公园”、“古运河驳船、码头、文物文博馆”、“古运河水上公园”等等。农家乐经营者还可以从农家传统生活方式挖掘，开发诸如“农家××”、“庄户生活体验园”等，顾客可以在这里吃粗粮品米酒，摘鲜菜捞鱼虾等等。

6. 大力弘扬特色文化

什么是农家乐的经营特色？农家乐在商品经营、服务方面所形成的特点就是它的经营特色。具体地说，农家乐的经营特色，其实就是力求全面、力求专业、力求新奇、力求精当。那么，不同农家乐该具有什么样的经营特色呢？经营类别和备货品种全在农家乐应该是亮点。专类品种全应该是专业农家乐的亮点。新品多应该是无论大小农家乐都必须具备的但在中等规模的农家乐中更应该是亮点精品云集，也应该成为专业农家乐的亮点。服务特色是所有农家乐都应该具有的。经营者应该开展多种服务项目，解决不同游客的各种各样的需求。

7. 增强民俗文化的参与性

民俗，是一个民族重要的心理表征之一，它最能反映深刻的文化心理。民俗是文化精神与民众习俗的有机结合。人们不断地把民俗的精神内容贯彻于生产、生活、衣食住行、婚丧嫁娶、往来习俗、日常交际当中。

民俗是民族文化的重要组成部分。它是一个国家、民族、地区通过人们的长期生活积累、演变发展、世代相袭、口传心授而自然积淀起来的文化现象，既有传承性，又有变异性。既十分古老，又不断打上时代的印记。倘若经营者能够使代表自己农家乐形象化的一个口碑，让游客铭记在头脑中，经久不忘，那么，这个农家乐就会有成功的可能。因为，这个口碑往往是对农家乐综合性特征的评价和概括。农家乐自身的优势或者特点浓缩成一个口碑，这个口碑就成为了焦点。一旦某个口碑在游客的头脑中扎根，要改变它将是一件非常不容易的事情？对于经营者来说，要抢在竞争对手之前已经“拥有”某个口碑时，企图再把同一口碑作为自己的“焦点”是白费力气的。对于经营者来说，最重要的特性是“快”。如果你的对手拥有了某个口碑，那么你就会付出更大的努力但还可能不会实现成功。

8. 民俗文化商品的开发

地方、民族特色是游客取舍的依据，小型轻便的民俗商品是游客的首选。理智游客不贪便宜而买农家民俗商品。民俗文化商品可供开发的有：手工艺品、剪纸、窗花、各种微型工具、本地特有用具等。

五、开办农家乐前的投资预算及决策

(一)投资预算

1.投资的原则与内容

(1)原则

投资农家乐一个重要的原则就是不能贪图眼前利益。

(2)内容

2.开业初期投资

(1)前期规划投入。

(2)土地或房屋成本投入。

(3)周围环境整修。

(4)景观设计。

(5)农家乐硬件设备所需的部分资金。

(6)服务配套资金。

(7)经营管理资金。

(8)交通建设资金。

3.编制资金预算表

(1)启动资金预算(农家乐正式运作所需的资金)

包括:农家乐店面租赁费;店面装修费;经营设备费用(厨房用品、餐厅桌椅);办理经营执照费用。

(2)流动资金预算(农家乐平时周转时所需的资金)

包括:采购原材料的费用;员工工资费用;日常费用(办公费、水电费、运费、通信费)。

提示:流动资金最少按照2个月的需要进行准备。

××××农家乐资金预算表

分 类	启动资金	流动资金	合计投资估算（万）
农家乐店面租赁费			
店面装修费			
经营设备费用			
办理经营执照费用			
采购原材料的费用			
员工工资费用			
日常费用（办公费、水电费、运费、通信费）			
合 计			

4. 确定筹资规模

5. 估算设备投资

6. 估算管理费用

7. 进行损益分析

×××农家乐规划、设计投资预算

（适合规模较大一些的农家乐）

分　类	分区用地面积（公顷，亩）	建筑面积（m^2）	投资估算（万）	第一阶段（前期规划投入）	第二阶段
亲水长廊	2.4 公顷 36 亩	600	30	20	10
牛养殖区	1 公顷 15 亩	500	40	20	20
牛产品深加工区	0.6 公顷 9 亩	600	150	100	50
商务客栈接待区	0.76 公顷 114 亩	800	500		500
休闲度假区	0.64 公顷 9.6 亩	80	15	5	10
莲藕种植区	11 公顷 165 亩	80	50	50	
合　计	6.5 公顷 97.5 亩	2588	740	150	590

（二）资金筹集

1. 拓宽筹资渠道

(1)自己多年的积蓄。

(2)借款。

(3)银行贷款—争取个人创业贷款。有条件的农家乐创业者可以联合五、六家农户联合、结组、联保，与小额贷款银行签订借款合同。优点是不用抵押、程序简单、手续简便。中国扶贫基金会专门面向贫困群众发放小额贷款，具体政策可向当地县扶贫办咨询。还可向农村商业银行、农业银行等申请小额贷款。

2. 降低筹资成本

3. 充分利用自有资金

4. 以多种形式争取银行贷款包括:个人保证贷款;个人抵押贷款;个人质押贷款;个人创业贷款。

5. 积极申请银行贷款

向当地银行或相关业务部门咨询;根据自己的实际情况申请最合适的贷款方式。利用国家对农家乐的支持政策申请到适合的贷款。

6. 考虑好贷款期限、利率、金额

(三)合理科学地分配资金

1. 开发建设资金。

2. 服务配套资金。

3. 经营管理资金。

4. 交通建设资金。

六、开办农家乐选址

关系到投资和经营成果的是农家乐的规划、建设。直接影响农家乐生意的是农家乐地理位置。选址对开好农家乐意义重大。

(一)选址要求

农家乐选择好地址事先要勘察,计划要周密,考虑要全面。

(1)基本要求

应根据农家乐的经营模式、生产特点、集约化程度及建筑布局、卫生要求等条件进行全面考虑。

(2)选址要求

农家乐场址选择,要求地势、交通、水电、卫生条件良好,生产区与生活区、管理区隔离开来,水源充足,洁净无污染等等。

选址具体要求有以下几个方面:

看交通是否便利,一看道路是否畅通,二看行车道是否条条通市区。三看到市中心行车时间是多少。一般地,半个小时、一个小时都有利于农家乐客流稳定。

看基础设施是否完善,一看是否有安全可靠的饮用水设施。二看道路导向设施是否完备。三看垃圾是否进行了无害化处理。四看生活污水处理是否到位。五看厕所排污系统是否健全。六看通信、供电设施是否配套。农家乐必须远离污染源,距离暴露垃圾堆、坑式厕所、粪池 25 米以上,环境整洁。

看建设用地审批是否困难,一看有没有建设用地指标。停车场、接待服务、住宿、餐饮、娱乐等用房需要建设用地指标(如果审批很困难,就会因此受到影响)。为此,要到当地政府部门了解一下,看你要选的地址是否是政府规划用于发展旅游的地块,看该地址是否将要拆迁或者是违章建筑或乡镇政府已有规划。

看投资地周边是否有可依托的旅游资源,如有,开农家乐胜算就大一些。

看当地农家乐开办情况是否乐观,一看营业情况,二看农家乐店数量,三看经营业态,四看营利情况,五看客源类型,六看经营淡旺季情况。

(二)场址选择

既要考虑农家乐自身特点,又要考虑农家乐场所经营方式、集约化程度,对自然条件和社会条件进行全面考虑。

(1)人气(人口密度)

(2)面积

(3)地势、土质

兴建农家乐场址应选择地势高且干燥,背风向阳,排水良好的地方,低洼、山谷、背阴地区不宜兴建农家乐,场址的地下水位应在 2 米以下,地势过低易造成潮湿环境。

(4)水源、水质

一个理想的农家乐场址要求水源充足,水质良好,便于防护,符合饮用水标准,水源以自来水、泉水比较理想。

(5)电力、交通(交通地理条件)

应选择交通便利、供电条件可靠的地方,特别是集约化程度较高的场所。一般来讲,场址距离村镇应不少于500米,距交通道路不少于300～500米,电力安装容量足够。

(6)气象因素

必须考查当地的常年气象变化,包括每月平均温度,绝对最高气温、绝对最低气温、土壤特性,降水量,最大风力,常年主导风向,日照情况等,特别是当地的风向、风力对农家乐的朝向位置、排列距离等都有密切关系,以选择理想的朝向位置和排列距离,改善场内小气候环境。

(7)社会联系

既要节约用地,少占农田,又要坚持满足生产和为以后发展留有余地的原则。注意综合利用和生态良性循环,应服从当地村镇建设布局,与居民点之间应保持适当距离,一般小型农家乐在500米以上,大型农家乐在1500米以上。避开居民点的污水排出口,远离化工厂、造纸厂、屠宰场、制革厂等易造成环境污染的企业。

(三)专家介入分析避免选址陷阱

1.地理位置与地段

(1)细分地理位置提供决策参考

因为地理位置是决定农家乐能否盈利的重要因素之一,所以细分之可以为决策提供参考。

(2)不同地理位置的农家乐生意有好有坏

①看方位情况。

②看走向情况。

③看交叉路口情况。

(3)评估地段潜在的商业价值

①商圈调查。

②客流量。

③区位。

选址大城市附近；

选址旅游观光区；

选址交通方便的地区。

④交通条件。

(4)具备怎样的条件才算合理的地理位置

①依托景区，借助景区人气。

②拥有优越的自然生态环境，以高质量的环境吸引游客。

③拥有独特的文化景观，满足人们寻幽探古的心情。

④依托观光休闲农业园区，大力打造纯生态的概念。

⑤紧靠城镇，交通方便。

2. 农家乐最佳位置的获得途径

(1)购买。

(2)租赁。

(3)合作开发。

(4)联合经营。

3. 农家乐地理位置的选择方法

(1)要选择自己居住的城乡结合部。

(2)要选择与自己经济上或人事上有关系的地区。

(3)要选择自己看好的地区。

(4)要选择在自己预算范围内的适当地区。

(5)要选择自己详细了解的地区。

(四)建筑布局

关系到劳动效率、生产成本、卫生等，应全面考虑。

1. 建筑面积

农家乐建筑面积必须与就餐人数、加工和供应品种和数量相适应，并符合有关规定。厨房使用面积大于或等于 8 平米，厨餐比大于或等于 1∶2。

2. 建筑材料

厨房地面可以耐磨防滑，不渗水窗，清洗材料铺设科学，有一定坡度。

墙壁采用浅色、无毒、不渗水材料覆涂，地面以上贴有 1.5 米以上的瓷片裙墙。

3. 流程布局

加工场所按原料、半成品、成品的顺序予以布局。

生熟食品存放场所无交叉污染。

4. 分区

粗加工区：分设肉类原料、蔬菜原料洗涤池并设标志。设分理操作台。

烹调区：使用隔墙烧火炉灶。安装排气罩，排烟、排气良好。设配料操作台。设食用具存放柜。

餐具洗消区：设专用洗涮水池。配消毒设施、餐具保洁设施。

餐厅：提供用餐者使用的洗手设施。设餐饮具存放柜。

生产区：核心区，也是总体布局中的主体，一般可按主风向依次排列。为了便于通风，长轴应对准夏季主导风向，使布局整齐紧凑，利用土地经济合理，生产区应有围墙隔离，门口需设消毒池。

管理区：宜安排在农家乐一角。

生活区：包括旅舍和附属设施，严禁种养殖房混建，但离生产区不宜过远，应选择上风向。

5. 注意事项

总体布局确定之后，在场区平面布置方面应注意以下几个问题：

(1)一般建筑物应按南北向布局，长轴与地形等高线平行，以减少土木工程。

(2)纵墙应与夏季主导风向垂直以利通风。

(3)合理确定建筑物间距，房舍之间距离至少应在 50 米以上。

(4)四周及各区域之间应设置较好的绿化带，有条件的地方可设防风林。

(五)决定适合开业的位置

1. 合适的地点可考虑定址

(1)城镇周边的乡村适合农家乐

如今,城市化发展速度很快,城市范围迅速扩大。一些小城镇几年后有可能发展成为小城市。城镇周边的乡村通常认为适合农家乐的开办。因为城镇周边是所谓的城乡结合部,人们能用正常的休假时间涉足城市近邻乡村地域。

(2)有村落分布、农作耕耘的乡村适合开办农家乐

有村落分布,有农业(农、林、牧、副、渔业)耕耘的乡村,是农家乐赖以生存的环境基础条件之一。优美的田园风光、丰富的特产、别样的风俗,是吸引游客眼球的地方。

2. 选择开业的最佳地点最终定址

①空旷、没有高大建筑物和树木遮阴的地块。

②迎风面有天然或人工屏障的地段。

③向阳避风的地段。

④设置防风林带的空旷地段。

3. 以需选址

①交通方便。

②地势平坦。

③避风向阳。

④南面空旷。

⑤有充足的水源且水质好。

⑥有些地区还要考虑排水必须容易。

⑦远离环境污染源。

⑧设施附近不应有灰尘和煤烟等。

(六)制定农家乐开业方案

1. 开农家乐租房、开农家乐租地需要谨慎

农村实行村庄土地流转,腾出的土地出租农家乐,在选承租地

时，要注意以下两点：

(1)是否在规划拆迁范围内。

(2)是否存在土地纠纷。

2. 详细制定农家乐开业方案

七、农家乐申办、注册登记

(一)农家乐的申办与登记注册程序

1. 申办内容

(1)旅游局的经营许可证(包括高风险旅游项目经营许可)

打算开办农家乐，须由村委会向所在乡镇提出申请，所在乡镇向县(市、区)旅游局提出申请。旅游局有关职能部门对其进行初评，合格后，由村委会组织填写有关申请表，报所在乡政府盖章，由乡政府将申报材料统一报旅游局审定。

(2)排污许可证

领取工商执照之前，一定先到辖区内的环保局申领排污许可证。

(3)卫生许可证、从业人员健康证

领取排污许可证之后，需要到卫生局咨询、领取体检表，到指定的医院体检。然后到卫生局办理卫生许可证。申领餐饮服务许可证、从业人员健康证。

《中华人民共和国食品卫生法》第二十六条、第二十七条，及《公共场所卫生管理条例》第七条、第八条的规定，临时及长期经营"农家乐"餐饮项目的经营户都要办理《卫生许可证》，从业人员要办理《健康体检培训合格证》。

(4)文化经营证

到文化局办理文化经营许可证。

(5)体育活动备案

要进行体育活动到相关体育部门备案。要举行节庆主题活动需向工商部门、文化部门、宣传部门进行申请。

(6)土地核准证

承租土地的还要有发改委土地核准证。

(7)特行证

如经营歌舞娱乐、住宿，要到公安部门办理特种行业经营许可证。

(8)工商营业执照

对于月营业额连续三个月超过5000元的“农家乐”，按规定要办理工商登记。

到当地工商所登记名称，领取登记表格，办理核名初审、审批核名、前置审批。

①申请个体工商户名称预先登记应提交的文件、证件

申请人的身份证明或由申请人委托的有关证明。

个体工商户名称预先登记申请书。

法规、规章和政策规定应提交的其他文件、证明。

②申请个体工商户开业登记应提交的文件、证件

申请人签名的个体开业登记申请书(填写个体工商户申请开业登记表)。

居民身份证原件、复印件，相片一张。

职业证明：由村委会(或社区)出具。

生产经营场所使用证明：属公有产权的出具产权单位证明，私有房产出具私有产权证的(复印件)，租用经营场所的出具双方租赁协议书及出租产权证(复印件)。

家庭经营的家庭人员的关系证明。

企业名称预先核准通知书。

个人合伙经营的，出具合伙协议书。

有关技术行业证件，如厨师证等。

主要行业前置审批证件：先取得卫生行政部门发放的《餐饮服务许可证》和从业人员身体健康合格证。

如从事的是清真餐馆，先经民族工作部门审批；如果是外来人

口，还需要劳动就业证明和暂住证，育龄妇女还须提交计划生育证明。

③申请营业执照还必须提交的材料有：卫生许可证原件和复印件；农家乐经营者的有效身份证件第一代身份证已经不能再用，要使用第二代身份证。提供原件及复印件各一份，并提供一寸或者两寸彩色照片3张。经营场地的证明材料。

④办理工商营业执照的基本过程：持以上证件到所属工商所申请开业。提交的证件齐全，手续完备，符合条件的，工商部门将在7日内办理完营业执照（法定期限为30日）。

(9)税务登记

月营业额连续三个月超过5000元的“农家乐”，按规定要税务登记，自行办理纳税申报。

(10)办理消防审批

在工商局领取申请开业登记注册书后，到所在地区公安局消防科申请办理消防审批。

农家乐经营者要提交申请书、餐厅位置平面图，领取《防火安全重点行业审批表》。由消防科派防火检验员检查验收。

消防审批的项目：

防火责任制、燃料、特别是液化气罐的存放位置。

厨房、电源、电路等有无火灾隐患。室内装修采用可燃物的，如竹、木、壁布等，要做防火阻燃处理。

按照消防科的要求配备足够的灭火器。

定期对员工进行防火教育、训练，举行灭火演习和考试，安全培训制度化。

检验合格后，由防火检验员签署检验合格意见，并加盖公安局防火检验专用章。

2.注册农家乐的步骤

(1)核名。

(2)租房。

(3)编写“农家乐公司章程”。

(4)刻私章。

(5)领取“银行征询函”。

找到合适的银行领取“银行征询函”。

(6)开立公司验资户。

(7)办理验资报告。

(8)注册公司。

(9)刻公章、财务章。

办理印章刻制的流程：

第一步领取营业执照，然后拿着它和工商局介绍信，到所在公安局备案。

第二步到公安局指定的印章社刻制印章，印章包括：农家乐公章、财务专用章，必要时刻合同专用章。

第三步印章刻制完毕，将其交给工商局预留印鉴。

(10)办理企业组织机构代码。

(11)开基本户。

(12)办理税务登记。

(13)申请领购发票。

3. 其他注意事项

(1)农家乐在新增服务项目时，一定要到有关部门及时办理注册登记。

农家乐在新增服务项目时，一定要到有关部门及时办理注册登记完备手续。比如：某农家乐新增“水上漂流”项目，需要到所在县发展改革局立项，开办之初应由当地县一级体育局首先进行硬件、资质审核，然后到县工商行政管理局办理工商营业执照的营业范围扩增手续，再到当地县级旅游局备案。

(2)会计制度。

可请兼职会计。

(3)公司的税额。

享受营业税、所得税减免。

(4)无公害农产品申请认证程序。

农业部农产品质量安全中心承担无公害农产品的认证。

农业部和国家认证认可监督、管理委员会依据相关国家标准或行业标准发布的《实施无公害农产品认证产品目录》，凡生产产品目录内产品并获得无公害农产品产地认定证书的单位和个人，可通过省、自治区、直辖市和计划单列市人民政府农业行政主管部门或直接向中心申请产品认证，并提交《无公害农产品认证申请书》、《无公害农产品产地认定证书》(复印件)和其他相关资料。

中心对材料审查、现场检查和产品检验符合要求的进行全面评审，做出认证结论。符合颁证条件的由中心主任签发《无公害农产品认证证书》。

有机食品—指生产环境无污染，在原料的生产和加工过程中不使用农药、化肥、生长激素和色素等化学合成物质，不采用基因过程技术，应用天然物质和环境无害的方式生产，加工形成的环保型安全食品根据《有机食品认证管理办法》第二条的规定，有机食品是指符合以下条件的农产品及其加工产品。

符合国家食品卫生标准和有机食品技术规范的要求，在原料生产和产品加工中不使用农药、化肥、生长激素、化学添加剂、色素和防腐剂等化学合成物质，不使用基因工程技术，通过《有机食品认证管理办法》规定，有机食品认证机构认证，并使用有机食品标志。

4. 经营者培训取得从业资格证

5. 组织新领餐饮营业开办资金

一般需要 20 万～30 万元，如接手转让的餐馆需交转让费 10 万～20 万元。餐馆规模在 10 万元以上，所投入资金应是个人或家庭全部资金的三分之一或一半。

6. 开业

农家乐开业，一般要选择吉日吉时。带有 2、5、6、8、9、10 的吉。2 代表容易，一帆风顺。5 代表五行和谐，平安无事。6 代表财富，象征财源滚滚。8 谐音“发”，寓意发财致富。9 代表长寿，永远兴隆。10 代表十全十美，寓意万事如意。多选取偶数 2、6、8、10 日期(阴历或阳历)或时间开业。

八、农家乐起名

有的农家乐,对名字不太重视,有的甚至没有名字。农家乐的名字其实是一张实用性、艺术性很强的名片。农家乐无论大小,都应有个好名字。好多农家乐餐馆只有一间,面积不过20平米左右,但它们的名字都很好听又好记,比如:七星湖农家乐、西水湾农家乐等等。为你的农家乐起个好名字,你将受益无穷。

(一)给农家乐起名的八项原则

名字一定要感觉好且要有美感。

店名不宜过长。

不用生僻字、冷字。

新颖,不落俗套。

要与实际经营状况相符。

不触动法律和人们的禁忌。

店名易读。

店名不会引起歧义。

(二)起名常用招数

以地名起名。如:通州潞河龙脉休闲农庄。

以风味起名。如:虹鳟鱼烧烤。

以特色旅游资源起名。如:渔家傲。

以姓氏起名,如:老田头野菜馆。

(三)供参考的农家乐名字

悯农坊农家乐

苹果红了农家乐

古驿农家乐
松山绿色驿站农家乐
红杏农家乐
碓臼农家乐
桦木屋子农家乐
龙脉农家乐
白鹿园农家乐
千亩牡丹农家乐
阳光百分百农家乐
绿生农家乐
鹅和鸭农家乐
樱桃农家乐
火龙果农家乐
新农村农家乐
绿色庄园农家乐
清凉谷农家乐
滴水洞农家乐
蜀水人家农家乐
仙居农家乐
古城堡农家乐
圣水农家乐
金地葡萄农家乐
老兵农家乐
林泉农家乐
幽潭农家乐
欢乐农家乐
石花民俗农家乐
红提农家乐
湖林间农家乐
芦湖农家乐

农鑫农家乐
大胡子农家乐
元圣农家乐
盛唐农家乐
紫鹿农家乐
利隆农家乐
祥顺翔农家乐
香水湾农家乐
庄子营农家乐
大富贵农家乐
交鸿运农家乐
翔天祥农家乐
月亮湾农家乐
大运河水梦苑农家乐
西海子农家乐
吉利达农家乐
老果农农家乐
老胡农家乐
甜西瓜农家乐
绿源农家乐
圣林农家乐
田园生活农家乐
古桑园农家乐
御道农家乐
老宋农家乐
枕溪农家乐
草甸农家乐
乾隆御驾农家乐
秋波农家乐

(四)办理"企业名称预先核准"手续

1. 了解企业名称的构成要素

如:通州潞河(行政区划)+字号(龙脉)+行业特点(休闲)+组织形式(农庄)。

2. 办理企业名称预先核准登记

九、农家乐设计及装修

(一)农家乐设计

1. 农家乐景观构成要素

(1)颜色。

(2)大小。

(3)形状与形态。

(4)质地。

(5)主要景观要素的综合运用。

2. 农家乐景观设计的基本原则

(1)协调性原则。它是农家乐设计的一条重要原则。要求我们将农家乐店面各种元素与周围的地理和人文环境相协调。现在,乡村也列入城乡规划局规划范围内,不经规划批准,是不能改扩建房屋的。建筑如果改扩建,一定要到所在县城乡规划局咨询、报批。对店面的设计要按规划的要求进行。如果附近有其他店面,农家乐店招在高度设计上也要与临近店面保持一致。

(2)突出个性原则。店招分正面店招、侧面店招两种。农家乐店招的色彩配置、文字处理、标志及轮廓灯、聚光灯、轮转灯和霓虹灯等的设计和制作,要遵循个性的原则。因为它是农家乐在乡村路街的广告。颜色配置要让人感受到一种独特的时代气息。灯光的渲染要让人们产生无限的想象。

(3)综合性原则。门厅在农家乐一般不大，然而它却是游客一踏进门驻足几分钟的地方。在门厅区域内可设立LED电子显示屏和服务台。要充分利用好门厅面积，还要分配好设备(如桌椅等)、摆放面积和收款台面积。这些面积的分配应该根据商品、菜品情况、营销定位、地理位置、游客流量、通道等多种因素综合而定。

(4)组合性原则。不同的色彩及其色调组合可使游客获得不同的心理感受。店面天花板、墙壁、架柜、店员服装和统一的视觉识别标志，这些只有通过不同的色彩组合才能使游客陶醉。天花板如果采用黑色就容易让人感到压抑，除想再现二十世纪六七十年代中国农村的生活场景而作旧天花板之外。正面墙壁如果采用蓝色也容易让人感到不够热烈。大面积使用红色容易使人在心理上产生紧张感。女性店员服装采用花布包头，中式碎花蓝底服装给人雅致而不失热情之感。

(5)节约性原则。人工制造的照明光源要力争节约，适当多用自然光源。舒适柔和的照明光源勾勒出商品、菜品鲜明夺目的活力，弥补因天气不好造成农家乐内光线不好的缺陷。

(6)标志性原则。在农家乐内主架柜上陈列的不是主打商品而是其他商品，那么就会给游客一个错觉，认为自己走进的不是一个农家乐，因此，陈列要能显示农家乐经营范围和特点。

(7)方便合理原则。合理的农家乐商品分类、布局是农家乐店面布局原则之一。主打商品要放在醒目的位置上，关联商品要放在重点商品的旁边。游客眼睛向下，胸部向上平行正对的货架上，应放重点商品。多而不乱、少而不空的货架商品摆放是合理的，反之就是不合理的。

(8)动静结合的原则。如果说农家乐商品陈列是静态的，那么这种陈列要表现出农家乐商品的造型。陈列要求不断更新品种凸显动感。动静结合的原则是农家乐店面设计的重要原则。

(9)细心和周到的原则。细小处，体现出经营者的细心与体贴周到。一是如果灯光没有足够的照明，用眼会很疲劳，这种不舒服的感觉会影响顾客的视觉和购买的情绪，甚至影响顾客再次光临的几率。

二是货架的制作不要使用金属或玻璃而宜用木材。木材有一种亲和力,同时还要考虑日后的变化和发展。三是通道。经营门店通道,包括主通道、次通道,在一个平面上要通盘考虑,形成回路。通道没有区别,顾客在一个大面积的门店容易迷失方向。四是地砖的光滑度和颜色。地砖不能用滑的,在地砖颜色选择上,既不能沉闷,又不能太花里胡哨。五是收款台的选择。收款过程必须是透明的。让顾客看得清清楚楚。

(10)其他原则。包括以人为本、科学性、艺术性、生态性、历史文化延续性、经济性等。

3. 农家乐景观设计的艺术原则

(1)统一。

(2)调和。

(3)均衡。

(4)韵律和节奏。

4. 农家乐造景设计

造景设计:造景设计;景观营造;植物造景;草坪与地被植物造景;水生植物造景。

5. 创造舒适的农家乐环境

处理好农家乐设计的硬细节,有助于创造舒适的农家乐环境。

农家乐设计的硬细节主要有:

(1)休息椅、餐厅等设施。农家乐对游客贴心不贴心,其中一条,就是,要看有无休息椅、餐厅等设施。休息椅数量一般要适当,而且要与农家乐定位相协调。

(2)室内空气质量。室内空气质量,可以查考其清新度、舒适度及健康环保状况。为解决空气不清新问题,可以在营业大厅安装几个换气扇,并派专人负责管理。

(3)卫生间环境。要有可供游客使用的卫生间。可把艺术画栏搬进卫生间。

(4)安全出口。农家乐要有消防安全通道,且有游客逃生标志。要符合消防达标要求,通道宽且消防器材全。没有安全出口就不符合安全要求。每个农家乐都应认识到安全第一的重要性。

(5)采光效果要好,采光好的店,感觉敞亮。采光效果是光线明亮度高不高的判断标准,通透应该是农家乐现代气息的特征。

(6)购物提示标志。农家乐要有购物提示标志,标注经营哪一类别的商品。游客一般喜欢看到购物标志,因为这样的标志让游客感到亲切。购物标志可以做得讲究一些,文化气息浓一些。购物提示标志要求必须明显、醒目。

(7)服务项目。一般地,农家乐在主营服务项目之外,还有延伸服务项目,如代查代找、预订商品及送货上门,免费提供手提袋等。免费提供针线包、晕车药,免费提供提货袋、系货绳之类的东西,总之,服务项目要全面。从某种程度上讲,农家乐经营的是服务,良好的服务能让游客感到商品购得值,超值。

(8)商品的合理摆放、陈列。商品的合理摆放、陈列,主要是看整齐与否、对游客吸引力有多强、游客认可不认可。农家乐要使商品陈列好,必须要醒目。

(9)收银员业务处理速度。农家乐几乎都配有验钞机,收银员扫条形码、在POS机上处理、收款、验款、出小票及找钱给游客等行为的速度要不快不慢。因为游客希望在收款台前不要等的时间较长,最好一二分钟就都搞定了。收银员业务处理速度主要考查农家乐人员有多熟练。

(10)客流控制。农家乐要利用入口、出口及主通道、多条副通道来疏导客流。农家乐不但在入口方面要重视,对出口则也要重视。在出口处写上"欢迎您再来",效果就很好。客流控制考查农家乐秩序如何。不同时段的客流量也是需要考虑的。

(11)营业时间。农家乐在中午一般也开门。营业时间最好保持在一个相对稳定的状态。营业时间是游客消费便利不便利的衡量指标之一。

(12)商品分类。农家乐进行商品分类,有明显的商品分类牌,但随着形势的发展,个性化商品分类正在成为一种趋势,因此,农家乐要坚持传统与现代相结合的原则对商品分类。有的农家乐分类牌太多太细，反而不能给游客一个鲜明的印象的暂存。商品分类牌的设置科学，可以为游客选择商品提供良好的便利条件。

(13)销售导购的设置。农家乐要有专职的销售导购。游客看到销售导购太热情，反而觉得不好意思，但离开导购还不行。销售导购的设置是一方面，而销售导购的水平高不高是另一方面。农家乐要提高导购人员水平。

(14)品牌数量。农家乐品牌数量是游客选择购物的余地有多大的参考指标。

(15)品种。人们多赞成“二八定律”，即80%的品种，支撑20%的商品销量。品种齐全，可以看出农家乐货源充足。

(16)新品上架。农家乐新品上架及时，反映在销售上有一定增长。新品上架反映新品更新速度有多快。农家乐应从新品上架抓起。

(17)预订。农家乐大多开展商品预订。农家乐还要考虑预订的游客满意度有多高。

(18)布局。农家乐结构布局要力求合理。农家乐需要考虑布局的合理性，布局不合理的，应该马上调整。

6. 其他设计时应注意的方面

(1)环保

农家乐生产区要将清洁道和污染道分设，实行雨、污分流，干湿分离。

(2)卫生要求

生产区四周要求设置围墙作为场界。

(3)配套设施

要求建筑布局合理、生产工艺及配套齐全，有足够多的种植基地和产品加工场所。

(4)场区绿化

必须规划出一定的绿化地带，既要注意遮阳效果，又要注意通风排污场区绿化覆盖率要求达到20%以上。

(二)农家乐装修

1.装潢设计的硬件设施

(1)装修的硬件设施要符合农家乐(乡村游)的开办条件

一般地,开办农家乐硬件设施要达到以下标准:

农家乐厨房面积不小于8平方米。

食品加工场所应安装不少于3个与食品加工相适应的水池。

经营动物性冷荤食品的冷荤间面积不小于4平方米。

20张床位以上的农家乐必须设面积不小于4平方米的消毒专间。

(2)装修的硬件设施要符合农家乐(乡村游)的市场定位

享受安静、自在、无干扰的环境是游客对项目选址的首选。因此,外部环境设计要突出这些因素。

装修时,还要为实施游客打牌等娱乐活动预留空间。

游客对住宿的要求中安全、卫生最重要。

(3)根据投资方向确定装修风格

(4)内部装修风格要突出"农味儿",给游客"家"的感觉

农味儿是农家乐的独特卖点。如:木制门窗,传统墁地青砖、纸糊的顶棚、青砖外墙。农家院的乡村味道浓郁,才能吸引游客消费。

(5)招牌装潢很重要

2.门面装潢设计技巧

(1)好农家乐外观设计

①符号代表农家乐识别的个性,代表农家乐识别的个性符号主要有:

农家乐文字符号和标准字。

农家乐文字符号包括姓氏符号和字号。农家乐文字符号如"北京门头沟枕溪农家乐",表明了其经营所属的行业是农家乐性质,类型是民俗文化型农家乐。

字号又称企业品牌,是企业所特有的。

标准字强调设计的艺术性,增强客户对企业字号形象的好感度。

②农家乐标志符号和吉祥物、企业标准色。

企业标志符号一旦形成就不容易更改。吉祥物，是某种实物形象，企业标准色反映企业经营特色。

(2)外观设计应做到形式与内容相结合

①店招设计。

在店招设计时，一定要考虑三点：第一，要有视觉冲击力。第二，要能给顾客带来良好的心理影响，即人们常说的“悦心”。能够给人带来美感的东西，人们很容易记住它。第三，要适应时代的变化，有强烈的时代感。

店招设计用哪些材料呢？铜质字华贵一些，烧瓷字永不生锈。材料不一，效果各异。

店招制作，选择透明材料灯箱、字形灯箱、霓虹灯、串灯、灯笼。店招摆放高度 0.9～1.5 米(落地式招牌)。檐式招牌应 3～6 米高，离道路 5～10 米。

②店标设计。

美国一家商业银行的标志由双 S(Service“服务”和 Security“安全”的两个首位字母)构成，美国大众认为它很有亲切感和安全感，日本人说它是与电脑有关的公司标志。看来，店标更能体现出一个地区的社会价值观。因此，在设计店标时不要只考虑形式，更要考虑到内容，尤其是其文化价值、思想内涵。

③农家乐店正面设计。

店门在门店正面十分抢眼，为什么呢？因为人们的视觉习惯，所以很精明的商家都把店门设计得富丽一些，来吸引人们的眼球。门框设计以不锈钢设计为佳，除了店门之外，门店正面橱窗设计也很重要。随着时代的发展，简洁、通透的、落地的大玻璃在门店的正面，更能吸引人们的目光。

④店面出入口设计。

店面出入口设计要遵循人们眼光先向左看的习惯，出入口应设计得人性化一些。

⑤停车位。

门店一般按当地城建规划与店前马路牙子保持在 2～3 米的距离。有的地方新修大道后，开轿车来购商品的顾客明显增多，这就对店前停车位提出了新的要求。原则上店前应分自行车位和轿车位。停车位是衡量门店对顾客提供的便利程度有多高的指标之一。这也是门店店外设计细节之一。

（3）门面设计技巧

①设计风格独特的迎宾门。

迎宾门吸引游客眼球的关键在于设计上的新颖、独特。古树干劈面立起的是迎宾门。配以绿色枝叶，给人的第一印象是非常传统、生命力强。高大的水车转轮配以整块太湖石，让人觉得自然、清新。木、草牌楼式的迎宾门带给人乡村的感受。在大门左边可摆放绿植。

②设计应本分。

什么是本分的设计？就是不要太过花哨。一要以乡村为本；二要体现农家本色；三要本真设计，真性情的设计，才能让游客真的被吸引住。

③室外装饰要精美。

精美装饰，不一定是豪华装饰。农家乐室外从美学出发构图，在精细处做文章，这才是装饰的精髓。

某农家乐名叫“农家味觉生态餐厅”，外观设计得很有动感。

某农家乐“舌丁农味”面馆，外观设计富于变化。

④设计要着眼细小处。

设计农家乐店，按功能要求分：二维设计、三维设计、思维设计、意境设计。意境设计是农家乐店环境设计的灵魂和核心。

意境设计需要设计者着眼细小处。

从平面布局到空间立意，从选材到造型，从采光照明到色彩运用，都要围绕意境体现风格。

农家乐厨房面积与大堂的比例设计为 1∶3 为宜。农家餐厅内餐椅高度一般在 42 厘米左右。椅背高度在 72～76 厘米为宜。

⑤布局要便于选购。

便于选购的布局，应做到以下几点：

一是合理分布商品，特别是靠店门的一侧。应把商品布置得琳琅满目，丰富多彩。

二是应把销售量大的商品布置在当门的柜台，需要细选的商品设置在店堂深处，消费上有连带性的商品设置在临近位置。

三是需要鉴别色泽的商品，尽量选择在自然光线充足的地方。

四是有足够的游客活动空间。

五是要能使游客平均分散开来。

⑥内部布局五大模式。

一是沿墙式。即柜台、货架等设备沿墙布置。是农家乐店最基本、普遍的设计形式。其售货柜台较长，能够陈列储备较多的商品。减少店员，节省人力，便于店员互相协作，有利于安全管理。

二是岛屿式。柜台以岛状分布，用柜台围成闭合式，中央设置货架，可布置成正方形、长方形、圆形、三角形等多种形式。

三是斜角式。将柜台、货架等设备与营业场所的柱网成斜角布置。斜向布置能使室内视距拉长而造成更为深远的效果，使室内既有变化又有明显的规律性，产生良好的视觉效果。

四是陈列式。把工作现场敞开布置，形成一个商品陈列出售的营业场所。

其一隔绝式。用柜台将游客与店员隔开，游客不能进入销售的工作现场。

其二敞开式。将商品陈列在售货现场的柜架上，允许游客直接挑选。

⑦布局方式要科学。

一是农家乐餐馆内北边位置宜设置为大堂。

这样的布局方式有助于散发食物香气，招徕更多顾客，有利于生意。

如需用火的餐馆，厨房最好在东边或南边。

二是农家乐食品商店项目不同布局方式不同。

若经营鱼类、海鲜类食品，最好把店面设在东南方、东方、南方，同时注意用陈列台或箱子等物遮盖住正中线，四隅线。

若食品加工店，则入口最好在东南方、南方、东方等方位，也可以在西南方摆设商品陈列台等物品。这样有助于吸引顾客眼球，提升进店率。

三是农家乐水果蔬菜店最好将商品摆放在店内南方或北方。

店内的南方或北方可使水果蔬菜保质期长。自然会顾客盈门，生意兴隆，即使顾客进店率不高，水果蔬菜摆放在这两个方位也可以长期保持新鲜，不会因为变质而浪费钱财。

⑧要经常给农家乐做“美容”。

不注重经常给农家乐做“美容”，常会出现一些笑话。比如：某农家乐霓虹灯招牌上的一个字晚上不亮了，结果让人笑掉了大牙。原来，只显示出的两个字是：××。当然，农家乐“美容”还包括：经常清扫、清洗建筑物上附着的灰尘，清除瓦房顶部长出的大草、小树。

⑨巧用空间做广告。

自制 POP，巧用空间进行张贴非常重要。柜台区，包括柜台后方、柜台桌上、收银机台、柜台上方的天花板等，是公认的最佳地点。店外的橱窗，是次佳的广告物张贴处。天花板、货架上、走道尽头、入口处也都是张贴 POP 的不错地点。

⑩利用音乐冲淡噪声。

音乐有助于冲淡噪声。利用音乐，创造愉悦的购物环境，可以在一定程度上消除游客和店员的疲劳感。游客在乐曲欣赏中挑选商品，可产生强烈的购物欲望。

3. 巧妙运用节电照明系统灯光照明

灯光照明分基本照明、特别照明、装饰照明。目前农家乐多采用安装吊灯、吸顶灯等类灯具来创造一个整洁安静、光线适宜的购物环境。能采用自然光的位置，白天可以不必使用灯光照明。农家乐店应以节电、简洁、明快作为灯光照明设计的标准。

附：农家乐照明系统节电参考方案

为提高能源使用效率，降低能源利用成本，建议使用节电系统。

(1)现场勘查获得基础数据

其中包括:序号、回路名称、实测电流(A)、实测电压、建议选型。

①室内照明:(略)。

②室外照明:(略)。

类 序	回路名称	实测电流(A)	实测电压(V)	建议选型
室内照明				
室外照明				

(2)目前用电状态。

类 序	室内照明	室外照明	建议选型
每天平均照明时间(小时)			
电费(元/度)			

(3)设备选型及投资效益、节电效益分析

投资效益:

①投资回收期。

②安装材料费(设备总款的10%)。

③合同总价款。

④总投资收益(15年内)。

节点效益:

①基础数值。

节电率一般为15%。

各回路年节约电费:设备功率×开动率×照明时间×365天×电价×节电率。

总投资收益为:年节约电费×15年。

②直接产生经济效益。

用于节电设备投资(万元)。

年节约电费(万元)。

十年内共节约电费(万元)。

③间接经济效益。

安装照明节电产品后,一般地可以有效降低灯具故障率,延长灯具寿命 2～4 倍,降低维修费用,从而间接产生巨大的经济效益。

第四章　农家乐设计、制作、加工之技

（决定农家乐核心竞争力及客源）

本章针对农家乐建筑、环境、菜品、手工艺品、民俗活动，讲解了一些设计、制作、加工之技。本章解决的是农家乐建筑与环境及特色菜品、饮品、面食、果蔬与玩、乐、娱项目，农家乐商品的设计、制作，土特产的深加工等技术层面的问题。农家乐技术让农家乐产品实现商品化。好技术决定农家乐核心竞争力，也让客源增多。

玩酷农家乐设计制作

·对当前旅游产品的评价

1. 结构有不尽合理之处。
2. 类型还不够多样。
3. 质量还有待提高。
4. 给人带来的紧张感多于放松感。

·对当前旅游软硬件的评价

服务（软件）：

水平有待于提高，没有一个统一的客观标准，缺乏个性化服务。

设施（硬件）：

一是需创新思维，提升设计理念，形成特色。

二是改善设施外观形象，使其更具有吸引力，内在功能要保持舒适、优良性。

一、对农家乐进行建筑与环境设计

选择农家乐就是选择环境，游客目的地一定是环境好的地方。

人类所居住的地球，离不开环境。古人选择靠近水源、水草肥美的地区居住、生产，形成一个又一个自然村落。人们习惯把人类环境分为天然的自然环境、人为的社会环境。

自然环境是指环绕于人类周围的自然界，包括大气、水、土壤、生物和各种矿物资源等。社会环境是指人类在自然环境基础上，为不断提高物质和精神生活水平，通过长期有计划、有目的的发展，逐步创造和建立起来的人工环境。

社会环境有其物质形式，如：村落、道路、桥梁、工厂、农田、水库、车、船、飞机等。还有其精神文化的形式，如：人际关系、政治制度、经济、法律、宗教、道德观念、风俗习惯、当地结构。

自然环境是物理环境，社会环境是人文环境。人获得收入，不一定生活就满意。生活满意度指数受生活方式、传统节日期间的庆祝方式、宗教信仰等影响。传统的家庭观念、社群观念正逐渐减退。生活方式也表现出多元化特点。

住生态房，是俄罗斯时下流行的一种生活方式。很多人选择迁居到郊外，因为在那里可以使人真正感到徜徉在大自然的怀抱。

（一）首先进行市场调研确定设计思路

1. 农家乐建筑与环境设计前的市场调研

如何设计农家乐的建筑与环境？是设计者需要明确的一个问

题。要收集、记录、整理、分析及研究市场各类信息，以便形成设计思路。

市场调研的过程就是掌控信息，发现机会和趋势的过程。

(1)关注农家乐宏观市场环境的调研

(2)预测市场发展趋势

如：太阳能是生态房的热源，房顶是一个蓄热容器，造太阳能空气加热器极为简单。我国光伏太阳能产业发展迅速，为生态房的未来流行打下了基础。如果我国农村土地流转发展到一定阶段，势必出现农村生态房的大规模流行。这将是未来中国农家乐的建筑创新模式。

(3)游客心理反应的调研

绿色森林是人们身心健康的重要条件。近年来，越来越多的医生和心理学者指出，久住高楼的城市人会出现诸如烦躁、忧郁及过敏等不良反应。为什么呢？因为水泥化建筑本身散发温度高，城市易出现热岛效应。

(4)农家乐微观环境的调研

中国城市建设及乡村道路等建设消耗了世界40%的水泥。水泥需千百年才可能变回土壤。中国人均可耕地本来就不多，可以说选择使用水泥修建道路、建筑等同于带走了田地和生机。

2. 农家乐建筑与环境的设计思路

(1)突出设计重点

农家乐，主要从事经营农家饭菜，兼设旅馆、棋牌室、茶座、KTV包房等。农家餐饮是农家乐的主业，农家旅馆是农家乐的副业。因此，要突出设计农家餐馆。

(2)彰显文化环境

农家乐作为宴客地点，环境优雅是一个重要的方面。食客吃的是饮食文化。脏、乱、差传递不出文化气息。吃文化增食欲，要创造能吃出文化的环境来，这是农家乐需要重点解决的。

(3)强调人与自然的和谐

总体设计应以人与自然的和谐为主旨，处处体现“农家”两字。

应结合地形因地制宜、依山就势。

主要造型应简洁、大方。外观装饰应朴实、明快，充分利用地方材料，建造一个风格高雅、韵味独特的农家乐。

(4)绿色园林宜坚持生态设计原则

与自然环境和谐的设计，会出现绿色园林景观。绿色园林景观里不能没有青砖路。在农家乐，也不能因为省工省料而选择把原有的砖瓦房屋变成水泥屋。农家乐需要尽快走出这一误区，应用生态设计的原则指导农家乐建设，即：尽量顺应自然，尊重自然环境，高效利用自然界的资源、能源和自然界的物质循环规律以及自然界自身形成的景观，来建设我们农家乐乡村游的环境。

3. 农家乐建筑与环境的设计案例

××农家乐湖庄建筑与环境设计

地理位置：位于××县城东南部的××场境内。

四至：东面和正在规划设计中的××岛隔湖相望；南面与×××塔近在咫尺；西与××城关毗邻，碧波荡漾的××湖、××塘宛如两条绸缎联结其中；北面与属长江中下游柑橘带的果树示范场接壤，千年原始树林郁郁葱葱。

自然环境：山清水秀，自然风光无限，生态保持良好。

交通：自县城东南方向沿××河岸 2 公里车程，交通十分便利。

整体情况：××场国土面积 1000 余亩，总人口 900 人，其中××湖 660 亩，精养鱼池 200 亩，陆地山丘 100 余亩，果园 80 亩，苗圃花卉 10 余亩。

前期设计范围：酷似狮子状的××咀地带。两个山丘及×××湖对岸的××岛，总面积 1.5 公顷。

设计思路：果园、垂钓鱼塘、经济林带，打造自然环境的幽美，且提供采摘、垂钓、观赏。农家乐餐厅中式造型，简洁大方，充分利用地方材料。宾馆有标间若干。另有会议室、娱乐、购物中心。采用台阶式竖向设计。

(二)对建筑与环境进行总体规划设计

1. 建筑

(1)何谓建筑?建筑,一要有建筑材料,如:石材、木材。二要搭建建成。三要供人们居住和使用。

(2)建筑设计。它指的是建筑方面及建筑结构、建筑设备的综合设计。

(3)建筑方针。安全、经济、适用、美观是其建筑方针。建筑农家乐,一要确保结构安全。包括耐火、耐久,还要防火。二要节约建筑造价。三要符合农家乐生产、生活需要。四要设计好室内外环境。

(4)建筑的分类。建筑分生产性建筑、生活性、公共性建筑两大类。农家乐建筑中,生产性建筑指温室大棚、厂房等。生活性建筑指旅馆、餐厅等。公共性建筑指庭院园林、公共走廊等。

2. 搞好建筑规划

(1)农家乐宅院的建设,首先要取得当地政府部门的批准,并纳入乡镇建设的统一规划。由乡镇土地规划等部门现场勘查、通过房屋建设方案和审批建筑房屋图纸,同时由相关部门进行现场放线与发给施工许可证。

(2)确定好房屋的走向,大小及房屋的建设范围后,由农家乐精心组织施工,在整体院落中要把厕所、畜舍、自备水井统一规划好。

①自备水井。一般应安排在主房的左前方,约距房前山墙6~10米处,有条件的农家乐可把自备水井打在主房内,方便用水。

②厕所。农家乐厕所一般应选在正向主房的东北角,距主房约15~20米,不能建在房前西南方向或房后西北方向,因为这两个方向均是春夏及秋冬风的主导方向,容易形成大气污染。

③畜舍。一般应建在主房的北或东北方向,减少大气污染对人群健康的危害。自备井、厕所及畜舍的选择应因地制宜,以不造成污染损害为前提。

(3)选择朝向

《居住建筑节能与设计标准》正式实施,意味着中国居住建筑节能设计标准将由行业标准升级至国家标准。新标准明确提出,居住建筑不宜设置凸窗。

建筑物的朝向宜采用南北或接近南北,主要房间避免夏季受东、西向日晒等。

(4)院墙设计

农家院墙设计应按照村镇统一规划要求,距离主房的距离及距中心道路的距离与相邻农家要保持一致。

自家的院墙高度一般以1.2米相当,院墙可以用石头垒砌或用砖砌成花墙,有条件的可用水泥花柱、大理石砌面等。

院墙的美化,以绿化与香化为主。在院墙外可栽植阔叶树木,种植花草,形成乔、灌、草结合的生物群落。在院墙中间部分可安装一个铁制大门,刻嵌上喜庆吉祥的福字及图案。

3. 建筑的常用设计

包括建筑识图、建筑材料、建筑风格等。

(1)建筑识图。建筑图纸包括目录、建筑平面图、建筑立面图。识读建筑图纸,方法有二:一是看图样的比例、图例及文字说明。二是按“上北下南、左西右东”识别方位。

(2)建筑材料。包括木材、水泥、砖、瓦。木材要考虑其吸水和失水情况,这是衡量其是否会产生裂缝、翘曲的主要原因。水泥要考虑拌合用水量,避免出现孔隙。农家普通砖有红、灰色两种。施工前应用水浸泡75%半饱和状态。农家常用的瓦有板瓦、筒瓦两种。前者仰铺在屋顶上,后者覆盖在两行板瓦之间。屋檐前面筒瓦的瓦头叫瓦当,保护屋檐不被风雨侵蚀。

(3)建筑风格。建筑风格规整还是自由,在古代是阶层不同的标志之一。规整式住宅是中国汉族地区传统民居的主流。华北地区四合院建筑建筑追求方阔。西北地区庄窠长院追求院墙加高。黄河中上游地区窑洞式住宅追求自然、生活两景合一,表达人们对黄土地之热爱。

(4)南北建筑的差异。南方房屋屋顶高呈尖形。北方房屋屋顶如河北保定地区为平顶。可晾晒农作物。南方农家房屋墙薄,北方则墙厚，火炕、火墙、地炕是其取暖设施。

4. 农村建筑的特点

(1)多功能性。季节性生产、劳作使农居建筑一房多用，既当临时库房，又当多功能间。

(2)综合性强。成组建筑的总复合型，使其具有较强的综合性。

(3)差异性大。服务范围因经营规模而不同。经营项目不同，建筑也有很大的差异性。

(4)分散性。直接在农居院内生产，随意性、分散性较强。

(5)小型化。小型厂房建筑可充分发挥其综合效益。

5. 新型节能农村住宅

(1)选择建筑材料。选择减少能源损耗和浪费的建筑材料，还能增加舒适度。

(2)选择节能设施。

6. 农家乐住宅的室内装修

(1)装饰要点。利用不同材料的肌理质感进行装饰，会产生很好的视觉效果。

(2)色彩要点。色彩要创造精神环境。游客在视觉上对色彩有一定的需求。调节人的心理，可以让色彩或明亮或幽暗。

(3)光影要点。自然光和人工光是室内设计的光影元素，增强空间感染力就要靠光影的合理利用。

7. 农家乐装修材料的选购

(1)五金。门锁，要选择价位合理、适合农家乐用的门锁。合页，一般的门都配 2 个合页。如要更坚固可配 3 个。门吸，避免门框碰到墙壁。地漏，分普通型、洗衣机专用型、加深防臭型。

(2)门窗。门有实木门、实木复合门、模压门。

(3)玻璃。普通平板玻璃通常安装在门窗、隔断等部位。

(4)地板。实木地板含水率是直接影响地板变形的最重要因素。

(5)瓷砖。瓷砖有抛光砖、玻化砖、大理石等。抛光砖表面光滑、光亮。玻化砖也表面光滑、光亮，但其较抛光砖致密，不渗水。马赛克可起点缀作用，大理石也多用在局部起点缀作用。

(6)油漆。正确选购和使用油漆,可弥补农家乐房屋装修中的缺点,给房屋增添一抹亮丽的色彩。现在所用的油漆多是由聚酯树脂为主要成膜原料添加各种辅料制成的溶剂型漆。

(7)家电:冰箱、电视、洗衣机、燃气灶、电热水器。冰箱容积先要确定好才能选购。电视尺寸、品牌、价位是选购电视应该看的"三点"。洗衣机主要分为波轮和滚筒两种,如毛料、丝绸衣物较多,可选购滚筒式洗衣机。燃气灶灶具在调试后仍有脱火、回火和火焰发黄的现象,说明灶具有质量问题。挑选电热水器可从安全、价格以及节能几方面考虑。首先要确保长期使用不漏水,另外还要有防干烧、防超温、防超压装置,除此之外,还要依据住房情况和使用习惯选择不同容积的热水器。

8. 农家乐建筑防火规划

(1)建筑防火分区:是指采用防火分隔措施划分出的、能在一定时间内防止火灾向同一建筑的其余部分蔓延的局部区域。

(2)建筑防烟分区:是保证在一定时间内,使火场上产生的高温烟气不致随意扩散,并进而加以排除,从而达到有利人员安全疏散,控制火势蔓延和减少火灾损失的目的。

(3)防火间距:是两栋建筑物之间,保持适应火灾扑救、人员安全疏散和降低火灾时热辐射等的必要间距。

(4)防火分隔物:是指在一定时间内阻止火势蔓延且能把建筑内部空间分隔成若干较小防火空间的物体。常用的有防火墙、防火门等。

①防火墙。是由不燃烧材料构成的,设置成竖向分隔体或直接设置在建筑物基础上或钢筋混凝土框架上具有耐火性的墙。

②防火门。是指在一定时间内,连同框架能满足耐火稳定性、完整性和隔热性要求的门。

9. 农村家禽牲畜棚舍建设

鸡舍。应建在高燥地势上,大棚发酵床养鸡舍,大棚两端顺风向设定,长宽比为 3 :1 左右,高 3.5 米左右,深挖地下 30 厘米以上,北方则要 40 厘米以上以填入垫料。鸡舍周围要有安静的环境。

鹅舍。育肥鹅舍可设计成栅架，分单列式和双列式两种。围栅用竹，围高 64 厘米，每根竹竿间距 5.6～6.0 厘米。饲料槽上宽 30 厘米，底宽 24 厘米，高 23 厘米。水槽宽 20 厘米，高 12 厘米。栅架离地面约 70 厘米以上，栅底竹条编成网隙约 2.5～3 厘米。育肥舍分若干小栏，每小栏 12 平方米。

猪舍。屋顶屋面要求结构简单，经久耐用，保温性好。常采用的材料有草、泥灰、瓦、水泥预制板等。墙壁用石料砌的效果好。单列式猪舍走廊门要求宽度不小于 1 米，高度 1.8～2 米。双列式猪舍，宽度不小于 1.5 米，高度不低于 2 米。

牛舍。牛舍建筑要求稳定、坚固、防止地基下沉，塌陷，并要具备相应的清粪排污系统。

山羊舍。舍址要避风向阳，水源充足，地势高燥，排水良好。

(三)对建筑与环境进行整体布局与分区

1. 布局的原则

(1)合理分布。确定建筑物布局，一定要考虑到当地的自然条件和社会条件。

①方便管理。常与外界联系的区域，应与农家乐主通道相连接。原料物质运输应呈直线往返，尽量减少拐弯抹角。

②缩短道路管线。农家乐内道路、管线、供电线路的长短，设计是否合理，直接关系着建筑材料的用量多少。建筑物排列要紧凑，以缩短修建道路、管线的距离。一方面节省了材料，另一方面减少了生产投资。

(2)建筑配比与朝向。农家乐店、餐馆、旅馆的建筑面积比例一般为 1∶2∶3。避免东西朝向的农家乐农舍，坐北朝南佳。

(3)环境优化。植树、植草、种花是环境优化之举。投资不大，但效果不小。

(4)分区原则。中心区是农家乐总体布局的核心区域。一般占农家乐建筑面积的一半以上。次中心区占余下面积的三分之一左右，一般区域则占三分之二的余下面积。每区要以适当的距离隔开。

2. 设计总平面图

某农家乐湖庄设计图

大门:柱式、牌坊式、门楼式、月洞式、花架门等样式。

主出入口、安全出口:主次分明,方便游客。

路:卵石镶嵌路面或虎皮石路面,布置步石在草地,路曲则幽。

桥:小石桥,桥下荷花水塘。

餐厅:鲜藕放在餐厅门口。

茶、饮室:赏景亭旁,冷饮小艺。

商店:书报、工艺品、小饰品、小食品。

洗手间:隐蔽、易寻找、地势高爽。

雕像:村姑牧羊。

路灯:造型美观,坚固适用。

休息椅:拟木树墩、平整山石做休息椅、凳。

宣传栏:设在路旁、广场和凹入处。

湖池:水景活跃。

3. 设计鸟瞰图

某农家乐鸟瞰示意图(略)

周边道路(略)

区域标示(略)

方位标示(略)

4. 设计功能分区图

(1)是实用小康型农庄 12 栋,每栋 202 平方米,建筑面积 2426 平方米。栋栋农庄结合地形,高低错落布置,庄前屋后设有庭院,房屋呈东南或西南向布局,户户人家可见碧波鱼跃的水面。

(2)是娱乐休闲中心,总建筑面积 5208 平方米。该中心设在葫芦岛上,有宾馆标准间 106 间,300 人的会议科技报告厅,还设有娱乐购物中心。并充分利用平坦湖坡规划有草坪,镰刀形沙滩,结合水面建造一个天然游泳池,沙滩上点缀几棵芭蕉树,配之以石雕,颇具一派南国风情。

(3)是环保型垂钓鱼池。设有钓鱼亭台、撒网台,可供钓鱼爱好者垂钓。

5. 设计道路交通规划图(含停车场布局)

(1)道路设计。

(2)经路(略)。

(3)纬路(略)。

(4)交叉点(略)。

结合地形,沿弯曲湖岸,设计成一条贯通式环岛路;通向宅院则是自由式和枝状式的道路结合,在低洼平整地带设停车场。

6. 设计建筑布局图

以某农家乐为例,说明其功能分区。

(1)该农家乐分为以下功能分区:

①户外休闲区(略)

②花卉欣赏区(略)

③果树采摘区(略)

④观赏农业区(略)

⑤儿童游乐区(略)

⑥观赏鱼养殖区(略)

(2)通道:用砖块、碎石子、水泥等铺设。(略)

(四)对农家乐旅馆建筑及环境进行设计

1. 农家乐旅馆及其环境设计

(1)什么是农家乐旅馆

农家乐旅馆是体现农家居住方式,自助性高的生活之所。

(2)农家乐旅馆的计价方式

按计价方式分类,农家乐旅馆可分为全包价、零点式两种。

前者是在协商议价之后,确定的价格把吃、住、玩消费全包括了,不用再花钱。后者是让顾客任意选择其中一项或几项服务,价格也会有所不同。

对于顾客来说,如果诉求是省心、省力,那么就全包价,付完钱就可尽兴消费。如果想省点钱,就选择零点式农家乐旅馆,但游客要学会照顾好自己。

(3)农家乐旅馆作旧设计

用喷灯将门厅顶上的檩条外皮撩黑，红砖外墙一律刷灰涂料。

2. 农家乐旅馆要求及基础配置设计

(1)农家乐旅馆的类型、特点

农家乐旅馆按客房间数分单人间、双人间、多人间。其中双人间又细分为双人单人单床间和大床间(即:夫妻间)两种。

(2)农家乐旅馆各部位的结构要求

农家乐旅馆建筑结构要求主要有:

①应体现农家屋宽敞的特点。

②客房净面积不能小于 14 平方米。旅馆高度 2.5～3.0 米，标准间高度不低于 2.7 米。旅馆跨度 3～10 米。旅馆长度 50 米以内。

③客房内的建筑材料应采用难燃或不燃的材料。墙壁、门窗要保证隔音。电源线路、开关、灯具的设置要有可靠的安全措施。门窗锁件和卡扣要保证质量。

④客房地面应铺砖块。墙体要坚固、耐火、抗冻、耐水。门窗要考虑采光面积和防寒保温。

⑤旅馆采光系数应为 1∶6;透光角应为大于 10 度，入射角不少于25～30 度，窗台以离地面 0.5～1.0 米为宜，门宽 1.0 米，高 2.0～2.2 米。

⑥旅馆馆顶可采用双坡式、钟楼式和半钟楼式。材料可选用瓦片、秸秆加抹草泥而成。

⑦旅馆排水沟宜用水泥、砖石或瓷砌成。表面要光滑，渗透小，宽度为 25～35 厘米，坡度应小于 0.6～0.9 或 1.0～1.5。

⑧旅馆消毒池深度应大于轮胎周长 50 厘米。

⑨旅馆道路设置应是主干道与场外运输线路宽度为 5.5～6.0 米，支干道与馆舍宽度为 2～3 米。

(3)几种农家乐旅馆内部的具体设计

装备住宿设施:

住宿服务用品装备清单

①床、床垫、衣柜、衣架、床头柜

床由三部分组成，即：床架、床垫、床头软板。

床头柜长度为 60 厘米左右，与床头高度相匹配，通常为 50～70 厘米。宽度单人用是 37～45 厘米，两人用是 60 厘米。

②餐桌、桌椅

③被子、枕头、洗漱用品

床上用品包括被子 1 条、枕头 1 个、褥子 1 条、床单 1 条。

洗漱用品包括牙膏、牙刷、香皂、剃须刀。茶几用品包括热水器、茶杯、茶叶、热水瓶、烟灰缸。

④卫生间淋浴器、便器、洗脸盆和云台(洗脸台)

淋浴要带有冷热水龙头。便器分蹲式和坐式两种。洗脸台一般镶嵌在石面铺设而成的云台里。上装有冷热水龙头。云台一般以 76 厘米为宜，在墙面配一面四方大镜子。

卫生间用品包括手纸、浴帽、浴衣、浴巾、手巾等。

⑤厨房、灶具、空调、冰箱

⑥电视机柜、写字台、电话、标牌、文具

电视机柜的高度一般为 45～47 厘米或 65～70 厘米，正好是人坐在沙发或椅子上时，失陷低于或平视电视机屏幕的高度。

写字台宽度应与其他家具宽度统一(40～50 厘米)，高度 70～75 厘米。梳妆凳高度为 43～45 厘米，最小的膝盖上净空为 19 厘米。

(五)对农家乐厨房、餐厅建筑与环境进行设计

厨房、餐厅应该设在离生产区(种植、养殖区)距离 25 米以上的地方，以做到有一个良好的环境。

1.厨房设计

一个厨房设计之初，要考虑到整个餐饮服务既要安全、方便、清洁，又要经济、实用、合理。日常餐饮经营中的接待能力、餐饮经营规模和厨房设备设施决定了一个厨房的面积大小。厨房面积与餐饮经营服务面积的比例一般为 3∶5 或 4∶5。

厨房是摆放和利用贮存、切割、加热、清洗、操作台面等设备的地

方，根据流水作业规程可选择一字形、U字形、I字形、E字形的摆放方式。

厨房一般应有储物区、作业区、清洁区。三区作业区包括加工间、热菜间、冷菜间、面点间、备餐间等。

厨房装修攻略：

规划厨房的地砖、墙砖，为在铺装的时候能更容易把握用量，最好选择600mm×600mm规格的瓷砖。规划铺贴一定要计算瓷砖的耗损量，一般按照3%的耗损量来计算。

2. 餐厅设计

农家乐一个重要的功能就是游客就餐。餐厅好，游客回头率就会高些。

(1)粗加工区一般配蔬菜、肉类、水产品清洗池3个，同时配备洗拖把池1个。

(2)切配区配备切配台、切配工具、足够数量的冷藏冷冻设施和配菜盘。

(3)烹调加工区配备烹调设备、抽油烟设备、餐具消毒柜、保洁柜等。

(4)就餐区一侧配备单独的有流水洗手设备的卫生间、安全的消毒设备以及防鼠、蝇、蟑的设备。

(六)对农家乐商品部建筑与环境进行设计

农家乐商品部提供旅游购物服务。商品部一般提供农家乐旅游工艺品、古玩、旅游纪念品、土特产品、旅游食品和旅游日用品等六大类。

农家乐商品的特征：1、纪念性。2、地域性。3、便携性。4、艺术性。5、新颖性。6、实用性。

农家乐商品部的设计：1、科学摆放商品。2、设计好游客动线。3、商品准备到位。

商品部的特色设计：1、寄存服务。2、参观服务。3、学习服务。4、讲解服务。5、咨询服务。6、温情服务。

(七)对农家乐配套服务设施进行设计

1. 乡村厕所设计及改水改厕

由于农村家庭用水系统不完善，硬件不强，导致山村靠导水渠接引山泉水和窨井储雨水；用水一旦多了就显得“捉襟见肘”。另外，农村如厕方式太古老陈旧，成为城里人一直抱怨的问题。

游客选吃饭地点，要求该处的卫生条件要良好。如用餐地点太脏、太乱，不仅会破坏游客的食欲，而且还会让游客担忧食品安全问题。

农家乐厕所改造，应大力推广三格化粪池式、三联通沼气池或双瓮漏斗式和下水道水冲式厕所，进行无害化处理。有条件的地方应改旱厕、半露天厕为冲水马桶式坐厕。用水宜使用清洁的自来水而不是坑塘水。

2. 垃圾处理设计及集中处理生活垃圾

农家乐应推行垃圾分类收集、合理布局。对填埋场和垃圾实行就地分拣，综合利用，实行无害化处理，以避免出现对环境的二次污染。

3. 给水和污水处理设计

对生活污水和粪便沉淀后的污水进行相对集中收集。采用太阳能微动力等多种方式进行净化。随着节地、节材、节能等新技术的普及、推广，农家乐废弃物将得到综合利用。

饮用符合饮用水标准的自来水，实行“中水”利用，即洗手水、洗衣水、洗菜水等集中起来用于冲厕所，呼唤免冲水厕走入农家乐。

4. 能源选择设计及调整能源

农村大柴锅做饭要用掉大量树叶、树枝、麦秸，烟熏火燎做熟一锅饭较为常见，其实这是一种浪费热能的现象。要减少对树木的砍伐，科学使用天然气、沼气、太阳能等清洁、高效的能源。

农家乐能源利用，推广秸秆能源化利用。采用秸秆固化成型、秸秆生物炭新技术，开展养殖型农家乐中大中型沼气建设，推进沼气集中供气。

如果农家乐选址在居住相对集中的村庄，那么推广使用天然气、液化气、太阳能、地热等清洁能源，普及使用节能、环保炉具，推广低硫优质型煤比较容易。

（八）对农家乐庭院进行环境绿化、美化、亮化设计

1. 何谓农家乐庭院设计？

它是指通过配置园林植物、布设园路、添置园林附属设施，以达到改善庭院生态环境，美化庭院，创造一定庭院经济效益的过程。

2. 何谓农家乐庭院绿化？

农家乐庭院绿化，包括庭院甬路、庭院休息建筑、庭院小型建筑设施、庭院山石水体的绿化。

绿化与美化相结合，使庭院春有桃李争妍；夏有荷塘月色；秋有丹桂飘香；冬有腊梅傲雪。

某独特农家乐湖庄辟有名人、能人植树区、科学种植生态园、无公害果树示范园、经济林木风景区。树种选择樟树、雪松、水杉、乔灌木结合，将××岛作为重点，形成别具一格的自然风景区。该农家乐湖庄的意义不仅仅在于旅游观光，还在于它有着独特的功能，能让宾客在景致山水之间感受到人与自然的和谐；在润物无声、潜移默化中净化心灵、陶冶情操；也能通过旅游，促进本地经济快速增长，实现物质文明、精神文明和社会文明的“三赢”。

3. 美化亮化的作用

(1)能形成良好的小气候。

(2)能吸收新鲜氧气。

(3)有利于充分利用现有资源。

(4)能净化水体。

(5)可创造良好的人文环境。

4. 庭院绿化美化设计的原则

(1)有地方特色。

(2)要合理布局。

(3)要兼顾经济效益。

5. 庭院绿化美化设计的程序和步骤

(1)程序

①了解自己的庭院的条件。

②绘制庭院设计图。

(2)步骤

①划分功能区。

②设计活动路线。

③定好构造物的位置。

④设计种植的树木。

⑤设计种植的花草。

⑥设计植物的色彩搭配和种植株树。

6. 庭院建筑小品

(1)建筑小品的作用。

(2)建筑小品的类型及设置要求。

(3)常见的农家乐庭院建筑小品

①亭

②廊

③院墙和门窗

④栏杆

⑤庭院道路

湖南省张家界市×××景区农家乐在庭院道路上，采用石块、鹅卵石、泥元宝组成有特色的金鞭休闲游道。

⑥照明设施

⑦运动设施和娱乐设施

7. 植物种植设计

植物配置、植物树种选择等等。

8. 景观设计

风格、主体色调、小品、装饰等等。

9. 重要节点的透视图

10. 面貌改造与农家乐设计

农村存在着一些影响农民生活品质的问题，比如：村庄道路坑洼不平、污水横流，村民房前屋后垃圾成堆、柴草杂陈。村民存在陋习，比如：乱扔烟头、乱丢柴草、乱丢垃圾袋。此外，房屋破旧、缺树少绿及“垃圾靠风刮、污水靠蒸发、晴天一身土、雨天一身泥”的现象很常见。

村貌改造提升的重要举措就是改水、改厕、改圈、改造院墙、改造危房、进行建筑及环境的“绿化、亮化、美化”，具体应做到以下几点：

(1)规范户外农家乐广告。

(2)集中清理农家乐民居外墙面广告、标语。

(3)整治粉刷农家乐临街建筑立面。

(4)搞好农家乐标志设计建设。

(5)精心设计农家乐门牌和农家乐公共卫生间标志。

(6)结合农家乐建筑和文化特色，在村庄入口处设立农家乐标志。

(7)搞好亮化设施：建设安装、线杆、路灯。已经建好的农家乐，应及时修缮、维护。

(8)有条件的农家乐实施现有亮化设施提档升级。

(9)所有农家乐电力、通讯线路铺设均应整齐、规范，符合技术要求。

(10)改造农家乐与管理农家乐并重。

(11)设置垃圾箱。

从2013年起，某省实施为期三年的“农村面貌改造提升工程”。至2016年，村民将实现享受现代文明生活的梦想。可以想象这么一幅田园乡居图：崭新的村口门牌楼、柏油路、松树、杨树、丁香高低错落有致，扫帚梅、蜀葵迎风绽放，村民大院、村民文化活动广场上孩童正在嬉戏、玩耍。

二、农家乐特色菜品、饮品、面食、果蔬设计与制作

俗话说：民以食为天，食以味为先。

美味何为美？本味为美，加热至熟之味亦为美。配料、辅料、调料之味亦为美。农家菜搭配了荤素的营养、浓清的口感、深浅的色彩，这样烹制出的菜就既好吃又好看。农家饮品、面食、果蔬也体现了这一特点。

设计与制作农家乐特色菜品、饮品、面食、果蔬，一个重要的原则就是科学、合理。

（一）农家乐菜构成及风味特色

1. 什么是农家菜

俗话说：山珍海味千般好，不及家常日日鲜。

农家菜是纯天然的土菜，食用安全。就地取来的原料，简易的调料，不太快捷的技法，就能烹出非常地道的农家菜肴。农家菜之所以得到越来越多人的钟爱，是因为它讲究天然、环保、绿色、营养、健康。

农家有传统的养殖、种植习惯。养家禽家畜，喂的是稻谷、杂粮、菜叶、青草等。由于多是自然放养，生长期较慢、成熟期长，所以其肉质结实，食味不同于饲料喂养的禽畜。种各色蔬菜，利用的是山前屋后、沟渠路边的地，施肥以牛粪、猪粪、草木灰等有机肥为主，因此种植出来的蔬菜自然菜味浓郁、鲜活可口。

说起农家菜的味道，很多人都觉得非常独特。这种味道就是原汁原味的味道。农家菜的独特味道其实只有借助农村的水（有的地方是山泉水）和农村的灶才能炒出。

农家菜，尤其是家乡菜，在哪里吃很重要。在家乡吃，吃美了山水，在家乡吃，吃出了农家生活。这种味道是真正的原汁原味。

每逢节假日，城里人三五成群的去农家乐餐馆，在真正的农村地

区寻找饮食乐趣，在乡间田园寻找属于自己的那份饮食快乐。从某种程度上说，家常菜是随旅游而生，随食客而存，它投射出的是农家生活的浓郁气息。

试想，如果你是一名游客，在节假日去农村，于乡间搜集一番，把各种各样的正宗的农家原料购买回来，在农家乐里租用灶台，按自己的心意，自己现场制作农家菜，不是一件很有意义的事情吗？

农家餐是农家乐的特色之一。农家菜土法炮制，借助的道具也十分古朴，木草灶，瓦制锅具，烧木柴、烧禾草，于是厨房升起炊烟。一切如在桃花源。食材切得大块大块的，在处理上可谓简单快捷。土制味料，加入浓浓的乡土气息，于是满桌飘溢诱人食欲的香味。

农家菜，一个八大菜系中找不到的名字。其实，农家菜也是脱胎于各大菜系之中，且农家菜把土法制作做成了经典。乡村留住农家菜传统做法的同时，其实也留住了自己。

“正宗”是农家菜的招牌。农家土碗土灶，是正宗的，做法是正宗的，这样的农家菜味道能不是正宗的吗？如果到东北三省，大块肉、大块土豆、胡萝卜、玉米一起炖，其香味浓厚。如果到中原地区，粗粮，如：玉米、高粱、土豆做的农家菜则别具风格。湖南、湖北红辣椒农家菜让食客十分开胃。广东农家菜里有大量海鲜，味道鲜美。

农家乐菜肴通常由冷盘、汤羹、主食饭点、热菜、甜品、水果、酒水饮品等品种构成。主菜一般是2～4道，分盘上菜结束之前，配有果盘或茶点。按时间可分为早、中、晚餐；按消费标准分普通、豪华农家餐；按就餐形式分正式、自助餐；按活动性质分庆祝、庆寿、婚宴、情人餐等；按菜式风格特色分地方风味、民族风情餐；按主要原料和菜品分全羊席、全鸭席、全鱼席、豆腐宴和蔬菜宴、养生宴、药膳宴；按宗教文化习俗划分为素宴、清真宴。

2. 农产品的深加工才能让农产品走上农家乐游客的餐桌

农家产品中，初级农产品能够成为农家乐的菜肴原料。

初级农产品的最大特点是新鲜。某农家乐由此确定活动主题——游果园、采鲜果、吃新味。在农家乐菜肴上提出的口号是：趁新鲜、烹营养、享健康。初级农产品还有一个特点是不施化肥、农药的生产技术造就的产品。这也成为农家乐吸引游客的噱头。

但是,初级农产品要获得附加值只有通过进行深加工才能实现。农产品的深加工技术主要是鲜切加工蔬菜技术。

其市场优势:

(1)冷冻改变新鲜蔬菜的质地、口感、外观。解冻后往往会使蔬菜大量液汁及营养流失。冷冻带菌量过多,解冻后易于腐败变质。因此,蔬菜不经冷冻最好。蔬菜活体鲜切,风味新鲜。鲜切后烹调,食用安全、卫生。

(2)鲜切蔬菜使蔬菜附加值提高,还使运输成本降低、垃圾减少。

鲜切加工蔬菜技术要领:

(1)适于制作鲜切蔬菜的品种较多,现优选出以下品种示例:

莴笋:尖叶紫笋、柳叶笋、雁翎笋适合鲜切。

西芹:加州王、嫩脆、顶峰西芹适合鲜切。

花椰菜:玛丽亚、福门、雪莲适合鲜切。

辣椒:中椒 11 号甜椒、22 号尖椒、中椒 8 号甜椒适合鲜切。

洋葱:熊岳洋葱、沂蒙 3 号、连葱 3 号、紫星洋葱适合鲜切。

蒜薹:苍山大蒜、温江红七星、嘉定大蒜 1 号蒜薹适合鲜切。

马铃薯:克新 16 号、东农 303 号马铃薯适合鲜切。

(2)怎样鲜切加工蔬菜

以莴笋片为例,鲜切加工蔬菜要经过以下几个环节:

①选料:选择原料要求符合无公害蔬菜标准。

②预冷:对原料进行真空预冷处理,以抑制加工原料的微生物快速繁殖,为鲜切蔬菜加工提供良好的原料。

③清洗:清洗准备加工的原料,洗去污泥和其他污物。

④杀菌:通过臭氧水将洗净的原料进行浸泡杀菌处理。

⑤漂洗:用灭菌水将处理好的蔬菜进行漂洗。

⑥去皮:使用消毒好的刀具对蔬菜进行人工去皮。

⑦切分:采用多用切菜机将蔬菜切成片、块等不同形状。

⑧护色:将切分好的蔬菜放入护色保鲜及保脆液中进行浸泡处理。

⑨甩水：将护色保鲜、保脆好的蔬菜装入消毒好的袋子中，放入离心机中进行分离脱水，使鲜切蔬菜表面无水分。

⑩包装：采用灭好菌的包装袋进行包装。

⑪贮藏：将加工好的鲜切蔬菜产品放入4℃条件下进行贮藏。

3. 农家乐菜构成及风味特色

中国饮食文化非常发达，对饮食的讲究几乎可以用“痴迷”两个字来形容。从原始社会之初的生食，到进入封建社会的熟食，至今又经历了自然烹调和科学烹调两个发展阶段。

农家乐也开创了一个菜品创新的时代，因为城里人在这里吃出了与城里饭店不同的味道。以饮食发展的几种论点分析，不难看出农家乐的秘密来。

益助养生的营养卫生论：素食为主，重药膳和进补。讲究“色、香、味”俱全。

五味调和的境界说：风味鲜明、适口者珍，有“舌头菜”之誉。

奇正互变的烹调法：厨规为本、灵活变通。

畅神怡情的美食观：文质彬彬、寓教于食。

农家乐的秘密就在于菜品有历史的出处、原产地、独特配方，有的还有典故、轶事（主、辅、调料及烹饪方法）。

原产地、独特配方让农家乐菜独树一帜。密云水库鱼，是水库边上农家乐鱼菜好吃的秘诀，因为城里没有，即便有，也不可能像农家乐那样土锅做出。××肥牛火锅料理独特，在别的饭店很难吃出那样的味道来。

(1)确定菜品的风味特色

农家乐菜是土特产菜居多。要视地域不同而决定农家乐的风味。山西风味农家乐菜品有大同地皮菜烩窝菜、浑源凉粉与黄芪，太原晋中灌肠、窝窝头素合菜，临汾千张藏龙菜、尧都豆腐，主食有太原莜面栲姥姥、刀削面等。山东农家乐菜品有淄博五香羊肉、铁锅碟鱼头，青岛蛤蜊、崂山参等。

(2)选择适合农家乐的菜品

如：××村民俗村。旅游星等：农家院。菜单：特色农家饭菜。

绿色食品、养生菜对于在都市喧嚣和空气污浊的环境中生存的城里人来说，这才是他们的最爱。

(3)亮出农家乐自己的招牌菜

如：北京××乡××民俗村。招牌菜：红腿香椿、拌各种野菜、马尾豆腐、百草小炒、三色杏仁。

4. 设计好农家乐自己的菜单和造型

北方农家乐认为无鱼不成席，南方农家乐认为无鸡不成席。这说明风俗习惯影响农家乐菜单的设计。而分析食客心理则是设计农家乐菜单的基础。色、香、味、形各种感觉的综合产生人的饮食知觉心理。

食物造型对人们饮食心理有一定影响。它可以使人赏心悦目，增进食欲，产生心理共鸣，激发审美联想。

几种农家乐菜品的造型：利用蔬菜自然形态直接表现，如：清蒸鲫鱼、烤乳猪、盐水虾、八宝鸭子。模仿式的造型表现；动物类(禽鸟、畜禽、蝴蝶、鱼类)、植物类(花卉、叶类、果实、树木)、景观类(自然景观、人文景观)、器物类(花篮、花瓶、奖杯、彩灯、扇子等)、混合造型。

(1)菜单的主要作用和分类

菜单是完成饮食产品市场交易的物质凭证。菜单中往往融入许多传统饮食文化与现代企业经营理念和创意。

菜单的种类有零点、套餐综合。菜单还可分为早餐、午餐、晚餐、夜宵。菜单还可分为筵席套餐、自助餐、商务餐、家庭套餐菜单。套餐可分为凉菜、蒸菜、席间菜、主食。

房山××民俗村

旅游星等：农家院

菜单：鲟鱼宴、烧烤虹鳟鱼

房山××镇××国家森林公园里的×××餐厅

菜单：上方山黄精炒肉、香椿宴

房山××镇×××村×××餐厅

菜单：炸花椒芽、香椿摊鸡蛋、拌木兰菜、拌柳芽、柴鸡炖蘑菇、农家豆腐、农家蒸碗、蒸红薯、玉米馇粥、小米粥、野菜水饺、山鸡、野兔、

鹿肉、狍子肉

房山××镇青××村××民俗村

菜单:烤全羊、烧烤虹鳟鱼、贴饼子、菜团子

门头沟××镇××村农家院

菜单:玫瑰饼、野菜馅团子、凉拌山蕨菜

延庆××镇××村×××山庄

旅店星等:乡村酒店

菜单:虹鳟鱼、驴蹄、烤羊、山野菜

昌平××镇××村

旅店星等:乡村酒店、

菜单:芝麻鸭脯、沙律大虾、板栗烧牛筋、秘制烤鳗

平谷×××民俗村

菜单:侉炖湖鱼

平谷××镇×××村××大峡谷民俗村

菜单:鱼子山一锅鲜

平谷×××乡××村××石林峡

菜单:美食烤全羊

密云××路××第一瀑××山庄

旅店星级:乡村酒店

菜单:炸花椒芽、炸小鱼、烤全羊、羊肉

大兴×××镇政府×××庄园

菜单:庄园菜、农家菜、秘制烧鸽

海淀区×××镇××××村××寺景区××美庐观光园

菜单:家常菜、扒猪脸、牛蹄筋、盐焗鸡

海淀区××镇×××上庄

菜单:红烧草菇、金牌蘑菇卷、烤蘑菇、烤鱼

通州区××镇××营村

菜单:

【凉菜类】

大刀牛肉

金陵盐水鸭

豉香黄鱼

特色大拌菜

韭香蛋干

微波花生

【蒸菜类】

川香翻花鱼

本草养生煨鲍鱼

铁锅牛肉

鲜菠滑凤片

糖醋小排花菜

干煸四季豆

新疆风干豆片

酿蒸老豆腐

太极时蔬羹

【席间点】

美点双辉

【主食】

肉素水饺

炝锅汤面

通州区××镇×××村

菜单

【凉菜类】

坛腌海螺

汁烤鸡排

酱香牛蹄

田七木耳

清口圣女果

【蒸菜类】

兰度百合炒虾球

八戒遮羞
特色樟茶鸭
沆椒蒙古肉
山城毛血旺
鲮鱼油麦菜
避风塘菌夹
剁椒娃娃菜
干锅千叶豆腐
文蛤蒸水蛋
滋补野菌汤
【主食】
肉素水饺
富贵黄金饼
通州区××镇××村
菜单
【凉菜类】
藤椒牛腩
盐焗凤爪
五彩大拉皮
捞汁时蔬
原生态豆腐
【蒸菜类】
砂锅土鸡炖红薯
鲜菠牛柳粒
串烧脆皮虾
黑醋咕口肉
咸菜蒸肉饼
咖喱烧茄子
清炒西蓝花
腊肉炒西芹

小平锅香煎粉丝

西湖莼菜汤

【主食】

扬州蛋炒饭

小鱼咸菜烧饼

(2)菜单设计的六项原则

一是因人而异;二是因时设计;三是因价设计;四是因需设计;五是要注意菜品与菜品之间搭配合理;六是设计有明确的市场定位。

(3)菜单的制作程序和方法

菜单的制作程序:准备所需参考资料—推行标准菜谱—初步设计构思—菜单的装潢设计。

菜单的制作方法:一是确定品名、顺序和价格;二是确立规格,一般为23厘米×30厘米;三是确定封面,突出农家乐经营风格;四是确定样式,采取目录式、折叠式,或桌式、活页式、壁挂式。

(4)菜单制作时应注意的细节

一是要选择专门的制作原料;二是要选择恰当的规格和装帧;三是要选择适合的字体;四是不随意涂改菜单。

(5)制订正确的菜单定价策略

一是以成本为中心;二是以需求为中心;三是以竞争为中心。

房山×××镇×××村×××农庄

旅店星等:二星级

山庄秘制烤鱼:××元一份

上汤鲜虾娃娃菜:××元一份

农家三鲜:××元一份

红烧鹿肉:××元一份

野鸡山蘑:××元一份

烤羊腿:××元一份

炸小鱼:××元一份

烤羊腿:××元一份

咸鸭蛋:××元一份

房山××镇×××村×××餐厅

旅店星级：

食品卫生级别：B级

农家豆腐：××元

农家蒸碗：××元

小鸡炖蘑菇：××元

密云县×××镇×××度假山庄

旅店星等：二星酒店

特色酱炖水库鱼头：××元一斤

自助烧烤：××元每位

烤羊腿：×××元一个

烤全羊：××元一斤

烤虹鳟鱼：××元一条

(6)菜单的策划设计要因男女、时序而变

食客男女口味各不相同。男人要求：量大、有肉、能吃饱就好。女人要求：在意“色、香、味、形”。男人喜欢：肉类。女人偏好：水果、蔬菜。男人喜欢：肉类、面包。女人喜欢：蔬菜、酸奶、水果、无糖汽水、饮料。男人：吃饭较快，喝酒就慢。女人：细嚼慢咽。

开业构思阶段的菜单设计要针对目标对象；经营阶段要对饮食潮流快速做出反应；衰退阶段对菜单价格要重新评估；转换阶段要及时改变菜单和变换市场。

注意：农家乐菜单不应给游客设“陷阱”。

揭露农家乐设菜单陷阱的几种做法：

①阴阳菜单。

②点菜论斤，结账按两。

③偷梁换柱，让游客看的是活鱼，后厨做的是死鱼。

④不怀好意的推荐。

⑤用花哨的菜名迷惑食客。

为哗众取宠，一些餐馆在取菜名上真可谓煞费苦心，而这却让食客点菜时越看越糊涂。在一个个美丽的菜名之下，到底是些什么内容？多数餐馆菜名都取得比较花哨，其中有一半让食客难知其真正主料配料和味型，有的餐馆菜谱上70%的菜名让人摸不着头脑，比如："悄悄话"，原来是卤猪耳朵紧紧包裹着腊猪舌。"火烧白云"，实际上是水煮脑花。"双花跳舞"实际上是蹄花汤里加入黄花菜、木耳、番茄、豆花烹制而成的一种菜品。虽是再普通不过的农家菜，可价格不菲。

(7)几十种农家乐菜品的设计和制作

以下精选了全国各地乡村农家乐有特色的农家菜。按时节划分，可分为春季农家菜、夏季农家菜、秋季农家菜、冬季农家菜。按风味划分可分为田园时蔬、农家新创、风味家常。按性质划分可分为家庭凉拌、炖菜。按原料划分可分为传统农菜、农家野菜。还可按属性划分为五谷杂粮、细作粗粮、农家主食。

下面列举一些代表性菜品、菜名供经营者参考：

鸡腿香椿

【原　料】 鸡腿、红油、香椿。

【制　作】 鸡腿加入红油烹熟。香椿切成细末，洒在鸡腿上，加入香油，入盘即可。

野菜蒸饺

【原　料】 面粉500克，马齿苋菜200克，油豆腐100克，精盐、味精、素油各少许量。

【制　作】 将马苋菜用温水泡发，去杂质洗净，切碎。将油豆腐切碎。二者同放入盆中，加精盐、味精、油拌匀成馅。将面粉兑上温水和成团，揪成小面剂，擀成水饺皮，包馅成生饺子，上笼屉蒸熟即成。

鲟　鱼

【原　料】 鲟鱼500克，料酒50克，冰糖100克，酱油25克，香醋50克，盐10克，麻油10克，葱50克，姜50克。

【制　作】鲟鱼去鳞、鳃、鳍，开膛去内脏洗净，沥干水分。葱切成长段，姜切薄片。将砂钵垫上底，先放入葱、姜各一半，再放入鲟鱼，上面再盖上余下的葱、姜，加上料酒、盐、冰糖、酱油、醋和适量的水后，盖上瓷盘，在旺火上烧开，然后撇去泡沫，移用微火煨 10 小时，煨至鱼刺已酥烂，汁已浓为准，放麻油装盘即可。

上方山黄精炒肉

【原　料】瘦肉 500 克，红、白萝卜各 100 克，盐 10 克，糖 5 克，蒜蓉少量，味粉 5 克。

【制　作】①先将瘦肉切片。将红、白萝卜切片。②将萝卜汆一下捞起。③将肉片倒入锅用油爆至八成熟。④蒜蓉飘香后加入其他材料和配料，一起爆炒至熟即可。

香　椿

【原　料】香椿芽 250 克，鸡蛋 1 个，面粉 50 克，花生油 1000 克，盐 5 克，味精 1 克，椒粉 0.5 克，麻油 15 克，水淀粉 30 克。

【制　作】香椿，洗净后沥干水分。用鸡蛋、面粉、水淀粉、适量的盐、味精以及水调制成糊，放入香椿芽拌匀。将花生油烧制七成热时，用筷子将香椿逐个放入油锅，炸至呈黄色捞出。食用时，将香椿重炸焦酥呈金黄色，滗去油，撒花椒粉，放麻油，颠几下后装入盘中即成。

炸花椒芽

【原　料】花椒芽。

【制　作】将鲜花椒芽洗净，用料酒、盐、味精腌上味。把花椒芽投入热油锅中炸至金黄色，捞起装盘。

香椿摊鸡蛋

【原　料】香椿少许、鸡蛋 3 个，食油 75 克，精盐 7.5 克，葱丁少许。

【制　作】 将香椿切成末。将鸡蛋打散，加入精盐、香椿调匀。柴锅架在旺火上，加上食油，热后倒入鸡蛋、香椿，在锅底摊成圆形，要薄厚均匀。用微火煎成七成熟，大翻锅，再将另一面略煎一下，使两面呈焦黄色即可。

拌木兰菜

【原　料】 菜花400克，山楂200克，白糖50克。

【制　作】 菜花洗净后，掰成小朵，放入沸水锅内烫透，捞入凉开水内投凉，沥干水后放入盆内，加入山楂及白糖，拌匀装盘即成。

拌柳芽

【原　料】 柳芽500克，麻酱、葱、盐、酱油、醋各适量。

【制　作】 柳芽洗净，焯一下，放入麻酱、葱丝、盐、酱油、醋，拌匀即可。

凉拌槐树芽

【原　料】 槐树芽500克，麻酱、葱、盐、酱油、醋各适量。

【制　作】 槐树芽洗净，焯一下，放入麻酱、葱丝、盐、酱油、醋，拌匀即可。

煎玉兰花

【原　料】 玉兰花瓣500克，面粉500克，净鲤鱼250克，麻酱、葱、盐、酱油、醋各适量。

【制　作】 玉兰花瓣洗净，裹面后用麻油煎，取出放入盘中备用，将锅内放入葱花、麻油炒香，放入麻酱、盐、酱油、醋，把鲤鱼放入锅内加水，盖锅盖，鲤鱼熟后，盛入盘中，与煎得的玉兰花配菜成形即可。

柴鸡炖蘑菇

【原　料】 柴鸡、蘑菇、辣椒、葱段、姜片、高汤、酱油、精盐、料酒、花椒水、白糖。

【制　作】　将生柴鸡洗净切成块。用高压锅将柴鸡块炖烂取出，晾凉后切成块。将蘑菇洗净。将锅置于中火上，放入植物油烧热，用葱段、姜片爆锅，添入高汤，加入酱油、精盐、料酒、花椒水、白糖，再放入柴鸡、蘑菇，炖至蘑菇酥烂，放入味精即可。

农家豆腐

【原　料】　大豆 200 克，胡萝卜缨 300 克，植物油 50 克，盐 3 克，味精 2 克，大葱 10 克，姜 5 克，酱油 5 克，香油 5 克。

【制　作】　洗净黄豆，用水浸泡一天，然后放搅拌器中磨成豆末。萝卜缨洗净，用开水煮过，后切成 1 厘米长的丁。锅中加植物油烧热，放葱、姜烹锅，即加入萝卜缨煸炒，然后加高汤、盐等烧开，将豆末均匀地放在萝卜缨上，盖上锅盖，用小火焖炖透至熟，放入盐，味精拌匀，连汤盛盘。将酱油、味精、葱末调匀，盛小碗中同上佐餐。

农家蒸碗

【原　料】　五花肉 500 克，姜末 5 克，醋 50 克，香油 10 克，盐 3 克。

【制　作】　①将五花肉切成块，姜末同醋、香油对成调味汁。②蒸锅上火，将五花肉放入屉上大碗内，盖上盖，上旺火蒸约 20 分钟，取下。吃时蘸调料汁吃。

洋槐花玉米面馅饽饽

【原　料】　洋槐花 300 克，玉米面 400 克，葱段、姜丝各 15 克，精盐一小匙，植物油 3 大匙。

【制　作】　将洋槐花洗净，与葱、姜、盐、油拌成馅。把面盆中的玉米面加入温开水用双手团成面窝，将槐花馅包成饼状，封口。上屉用旺火蒸 8 分钟，取出放入盘中即可。

河虾韭菜包子

【原　料】 韭菜、葱段、姜丝、精盐、植物油、河虾皮、面粉、小苏打。

【制　作】 ①和面,加入小苏打,活成团,饧面。②将韭菜择洗干净,切成碎段虾皮用清水泡一下,除去杂质,去除沙粒。③将韭菜、虾皮加调料和成馅。④将面团切块,逐块擀开,包入馅料,封口上屉蒸 10 分钟左右,即可取出放入盘中。

玫瑰饼

【原　料】 玫瑰、面粉、肉末、盐。

【制　作】 将玫瑰洗净,切小段。放入肉末,盐,面粉加水和成团,擀成圆饼,在锅内烙熟。

沙律大虾

【原　料】 龙虾 500 克,菜花 20 克,菠菜 20 克,白萝卜 20 克,香菜 10 克,黄瓜 20 克,樱桃 5 克。

【调　料】 盐 3 克,胡椒粉 2 克,色拉酱 10 克。

【制　作】 用筷子插入龙虾尾部一小孔,待虾内液体流出。大铁锅里盛水烧热将龙虾放入煮约 30 分钟熟即取出,将龙虾头、虾尾剥出留用,取出虾肉切片。将沙律酱同精盐、胡椒粉同放入大碗中和匀,然后摆放在长盘中。沙律上排放虾肉片,盘子两头放虾头、虾尾,使其成为一只龙虾形状。虾头两端放上椰菜丝,并以车厘子(樱桃)做虾眼。用白萝卜雕出花朵,青瓜切薄片,做花瓣。菠萝切片拌碟,上放一片红色车厘子(樱桃),放上香菜即成。

红烧牛蹄筋

【原　料】 牛蹄筋 300 克,香菇 30 克,冬笋 50 克,姜末、淀粉、料酒、白糖、酱油、盐、味精、植物油。

【制　作】 将牛蹄筋洗净切段,放入沸水中焯一下,捞出沥干。

冬笋洗净切片。香菇用水发好，洗净。将淀粉、料酒、酱油、白糖、盐、味精、姜末放入碗中，加适量清水调制成味汁，备用。锅置火上，放植物油烧热，放入香菇，冬笋煸炒片刻，放入牛蹄筋翻炒均匀，淋上调好的味汁，转小火焖 10 分钟即可。

烤蘑菇

【原　料】 鲜蘑菇 100 克，花生油 750 克，精盐 6 克，味精 2 克，湿淀粉 20 克，芝麻油 10 克。

【制　作】 鲜蘑菇去根蒂，用冷水洗净，切成薄片。锅置火上，放入花生油，烧制七成热时，下蘑菇滑炸 3 分钟，见蘑菇发软时，捞出控净浮油。放入烤箱里烤熟即可入盘。

猪大肠沙锅菜

【原　料】 猪大肠 300 克，冬菇 30 克，植物油、鲜汤、盐、料酒、葱段、姜块。

【制　作】 猪大肠洗净切段，冬菇洗净切片。锅内放油烧至五成热，放入猪大肠，待其七分熟捞出。把冬菇放置在沙锅内，放入鲜汤，猪大肠、盐、料酒、葱段和姜块，先用大火烧沸后改用小火炖至酥烂入味即可。

烤羊腿

【原　料】 绵羊、葱头、芹菜。

【制　作】 选切带骨绵羊后腿肉，配葱头、芹菜烤制。吃时用刀切成块，配以黄酱、葱段、荷叶饼共食。色呈褐红，肉酥味香。

烤羊排

【原　料】 羊肋。

【制　作】 用精选的羊肋骨油炸熟后，撒上食盐等调料。

烤羊方

【原　料】 羊肉块。

【制　作】 用鸡蛋面糊及各种作料裹上羊肉块，放在烤炉中烤制，至香酥可口。一般配以荷叶饼、大葱、甜面酱食用。

烧牛蹄筋

【原　料】 牛蹄筋、大葱。

【制　作】 把牛蹄筋切成块，加上大葱进行烧制。

内蒙古涮羊肉

【原　料】 大尾绵羊。

【制　作】 选取大尾绵羊的外脊、后腿、羊尾等部位，将其切成薄片，放在火锅煮沸的汤里轻涮，以麻酱、腐乳、韭菜花、葱花、姜丝、虾油等为调料供蘸食。肉片鲜嫩，不膻不腻。

羊杂碎汤

【原　料】 羊心、羊肺、羊肚、羊肠各 60 克，香菜末少许。羊肉高汤、葱段、姜末、姜片、蒜末、蒜瓣、大料、花椒、盐、醋、料酒、胡椒粉、味精。

【制　作】 羊杂收拾干净，加适量水，再加入花椒、大料、葱段、姜片、蒜瓣、盐，煮至九成熟后捞出沥水，将羊杂切成小块。锅置火上，放入羊肉高汤，投入姜末、蒜末、料酒、盐和羊杂碎，烧沸后转小火煮沸，撇去浮沫，加醋和味精调味，熟后再撒入胡椒粉和香菜末拌匀即可。

冰糖银耳羹

【原　料】 银耳适量。

【制　作】 银耳先用冷水或 30℃以下温水浸泡发胀，清洗切碎，置于容器内，以 20 克干耳计算，加水 4 至 5 千克蒸煮，先猛火烧开，小火持久，成胶冻样羹粥，再加入溶解后的白糖或冰糖和适量鲜果肉、汁，蒸煮5至10分钟即可食用。

香椿豆腐

【原　料】 豆腐400克，嫩香椿200克。

【制　作】 ①豆腐洗净，切条，放入盆中，撒上盐，略等片刻，将渗出的水倒净。②香椿用沸水焯一下，浸凉后切成末，撒在豆腐上，加入味精，淋上香油，拌匀即可。

油菜金针菇

【原　料】 油菜300克，金针菇70克，油豆腐适量。

【制　作】 将油豆腐洗净，沥干水分，切块。将油菜去蒂，洗净，对半切开。金针菇切除根部后洗净，放入沸水中焯烫，捞出过凉后沥干。锅中倒入适量油烧热，放入油菜炒软，加入油豆腐、金针菇稍炒，放盐，味精，炒至入味，装盘即可。

鱼香肉丝

【原　料】 猪瘦肉200克，水发黑木耳30克，熟笋50克，鸡蛋1个（取蛋清），植物油、葱花、蒜泥、姜末、泡红椒、辣豆瓣、盐、酱油、白糖、料酒、水淀粉、醋、肉汤。

【制　作】 猪肉洗净，切成丝，放入碗中，加入盐、水淀粉、鸡蛋清、适量水搅拌均匀。水发木耳，熟笋洗净后均切丝，泡红椒剁成末，辣豆瓣斩成泥。锅置火上，放植物油烧至四成热，下肉丝，迅速滑开至肉丝变成白色，捞出，沥油。锅内留少许底油，放姜末、葱花、蒜泥、辣豆瓣泥，泡红椒末炒上色，再放入笋丝、木耳丝、酱油、白糖、料酒、肉汤，用水勾芡后倒入肉丝，淋入醋，炒匀即可。

酸菜粉丝大白菜

【原　料】 酸菜150克，粉丝100克，大白菜400克，生抽适量盐5克、糖5克、味精3克。

【制　作】 把酸菜切细。大白菜切成条。放酸菜、红辣椒下锅，煸炒。大火加水、加粉丝。煮熟放调味。

麻婆豆腐

【原　料】 豆腐、牛肉、豆豉、食盐、黄酒、干红辣椒、青蒜、姜末、花椒粉、淀粉、酱油、红糖。

【制　作】 将豆腐切成丁，牛肉切成末。锅内加油少许。油加热后，倒入原料（豆腐除外），炒香。加入豆腐块。改小火，煮沸。芡汁，起锅，撒上花椒面即可。

冬瓜汆丸子

【原　料】 羊肉馅、冬瓜片、生抽、淀粉、料酒、葱末、蒜、姜片、食盐、鸡精

【制　作】 羊肉馅加淀粉、生抽、盐、料酒和匀。铁锅里倒入油少许，将葱、蒜炒香，加水烧开，将猪肉馅捏成小丸子下进锅里，中火煮 10 分钟，把冬瓜片倒入锅内煮到冬瓜片有点儿软时，加鸡精和适量盐。冬瓜全软后关火撒上葱末出锅。

清真八大碗

【原　料】 牛肉、杂碎、胡萝卜、长山药、海带、白菜、粉条、丸子、炸豆腐。

【制　作】 均为炖制，以八大碗为限，灵活搭配炖牛肉、炖杂碎是清真菜中的精品。回族婚丧嫁娶要以清真八大碗待客，是一个民间习俗。清真八大碗包括牛肉、杂碎、胡萝卜、长山药、海带、白菜、粉条、丸子、炸豆腐等。

油　香

【原　料】 白面、盐、白矾。

【制　作】 用白面、盐、白矾加水和面，经“揣面”（揉面）、“饧面”（发酵）制成饼状，放在香油中炸熟，起鼓，成金黄色捞起控油，吃起来

绵软适口，咸香宜人。油香是回族婚丧嫁娶给亲朋好友的赠品。

散目仨

【原　料】 白面。

【制　作】 用白面，擀成比小碗口大的圆薄面片，中间放上芝麻仁和红糖，折成三角形状，用香油炸脆。吃进口里酥脆香甜，别有风味。

烧烤虹鳟鱼

【原　料】 虹鳟鱼、味精、食盐、葱姜蒜、鱼油及一张锡纸。

【制　作】 鱼去鳞，去内脏，洗净。在鱼身上划十字。内用调料腌入味，一刻钟后用锡纸包好，放在点着的果木炭上烤一刻钟即可。

(二)农家乐饮品、面食、酒水特色设计

1.精心设计特色面食、饮品

农家乐面食、饮品讲究滋补、营养。因此，在设计时要围绕这四个字进行。

2.十几种饮品、面食的设计与制作

以下是一些面食的制作方法：

(1)特色面食制作

疙瘩汤

【原　料】 面粉、鸡蛋、虾仁、菠菜、香油、食盐、味精、高汤。

【制　作】 将鸡蛋磕破，蛋清与面粉和揉均匀。擀成薄片。切成豆粒丁，撒面搓成小球。虾仁切丁。菠菜洗净，开水烫后切成末。锅内高汤中加入虾仁丁、味精、食盐，下面疙瘩，煮熟，淋入鸡蛋黄，加菠菜末，淋入香油，出锅。

饸　饹

【原　料】 玉米面、小米面、荞麦面、杂豆面。

【制　作】　把面活成团，用饸饹床子，把面通过圆眼压出来，形成小圆条，比一般面条要粗些，但比面条坚，软，入开水锅煮熟。食用和面条一样。调料根据需要配制。

汤　圆

【原　料】　糯米粉、豆沙、芝麻、枣泥、白果、花生、杏仁、山楂。

【制　作】　方法一、像包饺子那样把馅包在糯米粉调水揉捏的皮子里名叫包汤圆。方法二、先做好坚硬的馅料一颗颗放在大罗中的干糯米粉上，摇晃，使馅粒滚来滚去蘸上糯米粉，再捞起蘸水复下罗摇滚，干糯米粉一层层增厚，汤圆就大起来了。

煮制：一定要先烧沸汤水，再下汤圆，待汤圆都浮于水面，就说明汤圆煮熟了。汤圆还可以煎、蒸、炸，均美味可口。

年　糕

盆糕是年糕中的一种，下面介绍一下年糕制作。

【原　料】　枣、黄黏米、红小豆。

【制　作】　把以上三种原料放在大瓦盆内，用强火蒸熟，反倒在大案子上，扣成一个盆状，在上面还要均匀地撒一层沧州小枣。盆糕由此得名，又称枣糕。

开花馒头

【原　料】　面粉 2 斤，酵面 5 两，温水适量，白糖 7 两，青红丝 1 两，碱适量。

【制　作】　将面粉加酵面用温水和成团，发好后对适量碱，白糖揉透，搓成长条。笼屉上铺上干布，按需要把长条揪成剂，做成馒头，摆在布上，揪口朝上。青红丝切短，撒在剂口上，上屉后用旺火蒸熟即可。

荷花酥

【原　料】　面粉 150 克，熟猪油 50 克，枣泥馅 125 克，白糖 25

克，花生油 500 克(约耗 35 克)。

【制　作】 将面粉 75 克加入熟猪油 45 克，搓透，即成酥面。将剩下的面粉加入 5 克熟猪油、清水 50 克，和匀搓透，即成皮面。将皮面、酥面各揪成 15 个剂，用皮面包入酥面，用擀面棍擀成长条，卷成面卷，用手再将面卷按扁，叠成三折，擀成圆皮。将枣泥馅分成 15 份，分别放入圆皮中包起，用手揉成长圆形，用刀在顶部剞 5 刀，切成 5 等份，刀口深至圆身的一半，即成生荷花酥。坐煸锅，注入花生油，烧至四成热，放入生荷花酥，用微火温油炸熟(不要上色)取出，酥皮层层翻出，如盛开的花瓣，将白糖撒在花心上即成。

百寿桃

【原　料】 发面 225 克，白糖 25 克，枣泥馅 100 克，香菜叶少许。

【制　作】 将发面兑好碱，加入白糖揉匀，饧 10 分钟后揪成 15 个面剂，用手揉成扁圆形，再擀成圆皮。将枣泥馅分成 15 份，分别包入圆皮中，用手揉成圆锥形，上端做出一个桃尖，再用竹刮板在桃身上竖着印出一条印痕，把两片香菜叶贴在寿桃的下部，饧 10 分钟后上屉蒸 8 分钟，取出后在桃尖上稍抹一点食用红色即可。

鸳鸯酥盒

【原　料】 面粉 150 克，熟猪油 50 克，豆沙馅 75 克，桂花糖馅 75 克，花生油 750 克(实耗 40 克)。

【制　作】 将面粉用细罗筛过，分别制成水油皮面和油酥面。将两种面各分成 15 份，用水油皮面包上油酥面，揉圆后再擀长，卷成筒状，轻轻压扁，再擀长。然后从长的一端卷起至剩下 3 厘米时，将未卷上的一端擀成薄片，用刀从中间切开，再分向左右拉长，贴在圆卷的两端，再用刀从圆圈中间切两半，然后用手压成两个圆剂，将有层次的一面扣在下面，擀成圆皮，共做 30 个。将豆沙馅和桂花糖馅各分成 15 份，分别包入擀好的圆皮中呈饺状将一个豆沙馅饺和一个桂花糖馅饺的馅肚对在一起，馅边相搭，用手捏牢，呈带有裂缝的圆盒状，再将圆边捏成花边，即成生酥盒，用温花生油炸至金黄色捞出即可。

北京烙饼

【原　料】 面粉500克，麻油100克。

【制　作】 面粉加开水250克糅合揉透后，摊开冷却，然后搓成长条，揿扁，擀成长方形薄皮坯子；在坯子上抹些麻油后卷起来，切成小坯子，再将小坯子揿扁，擀成圆饼待用；平锅上火，在饼上刷油，放入锅内用小火烤烙至两面呈金黄色时即可。

春　饼

【原　料】 面粉500克。

【制　作】 ①面粉加水和成团，然后用擀面杖，擀出呈小圆样的薄饼。②为使擀出的小饼圆，把一只空碗倒扣在饼上轧边，多出来的边拿掉。③将两个小圆薄饼对贴就是双层的（也有单层的），放在文火烧热的锅里，适当翻动几下，待熟后出锅入盘。④春饼卷以豆芽、青韭、粉丝、酱肉等，食之味道特别好。

贴饼子

【原　料】 玉米面。

【制　作】 在土灶上架起的大锅里加入三分之一的水。将柴火放入灶膛烧，同时将盆里和好玉米面。用两个手掌抟玉米面团成鸭舌状，拍在大锅水位上面的锅壁上。盖上锅盖，大火烧十分钟后，出锅即可。

芝麻酱烧饼

【原　料】 芝麻仁、面粉、芝麻酱、茴香。

【制　作】 用精面粉加水，和成面团。切成剂子，擀片。加入麻酱、茴香，揉成团，擀成小圆饼状。小饼裹上芝麻仁，放入烧饼土炉内壁烤或放入烤炉铁斗内。几分钟即熟。

回族有烙芝麻酱烧饼的习俗。烙好的烧饼，个大、层多、酱厚、芝麻匀，烧熟后呈小鼓包状，趁热食用，外酥里软，酱香芝麻脆，让人百吃不厌。

肉　饼

【原　料】 采用上等的牛羊肉、香油、黄酱、豆豉和其他多种佐料，包括白芷等二、三十种中药佐料水。

【制　作】 先将肉味在瓷盆里，润进味后再烙。和面也很讲究，使用面尺和面。烙时，先在饼铛内刷点油，然后将面饼包上馅的肉饼做薄，直到肉饼呈半透明状，皮薄、馅均、软和，再放到饼铛内，稍后翻个，避免烙糊。烙熟的肉饼以吃不到一点硬边儿为最佳。这样的肉饼放上一天也不会发硬，吃到嘴里香软可口。

肝羔汤

【原　料】 猪肝(六两)、鸡蛋白(五只)、鸡蛋黄(一只)、火腿茸(半汤匙)、上汤(三杯)、芫荽(少许)。调味料：盐(半茶匙)、酒(两茶匙)，麻油、胡椒粉(各少许)上汤(一杯)。

【制　作】 猪肝洗净切片，再剁成茸，以筛过滤，隔去粗粒不要，加入蛋白、蛋黄及调味料拌匀，倒入已涂油中碗内，隔水蒸十分钟。煮滚上汤盛入汤碗中，将蒸好肝羔整块放入，洒上火腿茸及芫荽即可上桌。

油　饼

【原　料】 面粉、水。

【制　作】 将面粉加水和成团，饧一个小时。架大锅，倒入油烧至一定热度将面团擀长切段，把小段擀成长方形，中间划道口放在油锅里炸，一分钟左右就可捞出。

油饼是从油香演变而来的。油香是整个，不出道口。而油饼当中是三道口。油饼热吃外酥内软，厚者软香堂口，薄者酥软如绢，与豆腐脑、豆浆为伍，深受大众欢迎。

蜂蜜南瓜糕

【原　料】 南瓜、蜂蜜、白糖、五香粉、香油。

【制　作】 ①将南瓜去皮，洗干净，切成细块，放在蒸锅上蒸熟。②把蒸熟的南瓜放在铝盆内，然后加入适量蜂蜜、白糖、五香粉、香油，搅拌成馅。③将馅放入蛋糕模具盆内，排成几排置于电烤箱内，待烤至鼓起，呈金黄色即可取出。

桃酥

【原　料】 熟标准面粉、面肥、小苏打、桃花、白糖、植物油。

【制　作】 将白糖、植物油、桃花、面肥、小苏打放入面盆中搅拌匀。再放入熟标准面粉搅拌均匀。用开水烫成面絮，揉搓均匀，盖严湿布待发。将面团揉匀后擀开略厚的片，再用模具磕制成直径约 5 厘米的圆形，制作桃花酥生坯。将烤盘上刷一层植物油，放入生坯，推入烤炉中，以 180℃烤至生坯鼓起，呈金黄色即可。

野菜饺子

【原　料】 中筋面粉 500 克，野菜 500 克，韭黄末 300 克，鸡蛋 250 克，虾仁粒 150 克，精盐 1 小匙，鸡精、胡椒粉、香油各 2 小匙。

【制　作】 中筋面粉加入适量的沸水烫熟，和匀揉成面团。野菜切碎。把野菜、精盐、香油、胡椒粉、鸡精调拌均匀，制成馅料。面团饧好，搓成条，下成面剂，擀成薄皮，包入馅料捏好放入锅内蒸熟，取出装盘即可。

蒸　饼

【原　料】 面。

【制　作】 用面做成饼，表面加枣、栗或西瓜子仁，放屉上蒸熟。

捏冻耳朵

【原　料】 羊肉、辣椒、面。

【制　作】 将羊肉、辣椒放入锅里煮熟。捞出来剁碎。用面皮包成像耳朵的样子，再放入锅里煮熟。

腊八粥

【原　料】 大米50克，黄小米50克，黏黄米50克，糯米50克，黏高粱米50克，红小豆100克，莲子100克，桂圆100克，花生米100克，栗子100克，小红枣100克，白糖适量。

【制　作】 先将莲子去皮去芯放入碗中加水浸泡，再放入蒸笼，用旺火蒸约1小时蒸熟取出备用。将桂圆去掉皮、核，只要肉，将栗子剥壳。锅中放入适量的水，然后把秫米、红小豆、花生米、小红枣洗干净放入锅内煮，待煮至半熟时，放栗子，再将大米、黄小米、黏黄米、糯米洗干净倒入锅内一起煮，待锅开后，再用微火煮，将粥煮熟到七八成熟时，把桂圆、莲子倒入粥内搅拌均匀开锅后再煮一会儿关火，盛入清洁消毒的容器内，撒上白糖即成。

豌豆黄

【原　料】 上等豌豆。

【制　作】 将豌豆磨碎、去皮、洗净、煮烂、糖炒、凝结、切块而成。其色泽浅黄，入口即化，味道香甜，清凉爽口。

耳朵眼炸糕

【原　料】 黄米、江米。

【制　作】 黄米、江米经水泡涨后用石磨磨成粥状，盛在布袋中经淋水发酵后对好碱当做面皮。再用红小豆制成豆沙，加上优质的红糖并在锅内熬汁炒成豆沙馅，凉后包好，温油下锅，勤翻勤转，这样炸出的炸糕，色泽金黄，皮酥脆不艮，内柔软糯黏，豆馅细甜爽口。

煎饼果子

【原　料】 绿豆、小米、虾米、香料、水。

【制　作】 先将绿豆、小米、虾米、香料等加水磨成浆，煎饼要用平锅，煎锅涂油少许，摊平，煎片刻，加鸡蛋摊平，稍焦，翻面，抹面酱，撒葱花，放一排叉或油条，折起来称为“一套”。

贴饽饽熬小鱼

【原　料】 玉米粉、小鱼。

【制　作】 以玉米粉热水和面，用手拍成长圆形厚饼，贴在灶火锅的周围烤制而成。

熬小鱼选用小鲫鱼去掉内脏，沾上面粉或鸡蛋清，放进油勺里炸至金黄色后放入锅内，撒上葱、姜、蒜、大料，倒入料酒、醋、酱油、糖、盐、面酱、味精和适量水调好汤汁，微火至鱼松酥，淋上麻油取出，佐饽饽食用，味道鲜美。

锅　贴

【原　料】 面粉、肉馅。

【制　作】 冷面包猪肉馅或三鲜馅，制成长条水饺状小包，放平底锅内油煎或油水煎，近熟时浇淋粉水，底部硬脆，内部鲜香。

(2)饮品设计制作

茶　饮

中国茶饮被称为“上品”，古人有“上品”饮茶之说。女人最经典的饮品是花。古人有“极品饮花”之说。中国古代就有饮用花茶的习惯，称桃花令人好颜色、云花果让人细腰身。直到近二三百年，才被欧洲发展成一种主流的休闲饮品之一，花果茶靓丽的色彩和淡雅的芳香来自于植物本身的颜色和味道。源于自然，回归自然，是花果茶吸引人的魅力。花果茶又称“果粒茶”，是一种类似茶的饮品。以各种不同的花朵与水果浓缩干制而成。成分中含有各种不同的维生素、果酸与矿物质，不含咖啡因与单宁酸。各种不同口味的花果茶在成分上略有不同，但仍以玫瑰、蓝莓、柠檬、水蜜桃粒为主要组成元素。在冲泡后仍能保持花果的原汁原味。浓郁的果香，加上冰糖或蜂蜜饮用，可以舒缓情绪，另有美容养颜的功效。也具有优化调节机体功能，增强免疫力，延缓衰老等效果。在欧洲，花果茶已经是非常普遍的饮品，常用来取代咖啡与红茶等饮品。

蒸青团饼茶

【原　料】 茶叶。

【制　作】 使用蒸青方法制作，茶叶采来后，先放在陶器中蒸一下，然后将蒸软的茶叶用杵臼捣碎，再把捣碎的茶末，放在铁质规模中，拍压制成团饼，将茶饼穿起来烘焙至干，封存。

土家四道茶

【原　料】 茶叶。

【制　作】 农家里，家家都有火垅，每个火垅边都有一个小陶罐，拳头大小，颈细，嘴尖，专门用来烤茶熬茶。洗净茶罐，放在火边烤干，装进细茶和几粒大米，再炕香。用开水自上方抛弧而下，直入罐中。待泡沫渐消，再注入开水，茶就算泡好了。

鄂西土家上寨对上等宾客，时兴“四道茶”，即：热清茶（烤罐茶）、油汤茶（在茶中放少许香油）、米脂茶（掺入了米花和糖）、鸡蛋茶（内有鸡蛋一个）。

长阳人把这四道茶概括为“亲亲热热”、“香香喷喷”、“甜甜蜜蜜”、“圆圆满满”，把人间真情和美好寓意揉进了茶中。

奶皮子

【原　料】 鲜牛奶。

【制　作】 鲜牛奶倒入锅内，微火慢熬，待表面凝结一层蜡状脂肪，用筷子挑起挂在通风处晾干。

酥　油

【原　料】 鲜牛奶。

【制　作】 将鲜牛奶倒入桶中，发酵成酸奶，用杵杆搅和分离出脂肪，再将脂肪滤去渣滓，放温火上熬。水蒸发后，待颜色逐渐由白变黄冷却后，即成酥油。

奶茶

【原　料】 砖茶。

【制　作】 砖茶加鲜奶，进行熬制。通常加少量食盐，还可以加黄油，泡炒米和奶制品食用。

奶　酪

【原　料】 酸奶。

【制　作】 将分离出酥油的酸奶，经微火煮熬后装入布袋，挤出酸水，成碎块状，晾干即成。味酸甜。

(3)十几种酒水的设计与制作

【酒水设计的知识点】

酒水要放在农家乐餐厅的明显位置，酒水的利润高于菜肴的利润。摆放酒水的货架要讲究造型、明码标价，以便促销。

酒具要与酒水匹配，且方便拿取。

酒水品牌、口味、酒精度、产地、价格及外包装是推介的重点。

【农家乐酒设计的知识点】

说起农家乐节日酒，不能不说白酒、葡萄酒、米酒等。

以下介绍几种节日酒的制作技巧。

农家乐白酒

【原　料】 粮食。

【制　作】 发酵。

制曲。

蒸馏。

贮存。

土家老烧酒

【原　料】 苞谷、酒母。

【制　作】 同上。

【提　示】 家庭醉房酿酒，酒酿好后，装满酒坛，客人来了，便倒上一碗畅饮。有的将土家老烧加上少量蜂蜜，使酒喝起来香甜可口。有的加入野生天麻、三七等药材等泡成药酒，不仅能御寒还能治病。

农家乐葡萄酒

【原　料】 葡萄。

【工　具】 瓷缸或搪瓷桶、无毒塑料桶、罐数个。

【制　作】 ①精选原料。选用新鲜健康、成熟度高一点、果粒饱满、果皮鲜艳、糖度在 17 度以上的葡萄。红色葡萄皮，带皮发酵，可酿出红葡萄酒。用白葡萄或红皮白肉葡萄发酵，可酿成白葡萄酒。②容器、葡萄消毒。沸水或流动的清水冲洗容器。摘除掉不合格葡萄，把合格的放在 0.05％的高锰酸钾溶液中浸泡 3～5 分钟消毒。再用清水漂洗 2～3 次，一直漂洗到葡萄上不带红色为止。③将葡萄装入容器，迅速用手搓碎干净葡萄，加一点亚硫酸钠。比例是每百公斤葡萄加入 12 克。最好是边搓碎边加。并装入容器。把葡萄汁装到容器总容量的三分之二即可按新鲜葡萄的 15％添加白糖。葡萄汁发酵。把容器移到通风背阴的地方，发酵湿度保持在 20 度左右，让葡萄汁自由发酵，大约 15 天后就可以发酵成功。发酵结束后将皮核过滤掉，就是成品葡萄酒了。

【温馨提示】 农家自酿葡萄酒消毒很重要。农家自酿葡萄酒，如果卫生不达标，那么酒中就有可能正常菌落数超标，影响到酒的口感。要把消毒做到位，不使葡萄发生霉变，这很重要。

农家乐苹果酒

【原　料】 苹果。

【工　具】 瓷缸或搪瓷桶、无毒塑料桶、罐数个。

【制　作】 精选原料选用新鲜健康、成熟度高一点、果皮鲜艳的苹果。容器消毒。沸水或流动的清水冲洗。除掉不合格苹果，把合格的放在0.05%的高锰酸钾溶液中浸泡3～5分钟。消毒后，再用清水漂洗2～3次，一直漂洗到苹果不带红色为止。迅速用手搓苹果，加一点亚硫酸钠。比例是每百公斤苹果加入12克。最好是边搓边加。装入容器。把苹果装到容器总容量的三分之二即可。按苹果的15%添加白糖。苹果汁发酵。把容器移到通风背阴的地方，发酵湿度保持在20℃左右，让苹果汁自由发酵，大约15天后就可以发酵成功。发酵结束后将皮核过滤掉，就是成品苹果酒了。

农家乐山楂酒

【原　料】 山楂。

【工　具】 瓷缸或搪瓷桶、无毒塑料桶、罐数个。

【制　作】 精选原料选用新鲜健康、成熟度高一点、果皮鲜艳的山楂。容器消毒。沸水或流动的清水冲洗。除掉不合格山楂，把合格的放在0.05%的高锰酸钾溶液中浸泡3～5分钟。消毒后，再用清水漂洗2～3次，一直漂洗到山楂不带红色为止。迅速用手搓山楂，加一点亚硫酸钠。比例是每百公斤山楂加入12克。最好是边搓边加。装入容器。把山楂装到容器总容量的三分之二即可。按山楂的15%添加白糖。山楂汁发酵。把容器移到通风背阴的地方，发酵湿度保持在20度左右，让山楂汁自由发酵，大约15天后就可以发酵成功。发酵结束后将皮核过滤掉，就是成品山楂酒了。

农牧民家马奶酒

【原　料】 鲜马奶。

【制　作】 把鲜牛奶装入生皮囊中，挂在向阳处，用一根特制的木棍每日搅拌数次，使马奶逐渐发酵变酸。当马奶变得清淡透明，味道酸辣时，就做成了马奶酒。

【提　示】 又叫乞戈，是用马奶酿制的一种酒精含量颇小的饮料。

（三）农家乐果蔬特色设计

1. 夏季反季节蔬果外观设计

以草莓为例，因其营养价值高，故有“水果皇后”的美誉。但是到夏季，受气候等影响，极少地区才能生产，市场供不应求。夏季新鲜草莓是空白档。农家乐如果选择这种蔬果作为特色农产品，就要在外观设计方面突出它的营养价值和稀缺性。

2. 蔬果雕刻设计

2013 年 8 月 3 日天津电视台播出一则新闻，介绍了湖北一街头卖西瓜的年轻人，在西瓜外雕刻出玫瑰花、心形图案。每个卖 20 多块钱。这位年轻人被冠以“西瓜哥”的美名。农家乐在蔬果雕刻设计上也要出新出创意。

3. 食用果蔬的吃法设计

有些果蔬食用前要进行设计和加工、处理，因为它们尽管是天然的，但可能天然就含有有毒物质。

比如：豆角毒素在两头和两侧。四季豆等扁豆角两头尖部和豆荚两侧的荚丝里，含有植物凝血素和皂素等有毒因子。两者刺激消化道黏膜，进入血液后会破坏红细胞和凝血功能。若没有除去或煮熟，很容易导致恶心、呕吐、腹泻、头晕等不良反应。

豆角的吃法设计：一是掐去豆角两头。二是大火炖煮。三是用油煸炒时，加水适量，在 100℃ 温度下焖 10 分钟后，翻炒使其均匀受热。

比如：红薯含番薯酮，因红薯生长环境在土层里，其表皮与土壤直接接触，易感染黑斑病菌。表现为皮上长有褐色、黑褐色斑点，斑点里就含有番薯酮和番薯酮醇等毒素，会损坏肝脏。煮、蒸、烤等办法均不能杀灭毒素。因此，吃之前一定要先去皮。

红薯的吃法设计：去皮，改变生吃、不去皮的习惯。

比如：不熟的西红柿含番茄碱。未熟透的西红柿含番茄碱过多易引发中毒症状。

西红柿的吃法设计：采摘时不要摘生的，要选新鲜、色红、自然成熟的吃。

三、精心设计农家乐"玩"、"乐"、"娱"项目

在某种程度上讲，玩、乐、娱项目是在向游客提供精神文化产品。通俗文化、传统文化在乡村融汇，产生了农家乐文化。游客希望文化活动多一些趣味性、参与性。有滋有味的娱乐形式、有情有景的文化气氛，能丰富游客假日生活，缓解压力，松弛绷得过紧的心弦，给人带来身心的愉悦。

玩是人的天性。玩的过程就是体验的过程。以玩为内容的旅游其实是体验式旅游。农家乐可体验的东西很多。"体验农家生活"恐怕是农家乐的首选。开心、尽兴的旅游以游客兴趣为先导。兴趣是城里人乡村游的关键点。体验将兴趣激发出来，游客对农家乐就更喜欢。

（一）"玩"项目设计

玩是体验。体验是一种新的价值源泉。玩是互动。身临其境的互动带给人的是独特的感受。玩的道具是农产品，玩的舞台是服务，玩的布景是环境。

"玩"项目设计就是指将旅游者的"玩"融入设计中。为游客创造一次玩的经历。让设施、活动服务游客的玩。以玩来组织资源，以"是否尽兴"衡量玩的效果。

1. 设计农家乐"玩"项目的原则

(1)念好"农"字经

不要把农家乐搞得和城里景点一样。城里"玩"的项目不要照搬到农家乐里去。农家乐"玩"项目不是简单的城市化。与其弄得土不土、洋不洋，还不如以"农"彰显旅游个性。把"农"字经念会了，农家乐就能得到游客青睐。关键的一点是：原汁原味的传统玩耍方法，乡土气息的玩耍内容。

(2)差异性原则

差异性是农村资源不同于城市资源的地方，而许多农家乐并没有把这种差异性做到极致。做差异性，要做出别人没有你有的口味来，人家有你要特别优秀，人家有但没你特别新。

城里游客大鱼大肉吃腻了，来乡村农家乐品尝的是地方风味农家菜。游客出来旅游很少有精力跳舞、唱歌。白天坐车爬山已经很辛苦，想晚上睡个安稳觉的大有人在。分析了这个心理之后，某农家乐，决定做出差异来。傍晚在绿色庭院里开了“露天啤酒吧”。七彩灯泡围了个大圈儿，摆上了一张桌子，让游客在这里欣赏月亮、星星，聊天。一杯清茶、一瓶啤酒、一碟瓜子、一盘点心，象征性地向游客收点服务费。乡野的夜晚静怡、亲切，游客在大都市里是难以品味到的。

(3)开发与保护协调的原则

环境好，农家乐就旺。农家乐旺了，对环境可能有影响，这时一定要明确环境与农家乐的关系，即：一荣俱荣，一损俱损。

(4)宾主互动。

农家乐是一个适合交流的地方。城里人在交流中带来了他们崭新的生活理念，农民在交流中传递了民俗、民情。

2. 农家乐玩项目的活动设计

(1)农业 DIY

①清明农业生产活动

茶叶采摘的高峰期。

②谷雨农业生产活动

早稻插秧和棉花、春玉米等作物播种的大好季节。茶叶采摘的高峰期。

③立夏农业生产活动

水稻栽插以及其他春播作物的管理进入了大忙季节，对已成熟的春花作物，要及时抢晴收割。立夏三天遍地锄杂草，因为杂草生长很快，田间管理十分重要。此时播种半夏黄瓜、豇豆(豆角)、育苗麦茬茄子、冬瓜。

④小满农业生产活动

北方浇好“麦黄水”，抓紧麦田虫害防治，因为此时麦类等夏熟作物灌浆成熟，籽粒开始饱满，但还没有完全成熟。南方宜抓紧水稻的追肥、耘禾、促进分蘖，抓紧晴天进行夏熟作物的收打和晾晒。

⑤芒种农业生产活动

“三夏”大忙季节，指忙于夏收、夏种、春播作物的管理。

⑥小暑农业生产活动

防高温暴雨，培育壮苗，避雨降温，栽培夏秋季小白菜。

⑦立秋农业生产活动

及时分批采收梨。

⑧白露农业生产活动

部分地区收秋稼、播种冬小麦。

⑨寒露农业生产活动

晚稻抽穗灌浆期，要加强田间管理是冬春棚菜育苗时期，做好购种、种子处理、消毒、浸种催芽工作。

⑩霜降农业生产活动

霜降前后是农村“三秋”大忙季节，大秋作物一旦成熟要抢晴收割，晾晒。加强油菜培育、管理。各种病虫害防治。各项农事做好安排。

⑪立冬农业生产活动

秋收冬种的大好时节。冬小麦播种，晚稻收晒、晾，入库。

⑫小雪农业生产活动

小秋收，采摘林木种子。

⑬大雪农业生产活动

加强冬小麦、油菜等春花作物的田间管理。

⑭冬至农业生产活动

春花作物清沟培土，中耕除草，苗肥腊肥，促使壮苗越冬。橘、茶园整枝清园。

(2)农耕体验

拉墒

两手牵着役牛在田畴前面走,一要注意使役牛和你走成直线,二还要随时回头观看后边役牛拉犁的情况以便及时调整步伐和方向。

点豆子

在扶犁者身后格出的小沟里布上黄豆种子。方法很简单,就是左手提种豆布袋子,用右手抓一把豆子,然后把豆子从右手指缝儿一颗一颗地驱出来,使其准确地落在小沟里。步伐迈得大小决定布豆子的间距。脚下还要用一只脚或交错用左右脚蹚土盖住小沟。

蹬耙子

布完豆子后,在役牛身后的地上换上柳编耙子,准备两根麻绳,一头套在牛身上,另一头连接到耙子左右边上。一人牵牛,另一个人站在耙子上,两手拽着那两根引绳,身体左右摇摆,调节重心,保持身体平衡。

拉压地滚

把压地滚连接引绳套在役牛身上,然后拉着役牛在豆垅里走,确保压住已布好黄豆种的小沟,压实的目的是避免鸟雀用脚爪刨出吃掉豆种,同时让豆种与土壤亲密接触,吸收土壤中的潮气、湿气使其发芽。

割麦子

割麦子方法是左手拢住一束麦子,右手拿镰刀沿麦子底部割。从地头开始割,割到够一抱后,用两把五六根麦秆交叉绑在一起拧成长索,放在地上,然后把这一抱麦子放在上面,用麦索捆扎结实。最后把麦个子头朝上竖起来,几个麦子个攒成一个小垛。

掰棒子

掰棒子要在凌晨三点至七点的时间段掰,在这个时间段棒子秸秆清脆,好掰。背一个背筐,左手掰下来,往后投入筐内。待筐装满棒子后,背到地头。

①“当一天农民，体验农民的生活”

脱坯

一人将花秸、麦余子掺在泥土里加水和成土坯泥，另一个人左手拿一把瓦刀，右手拿着长方形铁框（脱坯模子）正放在地上。一人用木锨把花秸泥铲入坯模，另一个人用瓦刀把模具四边上多余的泥清掉。把模具里的泥抹平，然后将模具垂直取出，留出一定空隙后，把放模具放在地上，开始脱第二块坯。直到脱够数量，之后待其晒干，按科学的码放方法码放在一起。苫上草席，以防雨水淋湿。

起猪圈

起猪圈是力气活儿。穿上雨鞋进猪圈，在猪圈里撒上细干土，把猪赶到一角，再跳到圈坑里用木锨将猪粪从一角挖起出来，扣到猪圈小墙外面的空地儿上。

剥棒子

农家小院虽有些凌乱，却给人一种充实感。若是秋天，院中就会小山似的堆一些新从地里收获来的庄稼果实。熟胀的豆荚会发出剥剥的响声，籽粒饱满的玉米会散发出诱人的香气。月下剥棒子（玉米苞棒），既能体会到收获的快乐，又能体会到月光塑造的恬适的意境和氛围。

游客和农民们散坐在玉米堆旁，月亮在头顶柔柔地照着。这边有人递过一句幽默，那边传过来一声声笑语。你说一句“瞧！好大的玉米。”他说一句“看，还有更大的呢！”

游客坐在小板凳上，慢慢剥开一穗玉米来，这穗玉米的光泽黄黄的，就像柔柔的月光。在游客的周围，哧哧啦啦的声音正欢快透明地响着，那不倦的声音使人忘掉烦恼与不快。

扬场

在打谷场上，脱完粒的麦子用木铲堆成小堆，麦堆尚存有穗皮。一人双手端着柳编簸箕，保持欲扬场的姿势，另一个人负责用木铲往簸箕里铲麦粒。双手端柳编簸箕者依风向顺势将簸箕里的麦粒用力扬出去，形成一个美丽的弧形，麦粒、穗皮分落在地上，如此反复多次，最后将分离出去的麦穗皮子用扫帚清扫出去，麦子则装袋封存入库。

拾棉花

拾棉花，要在腰间系上一个布兜子，兜子袋口在前，放入棉花，撑开来鼓鼓的。每个布兜子能装五六斤棉花。拾棉花时，左手拽着棉花秧，右手从已裂开嘴的棉荚的六个瓣里抠出雪白的棉蕊。采摘后的棉花秆被称为细柴，拔下、晾干，苫上备好，农家常用于烧火炕。

刨白薯

用镐刨开地埂上的白薯秧子，刨开周围的土层，露出里面的一串好几个的大白薯。旧时开圈刨白薯，白薯地里人山人海，非常热闹。

出白菜

用镐在白菜四周的地面上选择刨口，刨开后，一提白菜，菜就连根拔起。抖抖根底下的土块，把白菜集中放在一起，堆成一个个小垛，然后用牛车拉到宅院贮存，这个过程特别有意思。旧时人们把白菜作为冬日吃的主要的蔬菜。

②“西瓜采摘”

某农家乐一年一度的“西瓜采摘文化节”在一阵鞭炮声中开幕，摘西瓜、吃西瓜、评西瓜、画西瓜、雕西瓜……一系列以西瓜为主题的趣味活动，带着浓浓的乡土气息，吸引着游客。沙瓤、皮薄、子少、汁多，这是游客对该农家乐西瓜的评价，西瓜品牌就这样在游客的口碑中树立了起来。

③猜农谚中大奖

种瓜点豆。

小满满，芒种灌。

小满晴，麦穗响铃铃。

四月芒种麦割完，五月芒种麦开镰。

芒种芒种忙忙种，芒种一过白日种。

芒种火烧天，夏至雨绵绵。

芒种日下雨，不是干死泥鳅，就是烂掉犁扣。

小暑种芝麻，头顶一盆花。

雨落小暑头，干死黄秧渴死牛。

小暑一声雷，倒转做黄梅。

小暑起西北，鲤鱼飞上屋。

夏至十日麦秆青，小暑不割麦自亡。

夏至有雨三伏热，重阳无雨一冬晴。

夏至西北风，十个铃子九个空。

端午夏至连，高山好种田。

初伏有雨，伏伏有雨。

过伏不种秋，种秋也不收。

三伏有雨秋苗壮，三九有雪麦苗强。

小暑热，果豆结，小暑不热，五谷不结。

小暑起暴风，日夜好天空。

小暑一声雷，黄梅倒转回。

小暑一滴雨，遍地是黄金。

朝立秋，凉飕飕，暮立秋，热到冬。

六月立秋秋后种，七月立秋秋前种。

处暑若还天不雨，纵然结实也难收。

白露晴三日，砻糠变白米。

白露早，寒露迟，秋分种麦正当时。

寒露蚕豆霜降麦，种了小麦种大麦。

④唱歌谣

九九歌（夏）

《豹隐纪谈》载有夏至“九九歌”：“一九二九扇子不离手；三九二十七，吃茶如蜜汁；四九三十六，争向路头宿；五九四十五树头秋叶舞；六九五十四，乘凉不入寺；七九六十三，夜眠寻被单；八九七十二被单添夹被；九九八十一，家家打炭×”。同时，据民间经验，冬至开始的“一九”天气若寒冷，则翌年“九九”，即清明时节，天气便比较暖和；反之，如“ 九”天气较暖，第二年“九九”天气就比较寒冷。因而有“头九寒，九九暖，九九寒”之谚。

九九歌（冬）

冬至“九九歌”丰富多彩。其中《帝京景物略》载：“一九二九，相唤不出手；三九二十七，篱头吹××（竹制管乐器）；四九三十六，夜眠如露宿；五九四十五，家家堆盐虎；六九五十四，口中 ♯ 暖气；七九六十三，行人把衣单；八九七十二，猫狗寻阴地；九九八十一，穷汉受罪毕。”而结合生产的“九九歌”，因各地农事有先后，故“九九歌”之内容因地而异一九二九难出手，三九四九冰上走，五九六九春风摆柳，七九河开，八九燕来，九九加一九，耕牛遍地走。冬至是头九，两手藏袖口。二九一十八，口中似吃辣！三九二十七，风火不想离。四九三十六，被窝睡不够。五九四十五，出门寻暖处。六九五十四，杨柳发青绿。七九六十三，行人把衣袒。八九七十二，柳絮飞满地。九九八十一，犁钯一齐出头。一九冷，二九寒，三九顺着冰凌沿。四九凌，五九开，六九头上等春来。七九六十三，路上行人把衣袒。八九七十二，满天飞柳絮。九九八十一，穷汉门前立，虽说天不冷，肚里有点饥。

⑤识吉祥物

汉族民间吉祥物

大白菜（百财）	南瓜（多子多福）
桃子（多寿）	葫芦（绵延兴旺）
牡丹花（繁荣昌盛）	菊花（益寿延年）
荷花（吉祥高洁）	石榴（多子）
佛手瓜（多福）	牵牛花（步步登高）
百合花（百年好合）	灵芝（百年如意）
梅花（五福临门）	水仙花（瑞兆）
竹子（祝长生）	鲤鱼（富贵喜庆有余）
燕鱼（夫妻恩爱）	金鱼（富裕）
燕子（夫妻恩爱不渝）	鹤（长寿、吉祥）
松（松鹤长寿）	鸳鸯（爱情美满）
喜鹊（喜上眉梢）	

⑥说吉祥语

汉族民间吉祥用语

吉庆有余	凤戏牡丹	龙凤呈祥
一路平安	松鹤延年	富贵白头
一路连科	五福捧寿	

⑦“大家演”活动。每个民族的生活方式和民俗文化都不一样。请游客把他们熟悉的民族节日通过简单的表演让大家赏一赏，猜一猜。

(3)农家体育健身项目、水上运动项目、舞狮子、踩高跷。

某农家乐“坝上啤酒烟花烤羊马术风情节”，让万名游客狂欢。在活动的当天，熊熊的篝火旁，游客在大自然赐予的青草与花香气息中，尽情地喝啤酒、品尝美味烤羊。同时，欣赏燃放的七彩烟花。接着，民族演出拉开序幕，给游客带来了一场听觉和视觉上的盛宴。第二天的马术体验让游客过了一把“健身”瘾。顶尖骑手的追逐表演，加上游客的互动参与，把活动推向了高潮。

某农家乐“水上休闲游乐项目”，集惊险、动感、娱乐、休闲于一体。项目有多条惊险刺激的水上滑道，24 种不同类型的海浪，可迎击高达 25 米的浪潮，一瞬间恍如置身大海之上。探险漂流水道弯曲长达 500 米，旅程给你带来的是惊险、奇妙。此外，还有集合温泉 SPA 区、人工沙滩、儿童梦幻、沉船海战等多个主题区。

3. 文化体验

某农家乐以汉文化为主题，设计了“汉文化的历史、文学、绘画艺术”、“汉代美食”、“汉代特色民居”、“汉代服饰”、“手工制作仿汉代陶器”几个单元，让游客在文化体验中过了一把“汉民”瘾。

4. 农家乐“玩”项目的声音设计

(1)将噪音降到最低。

(2)展现鸡鸣犬吠、鸟叫虫鸣。

5. 农家乐“玩”项目的嗅觉设计

(1)清新。避免难闻的气味夹在其间。

(2)清香。植花清圾。

6. 农家乐“玩”项目的触觉设计

(1)亲水戏水。

(2)摘果采菜。

(3)浪漫诗情。

7. 全国各地农家乐“玩”项目的设计举例

例:采中国名茶增长知识

中国十大名茶采摘时间不尽相同。

① 西湖龙井茶清明前采制为最佳。

产于浙江省杭州市西湖周围的群山。清明前早三天采为宝,称为“明前龙井”。按产地分为“狮、龙、云、虎、梅”五个品类,其中最佳者为狮峰龙井茶。

②洞庭碧螺春茶春分开始采摘,谷雨结束,前后不到一个月。

③安徽铁观音茶一年可采四期茶,分春茶、夏茶、暑茶、秋茶,以春茶为最佳,产量占全年的一半。采摘成熟新梢的 2～3 叶,俗称“开面采”。产于福建省安溪县,历史悠久,素有“茶王”之称。七泡有余香。

④大红袍每年春天采摘 3～4 叶开面新梢进行制作。产于福建省崇安东南部的武夷山,为武夷岩茶中品质最优者。

⑤普洱茶产于云南普洱县,距今已有 1700 多年的历史,鲜叶肥壮,香气高锐持久而独特。有降低血脂、减肥、抑菌、助消化、暖胃、生津、止渴、醒酒、解毒等多种功效,是养生妙品。

⑥祁门红茶简称祁红,是中国红茶的代表,产于安徽省祁门、东芝、贵池、石台以及江西浮梁一带,以祁门历口、内里、平里一带的品质最优。有明显的甜香,有时带有玫瑰花香。祁红主销欧洲,是欧洲下午茶的珍品和馈赠亲友的高贵礼物。

⑦黄山毛峰茶在清明前后采制。产于安徽黄山。山高林密,日照时间短,云雾多,自然条件十分适合茶树生长,分特级和一、二、三级。鱼叶金黄、色似象牙是特级的两大明显特征。

⑧六安瓜片谷雨前采制,称“提片”。其后采制的大宗产品称“瓜片”,进入梅雨季节,鲜叶粗老,品质较差。产于安徽西部大别山茶

区，是中国著名的绿茶，以六安、金寨、霍山三县所产茶才最佳。

⑨君山银针产于湖南岳阳洞庭湖中的青碧岛，是具有千余年历史的传统名茶。属芽茶，年产量不多，但质量超群。分为特号、一号、二号、三号四个档次。贮藏十分讲究，先将石膏烧热捣碎，铺于箱底，再在上面垫两层皮纸，然后用皮纸将茶叶分装成小包，放在皮纸上面，封好箱盖。适时更换石膏，银针品质就能经久不变。

⑩信阳毛尖产于河南信阳东云山，是中国著名的内销绿茶。原料细嫩，制工精巧，形美，香高，味长。饮后回甘生津，冲泡四五次，尚保持有熟栗子的香味。

(二)“乐”项目设计

1. 观光览胜游

某地农家乐7月“荷花节”，吸引了不少观光览胜的游客。300种国内外荷花精品，带来了水天一色的视觉享受。在密密的芦苇荡和纵横交错如迷宫般的水道中，赏荷花、摘莲蓬、露天吃白水煮鱼虾，别有一番情趣。

2. 创意乐享老年乐园(酒茶文化)

酒茶文化是老年生活一道丰富的大餐。作为西湖双绝之一的龙井茶的特点是：色绿、香馥、味醇、形美。泡在杯中，嫩芽成朵，一旗一枪交相辉映，芽芽直立，栩栩如生，香馥若兰，清高持久，汤色明亮，滋味甘鲜。研究龙井茶文化，研究成果哪怕只是那么一点点，也会可让老年人心有所乐。茶园周边环境生态、环保。种茶严格执行有关标准，传承近千年的制茶工艺，珍稀果木炭三烘三焙，人工波浪式揉捻，秘制碰青、独创摇青技术，这些都使茶赢得了众多人青睐，乃至成为“国饮”。

围绕酒茶文化的乐活动可有很多，如：

“学书画农家院”，请书法家、画家任教开讲座。

茶文化讲座、观茶、种茶、采茶、制茶、茶道、茶膳。

酒文化讲座、酿酒、品酒、酒疗、酒俗、酒艺；

老知青重返农家种茶种瓜、聊天、打牌、下棋等抚今追昔游；

天然氧吧、中秋赏月诗会、重阳敬老活动。

(三)“娱”项目设计

1. 乡村露天电影

城市的游客第一次在乡村农家院露天看电影，新奇而兴奋。有过下乡经历的人能勾起他们的回忆。年轻情侣也会感受到激情、浪漫。流年随影，不变的是乡村的记忆！

2. 乡村露天看戏

露天看东北二人转、北京评剧、河北梆子、陕西秦腔、湖南花鼓、安徽黄梅戏等。

露天看戏是乡村很隆重的一项娱乐活动。保留住南北各地传统娱乐项目就是保留住文化。

3. 乡村露天看歌舞、小品

4. 看原汁原味的民间杂耍

让历史在这里定格。民间杂技表演有上刀山下火海、魔术、马戏、乔装戏、高跷(过桥)(铁板桥)、吹歌、花会。

5. 其他“娱”项目

有剥莲子、做荷花餐、听民间戏曲、放荷花灯祈福等。

农家乐“娱”项目多样化的出现，丰富了乡村的夜生活，改变了农民“日出而作、日落而息”的传统生活作息习惯。

(四)其他民俗活动设计

1. 立蛋

每年端午正午十二时，鸡蛋可直立在地上。因为端午正午是一年中阳气最旺的吉时，圆滚的鸡蛋吸收天地之正气，便能竖立不倒。

也有春分日竖蛋之俗。选择一个光滑、匀称，刚生下四、五天的新鲜鸡蛋，轻手轻脚地在桌子上就能把它竖起来。

2. 摘柿子

相传，霜降吃柿子，不然整个冬天嘴唇就会裂开。这一天要把柿子树上的柿子全部摘下来。摘柿子，要爬上柿子树去摘，也可以用竹竿、网套像扣知了那样去摘，别有一番情趣。

3. 掛地头

旧时农历七月农家祈祷年丰，摆放面果、纸钱掛在田禾之上。

4. 祭麻谷

旧时拿萝黍苗、麻苗、粟苗，连根带上，缚竖门之左右，别束三丝，立于门外，摆放面果。

5. 打午时水

端午节正午打上来的井水或经太阳晒的自然水源，用来泡茶或酿酒特别香醇。

6. 用花草染指甲

适宜染指甲的有鸡冠花、指甲花。

7. 水边打漂漂

各自选同样数量的薄石片、薄土片，平河水漂投，以石块、土块水面跳动次数记点，点多者为胜者。

8. 赏菊

9. 饮菊花酒

10. 糊泥巴

每年插稻秧、踩稻草的时节，干完一天活，收工时，长阳土家人互相往身上糊稀泥，糊得越多越好，糊得越多友情越浓。村民管这种节目叫“糊墩子”、“扳桩子”。

如果有游人经过，村民会叫一声“糊墩子”，若游人举手打个躬，表示诚意，就不糊了。若不理睬，村民则认为客人是不相信他们的诚意，便会围上来，给他糊个满身泥。之后，将客人接到家中，为之洗衣熬茶，待衣服晾干或烤干后，再送客人起程。

11. 喊山歌

长阳山歌是一种田歌。一人叫，众人接，声音高亢，因此又叫高腔山歌。在农家劳作中，干什么活，就喊什么歌，见什么人就喊什么调。游客从旁边过，歌手们就用山歌欢迎他。

例如：

喜鹊翘枝头，

背地花衣裳。

喳喳的喊，

喊的喳喳。

小幺妹，快烧茶，

外头客来哒。

若客人有兴趣，可以还其一首歌，搭上桥，对起歌。

南京城的鼓

北京城的锣

陕西的号子

比哪多

外头来的客

里边屋的桌

中间的土墙垛

比哪多

长阳山歌，可以说响彻全国。

12. 敖包相会

用石头垒成，有的用柳条和叶条围成，中间植以树丛，再立杆为柱，顶上安“嘎如迪”（金翅鸟）或在敖包两边竖立弓、矢、剑、长矛等兵器。

五色风马和哈达始终在敖包上招展。祭敖包的仪式一般在每年农历五月至七月间举行。宰牲、献礼、焚香、点烛，祭祀仪式结束后还有丰富的娱乐活动。按民间风俗有赛马、射箭、摔跤和宴会，称“敖包乃日”（蒙古语，意为盛会）并逐渐变成传统的“那达慕”大会。

13. 那达慕

那达慕，蒙古语中指娱乐、游戏。一般选在七、八月举行。活动持续 5～7 天。牧民骑着马的，赶着勒勒车的，汇集而来。草地上白毡包仿佛一直扎到天边，四处飘着奶茶、烤肉的香气。

14. 男子三项竞技赛

男子三项竞技赛指赛马、射箭、摔跤，是那达慕的热点。如今，还增添了马球、马术、田径、电影、话剧、乌兰牧骑演出。

15. 民间说唱

蒙古族在节日或闲暇时，以马头琴、胡笳、虎拨思(又名火不思，近似琵琶一类的弹拨乐器)、胡琴等伴奏，边饮酒边说唱一些本民族的古今盛衰故事和汉族历史小说。

好来宝是民家艺人自拉自唱、即兴创作的节目。唱词四句一节，讲究韵味，有单口，也有对口。

问答对歌的形式有趣，唱而不穷者获胜，败者要被罚酒。是一种聚会、宴客的重要娱乐形式。

四、设计制作好农家乐商品

数十款农家手工艺品、微型农具、农家民族服装等均为现场传统土法设计、制作，不含任何化工产品、有毒添加剂，保证绿色、环保、无公害、安全、卫生、实用。

把老东西、老物件留住的同时，也把濒临失传的老手艺抢回来！

(一) 农家乐农产品的商品化

农产品指来源于农业的初级产品，即：在农业活动中获得的植物、动物、微生物及其产品。设计、制作农家乐商品，涉及到农产品的深加工。经过加工制作成的商品与农业初级产品的价值之比是 3∶1 以上。一般属于初加工商品的多，其工艺简单，技术含量低，加工层次较少。而深加工、高科技、多次转化增值的比较少。农产品获得无公害认证、绿色食品认证、有机农产品认证是农家乐商品的选择标准之一。

按增值情况分类，农产品可分为一级增值，即：玉米—淀粉。还可分为多级增值，如：大豆—食油—豆粕—维生素 E 和卵磷脂。

我国农产品的商品率在不断提高。农产品的商品率提高，标示了一个国家的农业生产力水平。传统农业的其中一个明显之处就是低商品率。现代农业的一个特征就是商品化，另外一个特征就是特别开放。它突破了关门办初级农产品生产的框框，实现了对其他产业系统、其他部门、其他环节的全面开放。现代农业吸引了社会资本的投入，使传统农业的依靠土地和劳动力增加来实现扩大再生产，转变为通过土地适度集中、资本投入增加、先进技术手段（包括绿色种植、生态养殖技术）的运用来提高农产品的商品率。

（二）农家乐土特产的设计及包装及深加工

农家乐土特产作为旅游商品，它可让游客旅游的快乐与回忆延续。

1. 农家乐设计土特产的意义

在开拓城市消费者需求的过程中，有关政府部门“推”的作用往往高于“拉”的作用，通过开发生产适合需求的农家乐商品扩大内需，这就是“推”的作用。

目前我国农家乐商品还远远满足不了游客需求，供给游客的商品不适销，质量不高，无法满足游客的现实需求和潜在需求。而且，农家乐商品售后回馈质量普遍低下，有一些实用的信息没能及时收集上来，而农家乐还在一如既往地重复着生产流程。

作为商品生产企业的农家乐，应该以满足游客需求为出发点，进行生产和经营。这不仅是开拓市场的需要，同时也是农家乐得以生存并保持长久发展的需要。

2. 要重视土特产的包装

农家乐土特产在包装方面要科学、经济、美观、牢固、方便、适销并有利于长途运输。要以天然材料制作包装。经过国家批准、认证的土特产要按规定标明重量、出产地、产地、执行标准。设计要小型化，以方便携带。设计要突出品牌特色，体现人性化。

3. 要重视土特产的深加工

农家乐引进农产品的深加工，可以让其走得更远。以农副产品深加工为重点，着力发展牛、羊及副产品精细加工技术、制饮料技术，提高农产品附加值，研究开发一批新产品、新技术。某农家乐开发出西瓜汁茶饮料，使西瓜迈进了软饮料市场。再以一根玉米为例，中国人种植它已经有500多年历史了,深加工能否成大器?某农家乐就把一根玉米变成了一根黄金。凌晨三点钟一直到早晨六点钟,在你还在梦乡的时候,农家乐已经组织农民在地里掰收玉米棒子了,因为这个时间段是一天中气温最低的,能保证所收的玉米棒子无论是营养,还是口感,都是最好的。对于该农家乐的鲜食玉米,有一句广告词最合适,即:露珠里的秋天,让我们享受玉米地果实的馨香!当天所有的玉米都送到该农家乐的生产车间。剥好的玉米个个珠圆玉润,对它们要进行速冻保鲜和真空保鲜。清洗、分拣、装袋、码屉、灭菌、检验、入库……一条工业化流水线,有近10个环节。在库房里,各种玉米被分为不同的种类,有金银粟、白糯、天紫、墨玉;糯的、甜的;黄的、七彩的……玉米个头差不多,品质、口感也保持稳定性。

农产品深加工,核心技术是生物保鲜,核心思维是工业化思维、市场化思维。

(三)设计、制作适合城市消费者需求的农家乐商品(工艺礼品及其他创意商品)

1. 树立农超对接意识

农家乐商店是农超对接的一个平台。在自身销售农产品的同时,发展连锁超市,扩大销售,同时也能使成本降低。

2. 树立信息质量意识,要向游客提供适销对路的高质量农家乐产品

目前,全国文化旅游业产值占消费品零售总额的23%,表明潜在的旅游市场是巨大的。

为了把市场潜力转变为农家乐的内在优势,经营者要准确把握旅游市场需求的特点,努力向市场输送合格、合适的产品。要通过市场调查和预测,了解游客消费上的真实需求,并以此设计农家产品。

3. 努力提高营销服务质量

营销服务做得好,会使游客增加满足感,同时也会因游客的仿效性和趋同性而产生有效的消费示范作用,有助于农家乐良好声誉的形成,所以,农家乐应该注意营销服务水平的提高,做到:①做好售前服务，应主动向游客提供信息，和游客沟通感情，进一步了解游客的要求，尽可能有计划地提前供应。②在营销过程中详细了解游客情况，向有购买能力及购买欲望的游客推销合适的商品。③向游客提供各种回馈服务。

4. 一些农家乐商品的设计、制作

风　筝

【题　材】 飞禽走兽、花鸟虫鱼、民间故事、神话传说、文玩器物、戏剧脸谱。

【造　型】 硬翅、软翅、桶子、串子、单个、串子的组合。

【制作工艺】 风筝制作集动力学、绘画、扎染等工艺于一体。制作一只风筝需要哨口、绘画、系尾绳等多种工序。哨口—选用葫芦、毛竹、白果、龙眼。绘画—构图要饱满。系尾绳—十米左右两根。风筝制作技艺概括起来就是：扎、糊、绘、放。

大　鼓

【原　料】 杨柳木、牛皮、椿木。

【工　具】 锯、锤子、钳子、改锥。

【制　作】 设计图纸，确定类型。细化结构，挑选合格木质。先用杨柳木做鼓腔，接着用牛皮做鼓面，椿木、硬杂木做鼓槌。

菊花枕

【原　料】 菊花、土布。

【工　具】 绣针、剪刀、缝纫机、卷线。

【制　作】 先挑选好合格的菊花，接着用布缝制成枕袋装入菊花，填满将袋口封上，即完成。

窗　花

【原　料】 色纸。

【工　具】 剪刀。

【制　作】 手工熏样。多取材生活，心里出样。

【构　图】 构图以线为主、面为辅，富于变化，玲珑剔透，曲线流畅。

【内　容】 内容多以花鸟虫鱼、民间传说、戏剧人物为主，既可点染，也可单色，乡土气息很浓。

【造　型】 稚朴，雅俗共赏，造型丰富多样，错落有致，紧凑丰盈。

【图　案】 鲜活生动，优美逼真，生趣盎然。

【着　色】 浓艳和谐，明快艳丽，对比强烈。画面带有浓郁的乡土气息，富有浓烈的装饰美感。焖纸刀刻。其刻法以阴刻为主，阳刻为辅。

剪　纸

【原　料】 色纸。

【工　具】 剪刀。

【制　作】 它的制作，即是用剪刀将色纸剪成各种花卉、鸟兽、人物、图案等。剪纸分刻、剪两种。画面应带有浓郁的乡土气息，富有浓烈的装饰美感。

木雕月姑

【原　料】 木皮、名贵木材、花榆木疙瘩、楸木、杏木、椴木。“明开夜合木”是一种罕见的珍贵木料，其木质洁白无瑕、细腻如玉。

【工　具】 木工配套工具。

【造　型】 月姑嫦娥、楠木桌、炕桌、圆桌、八仙桌、桌几、沙发桌及挂屏、座屏、插屏等。

【制　作】 木皮雕刻，依物起意，顺势造型，追求自然和谐，追求真纯静美。桌心以纹饰美丽的花榆木疙瘩和橙红色的楸木雕刻镶制，其花纹奇美，千姿百态。桌面上用不同颜色的木条嵌拼成各式各样的立体图案，并在图案周围雕刻上月云风景、古代建筑和险山奇峰秀石。木制浮雕壁挂工艺品往往是利用各种木料的天然颜色，经分解、刨光、贴制而成。其大多具有不褪色，不变形，保存永久的特点。木制浮雕工艺作品现已成为旅游特色产品。

九九消寒图

【原　料】 绘画颜料、画布。

【工　具】 画笔。

【制　作】 设定图案清样，展开画布，开始绘画，画毕入框。

仿宋瓷器

【造　型】 龙凤盘、龙纹钵、云鹤碟、卧观音、银笙瓶、瓜型水注、龙首净水瓶、八杯寿星壶。

【装饰技法】 以瓷胎作模印花刻、划、模印。

【划花工具】 竹刀或圆头针。

凉　茶

【原　料】 岗梅根、木蝴蝶、山芝麻、火炭母、金榄根、夏枯草、冬桑叶、野菊花、绵因陈、崩大碗、岗梅、车前草、地胆头、水翁花、金银花、紫苏、薄荷、布渣叶、半边莲。

【功　效】 消除夏季人体内的暑气，缓解冬日干燥引起的喉咙疼痛等疾患。

【投资建议】 专门制成凉茶包卖给顾客，顾客买回后煎服或用开水冲服。

桦皮碗、盆、篓

【原　料】 桦树皮。

【选取时间】 农历六七月。

【制　作】 精选桦树根，用刀子轻轻旋挖加工而成，包以光亮的白银箔，表面洁亮，碗边刻上精细的"八宝"图案，非常精美。具有蒙古族风情。

冰　车

【原　料】 木头、铁条。

【工　具】 木锯。

【制　作】 先制作一个小木质车筐。接着装铁条，在其下制作冰锥一副。

鸳鸯袜

【原　料】 硬纸板、棉彩线。

【工　具】 织袜机。

【制　作】 在硬纸板上剪出鸳鸯图案。用织袜机将棉彩线制成棉袜，在袜上绣鸳鸯即可。

骨雕马

【原　料】 牛骨。

【工　具】 切割机、打磨机、抛光机。

【造　型】 骨雕制品包括各种人物、动物、植物、建筑物，有佛像、侍女、武士、马、象、狮、白菜、塔寺等十几个品种。

【制　作】 骨雕生产主要有拼活、包活、彩活三种工艺，其流程是先把牛骨切割、打磨成片，然后粘接在事先做好的木胎上，经过磨光、雕刻、熏彩、装排而成，部分产品再配以铜艺、铁艺等装饰，更显流光溢彩，风格多样。

泥娃娃

【原　料】 黄泥。

【工　具】 裁刀、泥剪、铲子、半圆模具、泥碗、印模、模具。

【制　作】 捏一个椭圆形做娃娃的身体。粘上双脚。粘上一个较小胡须。再捏一个椭圆形做脑袋，粘上眼睛、眉毛、鼻子、嘴巴即完成。

面　塑

【原　料】 优质面粉、糯米粉。

【工　具】 手捏。

【制　作】 用糯米粉和面加彩后，捏成的各种小型人物。

花　灯

【原　料】 铁器、绢布。

【造　型】 花灯以形意灯为主。

【制　作】 最有特色的是“十面猪八戒灯”，十对耳朵能扇动，十张嘴巴能吧嗒出响声，趣味盎然。还有横动八足的“螃蟹灯”、飘游河淀的“荷花灯”、顽童要玩的轮箍“小车灯”等等。

牛蹄角梳子、发卡

【使用原材料】 牛蹄。

【设备、工具】 铁锅、调料。

【工艺流程及技法】 大锅煮牛蹄，制牛蹄角质层成薄片，作梳子、发卡等工艺品。

犁　铧

【使用方法】 用绳与牛、马等牧畜套用。

【制作方法】 多为手工制作，头部为铁质呈三角形，余部为木质。

泥　埙

【原　料】 泥土。

【制　作】 塑形象，经彩绘后供少儿手上把玩。泥埙有的在腹底镶一支用芦苇秆制作的小笛；有的在顶端扎两个“鼻眼”直穿两侧深孔，口吹顶部或背部等处小孔，泥埙便发出奇妙悦耳的音响，堪称泥人或泥笛。一般为椭形体，单纯简练，内镶苇笛，外观色彩强烈而协调。制作工艺上，大致需要取土和泥、捏泥胎、制泥模、合模装笛、修整晾晒、铺白粉底、调胶、敷彩等八道工序。

珐琅、花丝摆件

【原　料】 银丝、铜料。

【造　型】 选择各种民间艺术题材，在陪衬、装饰、点缀、色彩上加以突出，完成层次分明、整体统一协调的优美工艺造型。

【制　作】 细如发丝的银丝通过花作、焊接、发蓝、镀金、嵌宝等工序制成花丝摆件。花丝在工艺上分为錾工和镶工两种，錾工是在整好的铜板或银板上用錾刀錾出花、鸟、鱼、虫、人物等图案；镶工是把錾有图案的铜板或银板按模合并在一起，组成黑胎，黑胎通过电镀，镀上金银或电泳，成为成品。

花丝工艺在质地上可分为铁活、铜活和银活三种。铁活一般用于奖杯、刀剑、标志牌等的制作；铜活在应用上比较广泛，如景泰蓝，牌匾、首饰盒等；银活主要制作高档制品，如观音像、财神像、龙、凤、壶、碗等制品。

雕　刻

【主要材料】 灰砖或木材。

【辅助材料】 刀具、明胶等。

【用　途】 门头装饰部件或春秋椅、沙发、床、立柜。特殊用途是砖屏风、抱厦、窗格及上亮子装饰。

【题　材】 花、鸟、龙头。

【装饰纹样】 云纹、流水纹。

【色彩处理】 大漆。

彩　画

【主要材料】 群青、巴黎绿、钛铂粉、南烟子、佛山银珠、金箔、铜箔。

【辅助材料】 板刷、油画笔、毛笔、金夹子、粉牵子。

【题　材】 山水、花鸟、人物。

【造型结构】 民间绘画。

【装饰纹样】 中国古代装饰纹样。

【色彩处理】 多色处理。

【工　艺】 批灰压麻、沥粉贴金。

尜

【使用原材料】 木头。

【设备、工具】 锯、斧。

【工艺流程及技法】 选好木头，用木棍削成两头尖、中间粗的纺锤形物—尜，长约10厘米，粗约3厘米。选好木头，用木棍削成约40厘米长、4～5厘米粗木棒—尜棒。用尜棒轻敲尜的一端，弹到空中后，用木棍猛力抽打。画一条线，两个人都在线的同一侧，一个人把尜扔在地上，不论指向哪方，都不能再更改，另一个人抡自己的尜棒击打，击得远的算赢。

棋　子

【使用道具】 小石子、小砖块。

【玩法】 棋共有16个子，两个人玩，有棋盘，谁走到顶点、进入死角就算输。

方　宝

【使用道具】 纸。

【制作方法】 把纸压平，对折，再次对折，叠成方形。

【玩法】 最少有两人参与，其中一人将另外一人的方宝煽过一面即算赢，赢者即可获得对方的那块方宝。参与者将方宝正面摆放在地上，按顺序依次轮流进行。

台　球

【使用原材料】 木头、玻璃。

【设备、工具】 锯、斧、锛子、铁丝、颜料。

【工艺流程及技法】 台球也叫捅棋。先要选好木头，锯成四根长短一样的木条，拼成一个四方框，衬上木板，一个棋盘初步做成。之后，在棋盘的四角各穿一个圆形的孔，孔下面套上布做的小袋子，用铁丝缚好，落棋子的孔袋就做成了。再用锯、斧、锛子做成约一米长的捅杆，一端粗一端细，我们称“大小头”。两端均可捅棋。接着做圆形木棋子，涂上不同的颜色。高级的捅棋棋盘需要用玻璃里面摆设彩色的几何图形。

【玩法】 捅棋两个人一组来玩。每个手中拿起一根捅杆，每个人手中有一个棋子用来作母。棋子去冲撞其他棋子。为了增加难度，棋盘上放上小杆，若用棋子将杆碰倒，则失分。“三角几何带回兜”这需要千锤百炼才能实现。

黑陶漆器

【原　料】 黑陶土。

【制　作】 中华黑陶源于古老的河姆渡文化、大汶口文化和龙山文化，已有七千多年的历史。黑陶由原来只是人们的生活日用品，逐步发展成古朴庄重、优美高雅的艺术品。它不仅秉承融汇了千年古艺文化，而且体现了浓郁的现代气息。在河北省以雄州、陶山两地所产黑陶最为著名。雄州黑陶以其独特精湛的工艺制作，以仿古、民族、民间、现代、西欧流派等多种风格，成为装点宾馆、厅室及赠送友人和艺术收藏的理想佳品，而且远销海外，多次在世博展中受好评。陶山黑陶集陶艺、漆艺、镶艺于一身，形成了黑陶、漆陶、漆画、镶嵌陶四大系列产品。尤其漆器品类繁多。从工艺上讲，有镶嵌、立体镶嵌、彩绘、雕填、刻灰、断纹、虎皮漆等，涵盖了金漆镶嵌的各种传统工艺．从造型与功能上讲，有器皿摆件、各种家具、屏风、壁饰。从题材上讲，有历史典故、文学名著、宗教神话、山水花鸟、珍禽瑞兽等，大多富有前程锦绣、富贵长寿、欢乐祥和、吉祥如意的寓意。大中小件皆有，高中低档俱全，既有适用于楼堂馆所、餐厅茶室的，也有适用于百姓家居的。

盆 景

【原　料】 河北省磁县水石。

【制作方法】 锥式造型法，将名山奇峰、逶迤河川、巍巍古塔逼真展现在盆景中，再装饰上亭台、草木。在造好的山顶上洒上优质白水泥，然后放在盆里，待水吸上，水泥凝固，远看白雪皑皑，气势磅礴，酷似神像。

面 塑

【原　料】 家庭自磨的精粉。

【制　作】 揉面、造型、笼蒸、点色制成人物、动物、花卉、翎毛、瓜果等，造型夸张、简练、质朴、民间的面塑。

唐卡

【原　料】 白布或各色丝线。

【制　作】 先将白布绷在木框上，涂上一层胶质白灰，再用滑石磨平，然后勾勒作画。或者运用锁绣、网绣等手法，以各色丝线绣成唐卡。

刺 绣

【原　料】 彩线、针。

【制　作】 用绣针引丝线。按照设计的花纹和色彩在面料上刺缀运针，以绣迹构成花纹、图像或文字的工艺手段。

蜡 染

【原　料】 蜡、麻、织、锦、毛等织物。

【制　作】 用蜡把花纹点在织物上，然后放入染料缸中浸染，有蜡的地方染不上颜色，除去蜡便会出现美丽花纹。这是一种古老的染纺工艺。

花 灯

【原 料】 竹、木、藤、麦秆、兽角、金属、绫绢。

【制 作】 彩扎、裱糊、编结、刺绣、雕刻，再配以剪纸、书画、诗词等装饰制作而成。

宫 灯

【原 料】 极为考究，大多为红木、紫檀木、花梨木、楠木等贵重木材。

【制 作】 要求精细，雕、镂、刻、画缺一不可。正统的宫灯造型为八角、四角、六角形，各面花屏图案内容为龙凤呈祥、福寿延年、吉祥如意等。宫灯种类很多，主要是吊灯、座灯、壁灯、提灯几大类。

走马灯

【原 料】 木、风火轮。

【制 作】 先做出宫灯状外形，然后在灯内中主轴上端装一风火轮，风轮周围或贴上人物故事，或用线吊起骑马之类的剪纸，当灯笼内灯烛点燃后，热气上升，形成气流，从而推动叶轮旋转，于是剪纸随轮轴转动。它们的影子投射在灯笼纸上，灯屏上即出现人马相逐、物换景移的影像，是一个玩具。

神 灯

【原 料】 刺有各种花纹图案的纸片。

【制 作】 首先，画好底样，然后在需要的纸片上针刺好图案，再把做好的纸片粘贴起来，最后用水质的颜料上色、装饰。

龙 灯

【原 料】 竹、木、布、纸。

【制 作】 用上述材料扎制龙身每节长 1.5 米左右，每一节称一档，组成龙身的节都是单数，如九节、十一节和十三节。表演的形式上有“单龙戏珠”和“双龙戏珠”两种。

勺子面灯

【原　料】 面。

【制　作】 把面捏成勺子的形状，并捏一个小老鼠趴在勺子沿上，小老鼠的眼睛用花椒粒代替。到了晚上，在勺子里倒上植物油，用一根火柴梗缠上棉花，然后把棉花浸湿了油后点燃。

木　雕

【原　料】 椴木、东北松、白杨木、白桃木、紫檀木、花梨木、黄杨木。

【制　作】 基本是平面浮雕。雕刻技法从框架结构到边线纹饰处理，洋溢装饰美。

毛　笔

【原　料】 竹管。

【制　作】 笔头用狼毫、羊毫制成。笔头制作中间一簇长毫称为锋，即笔尖四周包着稍短的毫叫副毫。好的毛笔具有尖、齐、圆、健四大优点。

墨

【原　料】 桐油、生漆、松枝。

【制　作】 将桐油、生漆、松枝所烧的烟炱，加黄明胶和麝香、冰片等，经过合剂、蒸煮等多道工序，并有一个模压成型的过程，最后制出成品。

宣　纸

【原　料】 青檀树皮。

【制　作】 生宣书画皆宜生宣，上矾后为熟宣，因着水不洇，适宜于画工笔重彩。

中国结

【原　料】 丝线。

【制　作】 经过编、抽、修的过程。各个结的编法是固定的，但是抽可以决定结体的松紧、耳翼的长短、线条的流畅与完整，可以充分表现出编者的艺术技巧和修养。

窑

【使用道具】 玻璃球。

【玩法】 准备两个小玻璃球，在空地上挖两个能容下球的小坑，小坑之间相距 10 米，向坑内抛掷。玩的人分别站在一个小坑边，向对方的小坑里投小球，投进的算赢。

玉雕

【原　料】 玉料。

【制　作】 双脚蹬着一架木铊子转，用手拿着玉料凑在铊头上磨玉。

秋千

【原　料】 树丫枝或木踏板。

【制　作】 两根绳索加上踏板，人攥着皮绳，脚用力蹬，身体在空中来回移动。

蹴鞠

【原　料】 皮革。

【制　作】 用皮革制成球皮，球内用毛塞紧。

(四)设计、制作适合消费者需求的农家乐微型农具

农具是几千年来中国传统农耕文化的缩影。

下面，介绍几种消费者喜爱的农家乐微型农具的设计、制作

方法：

小曲辕犁

设计可按照以下图样进行：

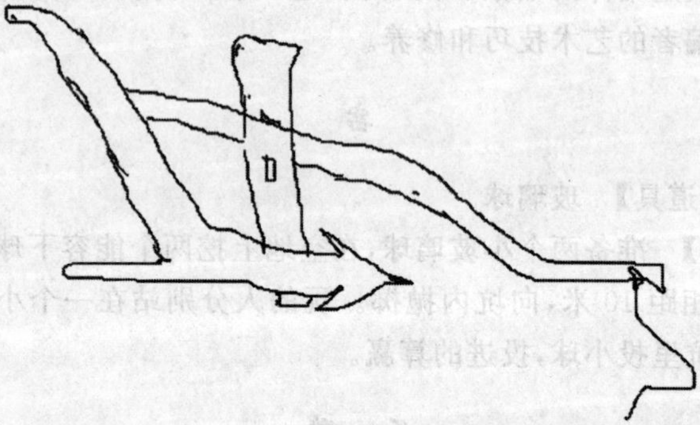

犁镜是曲辕犁上用于翻土成墒的重要部件。因遇土块摩擦导致发亮而得名。

制作犁镜的工艺是用原铁水直接浇注。

【制作技巧】

1. 铁范制作。铁范指犁镜的制作模型。从战国到汉魏，铁范被广泛应用于铸造铁农具。

2. 犁炉修筑。制犁炉包括设计、盘炉、修炉。

3. 炉料制备。铸造犁镜需要用特别的矿石和木炭。

4. 鼓风熔炼。炼炉需要大风匣（木制）鼓风、升火。

5. 炉前控制。匠师通过看火色、辨铁水等手段掌握炉况、火候及铁水成色。

6. 浇注精整。

曲辕是曲辕犁主体部分。

制作曲辕的技巧：

1. 选材。分两部分：一是选曲颈。二是选扶把。

2. 将选好的两部分用刨子刨去外皮。

组装曲辕犁的技巧：

1. 用凿子将曲颈上端凿出长方体孔洞，下端刨成单头尜形，能恰好插进犁镜之中。

2. 将扶把下端修整使之能与曲颈接榫。

犁

【原　料】 生铁、熟铁。

【制　作】 生铁较脆，主要用于铸造。熟铁较韧，冶炼后锻打成型，可粗可精。锻造或锻打或冲压犁头后，将其他部件（木制）用焊接或铆接的方式进行组合拼装，就能完成整件铁犁的制作。

锄　头

【原　料】 铁料。

【制　作】 制作锄头要考虑其作业部分的厚薄。基部应较厚些，前端逐渐变薄。主要用于掘土、翻耕，还可用于开沟和一般性除草。

铁　耙

【原　料】 铁料。

【制　作】 制作铁耙可根据情况选择木柄或竹柄安装。

安装木柄的铁耙一般多用在土质硬、砾石多的土壤作业。安装竹柄的铁耙用于一些土质松的土壤作业。铁耙分二齿耙、四齿耙、多齿耙（六齿耙、九齿耙）。齿有圆齿、扁齿之分。扁齿一般用于沙质土壤的作业。圆齿多用于土质较硬的土壤作业。

括　子

【原　料】 铁料。

【制　作】 其作业部分宜制作成扇面形，比锄头薄。

铁　锨

【原　料】 木柄、铁件。

【制　作】 柄长1.5～1.8米，木柄粗约4.5厘米，用硬木制成。铁件的作业部分为一铁片，有圆口和方口之分，前者的铁片略成圆弧形，后者的铁片平而两侧上翘，在使用时可根据土质和用途加以选择。一般用于开沟、翻土、挖坑。其安装简单，先计算好安装孔大小，然后将木柄的安装一端削至粗细合适，再将木柄砧入安装孔中，并用铁钉固定。

（五）设计、制作适合城市消费者需求的农家乐石、木、铁、砖瓦匠工具

1. 设计、制作农家乐铁艺

农家铁艺有其美学价值，实用价值、收藏价值。游客喜爱农家乐铁艺，还有其他考量，如：经济合理，能满足基本功能，工艺不能说考究但很有特色。

设计农家乐铁艺，独特才能创造价值。

制作的原料铁选择质量好的，才能制作出外观和形式俱佳的铁艺品来。

农家乐庭院护栏是常见的铁艺，其设计简单，可大量复制，故价格低廉。游客一般对使人的想象力和创造力受抑制批量复制的铁艺成品不感兴趣，而农家手工铁艺品才是艺术。

农家乐手工铁艺采用生活中最价廉的金属铁，把锻压技术、焊接技术、铸造技术应用于制作成品的过程之中。

农家乐手工铁艺的设计，要考虑以下几个方面：

(1)使用的具体环境。

(2)加工性能、质量。

(3)用途。

(4)环境的装饰风格、材料、色调。

制作手工铁艺，需使用的工具有：

(1)铁砧。

(2)铁锤。

(3)钳子。

(4)凿子。

(5)机械工具。

农家乐手工铁艺制作的流程有：

(1)设计图样。

(2)图案解析。

(3)下料。

农家乐手工铁艺的质量要求：

(1) 制作尺寸与图纸尺寸偏差率为1‰。

(2) 成品要平、正、直、顺。

(3) 花型比例要协调。

(4) 焊接要美观、牢固。

(5) 焊缝要平整，不能假焊。

手绘描漆的铁艺作品具有艺术品的可行性：

(1)手绘技师熟练调配涂饰。

(2)手绘技师自如控制色相。

(3)手绘技师突破造型极限。

2. 设计、制作农家乐石艺

农家多以石为载体加工成石雕品。雕刻石材主要有花岗石、大理石、青石、砭石。

设计、制作因所要表现的主题不同，而选用不同的石材。

(1)表现人体用大理石雕刻。

(2)表现粗犷的建筑美用花岗石雕刻。

3. 设计、制作农家乐木艺

木艺是农家乐建筑常用的一项技术。传统的木艺制作工具有：锯、斧、凿子、刨子、锤子、钻、尺和墨斗。

大自然中的木材，按加工特性分为硬木、软木两大类。

硬木常见的有楠木、水曲柳、柞木、橡木、胡桃木等。这类木材一般比较昂贵，但使用期长。软木常见的有红松、白松、冷杉、云杉、柚木、柳桉等。

按含水率分类，硬木木材可分为炉干材、风干材两类。前者含水率为4%～12%，后者含水率为15%。符合此两个标准，才能制作家具。否则，会开裂、变形。软木只能做家具辅助用料。

近年来，一些木材制作的农家乐木艺销售额猛增。

(1)紫檀木。我国自古公认的最名贵木材。产自云南、广东、广西。质地最为细密的硬木。木材分量也最重，木纹不明显。其中大叶檀纹理较粗，颜色较浅。打磨后木线明显，出现棕眼。小叶檀就是人们所说的紫檀。虽不及黄花梨华美，但静穆沉古是无木可敌的。制作紫檀家具，多利用其自然特点，采用光素手法。

(2)黄花梨。产自海南省。颜色从浅黄到紫赤，纹理或隐或现，生动多变。早在明朝末年就已砍伐殆尽。其特点是花纹面上有鬼脸、心材和边材差异很大。黄花梨又叫老花梨木。现在用料多为缅甸等东南亚国家进口的花梨木，又叫新花梨木，质次各异，品质相差很大。

(3)鸡翅木。因其花纹秀美看似鸡翅膀而得名。鸡翅木有新、老两种。新鸡翅木易翘裂、起茬。

(4)铁力木。长得最高大但价值低廉。木质坚硬耐久，多用于建筑。

(5)黑檀木。属柿树类，是一种十分稀少的珍贵家具及工艺品用材。主产于印度、泰国、缅甸等。木材有光泽，无特殊气味。

(6)绿檀木。其木质坚硬，香气怡人。其中，硒、钴为抗癌物质。多用来制作吉祥物，自己佩戴或馈赠亲友。

(7)榉木。属于榆种，产于江、浙等地。木材质坚，色纹如宝塔。多制作家具。

(8)酸枝木。属黄檀属植物。分黑酸枝、红酸枝、白酸枝。

(9)沉香。是一种来自于瑞香科植物白木香的含树脂的心材。表面朽状，凹凸不平，有刀痕，偶有孔洞，可见黑褐色树脂与黄白质木质相间的斑纹。

(10)黄杨木。常用其制作木梳及用于刻印，用于制作家具时多作为镶嵌材料使用。

(11)檀香木。一般呈黄褐色或深褐色，时间长了则颜色稍深，光泽好，但是包浆不如紫檀或黄花梨明显。

农家乐常用普通木艺材：

(1)榆木。中国北方做家具最常用的木材，也是制作农家乐旅馆睡床用材。

(2)榉木。江苏苏州地区制作家具普遍用材，北方也有不少榉木家具。多作明式造型，其做工和黄花梨相同。

(3)核桃木。产自山西吕梁、太行二山。其表面纹理较粗，色泽呈金褐、红褐色。山西做家具的上乘用材。可用可藏。

(4)杉木。常用来做建材。一些硬度较强、密度较密、肌理较均匀的品种也被用来制作家具。

(5)桦木。产于东北、华北。木质细腻淡白微黄。用做门芯等装饰。

(6)杜木。又称杜梨木。色呈土灰黄色，木质细腻无华，横竖纹理差别不大，适于雕刻。如雕木板、图章等。

(7)杨木。北方常用木材之一。其质细软，性稳，价廉，易得。常作为榆木家具的辅料和大漆家具的胎骨在古家具上使用。

(8)柏木。其色黄、质细、气馥、耐水。其幽香、安神。柏木家具的价值体现在芳香、药用。

(9)楸木。其收缩性好，可做门芯、桌面芯等。

4.设计、制作农家乐砖瓦雕

农家乐砖瓦雕有几种形式，如：

(1) 圆雕。

(2) 半圆雕。

(3) 浮雕。

农家乐砖窑烧制砖瓦雕的步骤：

⊙装窑前的准备

(1) 拉坯。

(2) 印坯。

(3) 利坯。

(4) 打泥。

(5) 成型。

(6) 坯的干燥。

(7) 装坯。

⊙装窑的过程

(1) 分码。

(2) 把庄。

(3) 扶窑。

(4) 搓窑。

⊙封窑门

⊙烧窑与开窑

⊙柴窑与楼窑

⊙点火与投柴

⊙窑的测温、观察

⊙止火与冷却

⊙开窑

5. 设计、制作农家乐民间手工艺品

筐

【原　料】 杞柳条。

【制　作】 先将靠近杞柳根部一米长的柳条放在水中蒸煮两个小时，然后取出。用两根已褪去皮的木条夹住柳条，一滑就能把柳条皮脱去。白裸柳条加以晾晒，两天后就能编织。编织前将柳条折一下，来回穿，互相压着，麻绳做经，柳条做纬。先编筐底，将柳条分出几个茬口，然后接着编，一直编到筐顶。用柳条编成圆形圈。在筐侧编上双背带，用布缠裹，筐即成。

炕　席

【原　料】 铁杆苇子。

【制　作】 先在平地上南北向楔一溜木楔子，每个楔子之间的距离在 0.5 米，楔子高度为 0.75 米。将苇子浸湿后折弯套在木楔上。依次套木楔，然后开始编结，交叉成井字形。编结成一个整体后，编周围封席。

笸箩

【原　料】 藤条。

【制　作】 将藤条编长方形底，然后四周弯成坡型，继续编结，到坡顶封四周。

簸箕

【原　料】 藤条。

【制　作】 先用藤条打底编织，左侧弯成 90 度直角，右侧平直，左侧结边棱。

耙子

【原　料】 竹子。

【制　作】 将竹子修成竖长条坯子。在水中泡，弯成钩状，连接竹坯成耙头，接下来用竹子做耙杆。

压地滚

【原　料】 石料。

【制　作】 将一块石头凿成圆柱体，上面、下面修成圆弧。在上面、下面的中心点上凿成凹状洞。将小圆铁块砸进去。把粗铁棍弯成四方形，两角嵌进凹洞即可。

兜肚

【原　料】 布。

【制　作】 兜肚上一般都绣上花鸟虫鱼、富贵吉祥的图案。儿童兜肚上是长命百岁、富贵吉祥的图案，妇女、成人有牡丹富贵、喜鹊登枝图案。

(六)设计、制作适合城市消费者需求的农家乐民族服装、服饰

农家乐出售的服装类型主要是民俗、休闲装。巧妙运用民俗图案和蜡染、扎染、泼染等工艺,有很浓郁的民俗风味。

1. 乡村休闲装

乡村休闲装讲究自然、自在、自由的风格。用手感粗犷而自然的材料,如:麻、棉、皮革等制作服装,服装造型随意、舒适,是人们返璞归真、崇尚自然的真情流露。

唐 装

【原　料】 真丝、织锦缎、真皮用天然面料,一般都会缩水,因此应做缩水处理。

【制　作】 立领,上衣前中心开口,立式领型,连袖、对襟、直角扣圆领或方领红色、黑色或者宝蓝。

旗 袍

【原　料】 纯棉印花细布、印花府绸等。

【制　作】 有京派、海派风格。

2. 土得掉渣的几种什物

布老虎

【原　料】 色布。

【制　作】 以色布缝制成型,内包以棉花或谷壳,讲究的也有装进沏过茶后晒干的茶叶,有的用颜料在虎身上画装饰纹,也有的是用彩色线缝制出花纹,眼、耳、口鼻及虎须常用色布剪贴。布老虎造型多为头大、眼大、嘴大而身小,天真朴稚,憨态可掬。

西兰卡普

【原　料】 桑蚕、麻。

【制　作】 挑织、染色的结合，编织出五颜六色的土锦。

【概　述】 土家族姑娘出嫁时，必须有自己亲手编织的西兰卡普作品作陪嫁品。长阳比兹卡村织出的西兰卡普，有巴山舞、福、寿等数百种图形，其构图中多采用浪漫主义的变形、夸张等手法，动静结合，整体图案富有生活情趣、鲜明的民族特色。

钩编披肩

【原　料】 针、手摇纺车织出的线团。

【制　作】 设计“年年有鱼”鱼形图案。

钩鱼头，加针减针要计算好。

钩鱼眼、鱼尾。

钩鱼嘴必须往外噘一下，需加针。

要有立体感，鱼眼外轮廓加垫棉花团。

泥　人

【原　料】 陶土。

【制　作】 选择泥质细腻、柔软的泥料，将其捏成戏曲人物，或用泥模制成葫芦形，在其上累叠其他造型物。捏戏曲人物，外形动作常夸张。由于制作精细，称为“细货”。以模具制作泥娃娃称“粗货”。

大叫鸡泥塑

【原　料】 泥。

【制　作】 用模子磕成素坯后，涂一层白粉底，再用红、绿、蓝、黄等颜料着色，造型粗犷简练，色彩鲜明浓艳。

不倒翁

【原　料】 纸、泥。

【制　作】 先用纸浆灌模成形，再用泥土捏制半圆的底座，将二者黏合后再在表面糊纸、施彩绘。也有用木头作底，底部中心固定有铁块或石子，还有直接把小葫芦挖净内瓤后灌上铅，在外壳施上彩绘。不倒翁的造型有寿星、老头、七品芝麻官。

毛　猴

【原　料】 蝉蜕、辛夷、木通、白芨。

【制　作】 选好料。制作毛猴四肢的是蝉蜕的腿，制作毛猴身体的是玉兰花在秋天里形成的花骨朵，表面有一层灰褐色绒毛，和毛猴的身躯极为相似。毛猴的头用的是蝉蜕的头，正好与花骨朵相配。木通做斗笠。起到粘接毛猴各部位的是白芨。造型有推小车的、卖糖葫芦的、挑剃头担子的。

猴子翻杠

【原　料】 废边角木料。

【制　作】 猴身用废木料削成，肢体分别制作，然后用线缝接在一起，用绳拴好，装在竹片弯成的弓上即成。多在春节期间出售，最适合四岁至六岁的儿童把玩。

风　车

【原　料】 纸、竹或秫秸。

【制　作】 用纸、竹或秸秆制成风轮，凭借风力不停旋转。

玻璃喇叭

【原　料】 玻璃。

【制　作】 用玻璃熔液吹拉成形，分为大小两种。小的多为紫色透明，吹口上有圆嘴，用力一吹即可发出高亢的直音，适宜年幼的儿童玩耍。大的玻璃喇叭长约 1～1.3 米，淡绿色透明，底边和吹口为紫色，吹口呈扁形，需要用力才能吹响。

扑扑噔

【原　料】 玻璃。

【制　作】 外形近似葫芦，上部有直嘴，底部非常薄，稍有凹进，吹气时底部随气压变化而里外抖动，发出“嘭嘭”的响声。连续吹气时声响即连成一串。

摇 鼓

【原　料】 泥、木、竹、硬纸、棉线、松香。

【制　作】 将小鼓直接挂在摇杆上，杆上插着纵横交叉的拨片，摇动时，小鼓围摇杆转动，拨片波动用线绞紧的鼓槌，就会击鼓发声。摇鼓的小鼓造型有娃娃形、青蛙形、乌龟形等，均用泥土模印成形。

九 连 环

【原　料】 金属环。

【制　作】 用金属丝制成九个圆环，将圆环用环杆扣连在一起套装在剑形的环柄上，按照一定的步骤操作，可以使环与柄脱离或结合。

毽 子

【原　料】 禽鸟的羽毛、铜钱。

【制　作】 把几根禽鸟的羽毛插在铜钱的方孔里，用皮毛敷牢，有的还要在铜钱下面垫一个小皮钱。

抓 仔

【原　料】 羊骨。

【制　作】 择选羊骨，剔净多余的部分。

【玩　法】 将骨仔抛向半空，然后用手去接。

【备　注】 这种羊骨玩具，有的地方叫抓仔，有的地方叫抓箓。

【其　他】 除上述什物，还可开发木碗、笔筒、花盆架、擀面杖、木酒罐、木锅铲、饭板、捣蒜臼杵、木锅盖、木饭盆、滑冰车、军棋、木鞋撑、木(竹)筷。

鞋　垫

【原　料】 粗布。

【制　作】 在白纸上划出鞋垫样式,然后用剪刀剪出来。照着纸样在粗布上剪若干,用面粉加水放在锅内熬成糨糊,糊成多层后,晒干。用锥钉和粗线在鞋垫半成品上一圈一圈地扎缝。

高粱穗笤帚

【原　料】 黏高粱穗、镀锌铁丝。

【制　作】 选择散长且细软的去籽黏高粱穗,用镀锌铁丝捆扎。铁丝头不要外露,以免刺手。

第五章　农家乐经营之道

（决定农家乐经营利润）

本章讲述了和经营利润密切相关的农家乐经营诀窍和服务技能。

玩炫农家乐经营

• 从产业性质上讲，旅游业是一种服务产业。

服务：狭义的是指为他人工作或为他人干活。广义的是指要按照顾客的要求和期望去满足他们的需要。

让顾客得到的服务水平超过其期望值，使其感知到较高的服务质量。

其服务产品带有非常明显的有别于其他产品的特色。其服务产品的基本特征是：无形、不可分割、变化、不可储存、互补性。

• 消费者购买旅游产品的实质就是购买服务。

购买之后才能进行质量检验。购买之前无法进行质量检验。

多次购买导致重游率提高，主要取决于前一次的旅游度假经历。

购买服务前手中只有一张景点门票或描述性宣传介

绍。宣传是在消费者购买服务之前的一项重要手段。

游客购买服务就是这样一个过程：了解其价格，听介绍和宣传，购买门票—实际旅游体验或经历完成—手中拥有证据（结账收据、登机牌、旅游纪念品、照片等）—决定是否再次体验或经历。

·服务的生产（如度假）和旅游消费发生在同一时间里。必须是旅游者亲自到场，否则不会发生购买服务和消费服务。即：旅游服务的生产过程＝旅游者的消费过程。生产者需要不断和消费者进行接触和交流，如同消费者在生产工厂购买方便面一样。

·旅游消费者的情绪和期望值决定旅游服务质量的变化性。

农家乐水上漂流活动如果当天不能进行，其当天的价值就不能实现。

在有效期间被人消费的旅游服务产品才有收益。

·各种资源、设施和服务的结合，依赖于游客现场买旅游服务产品。

·服务水平高低、服务质量优劣直接决定旅游企业兴衰。

它是旅游企业能否在市场竞争中站稳脚跟的关键。

游客对服务水平期望值高，来源于对精神享受的追求非常强烈。

·努力提高服务质量？

1. 了解旅游者心理，掌握其心理活动及规律，研究如何“得人心”。

2. 从知觉、学习、动机、需要、态度、个性等全面了解旅游者。

3. 区分不同民族群体、职业、文化背景等造成旅游者的个体心理差异。

4. 了解不同旅游者心理倾向和心理特点。

· 要重视旅游售后服务。

旅游售后服务是对顾客感情的延伸。目的是增加旅游产品的附加价值，处理和解决旅游过程中各种问题，从而增加其满足或减少其不满情绪。

一、农家乐经营策略及服务技能

古有经营策略，如：货有高低三等价，客无远近一视同仁。刻薄不赚钱，忠厚不折本。价不择主。货无大小，缺者便贵。如今，灵活巧妙的经营策略对农家乐利润大有裨益。农家乐赢得利润，经营是其必要条件。经营活动的根本是更多、更高效地销售商品，这涉及到服务技能、经营销售战略与活动。

（一）农家乐服务技能

农家乐服务技能非常重要：

1. 服务水平高低、服务质量优劣直接决定旅游企业兴衰。它是旅游企业能否在市场竞争中站稳脚跟的关键。游客对服务水平期望值高＝来源于对精神享受的追求非常强烈。对旅游者服务的六个环节：行、游、住、食、购、娱。良好的服务态度＋技术水平＝服务质量优。

2. 如何提高服务质量？

(1)了解旅游者心理掌握其心理活动及规律，研究如何“得人心”。

(2)从知觉、学习、动机、需要、态度、个性等全面了解旅游者。

(3)区分不同民族群体、职业、文化背景等造成旅游者的个体心理差异。

(4)了解不同旅游者心理倾向和心理特点。

(二)农家乐要将服务技能培训进行到底作为内生动力

《劳动法》对从事技术工种的劳动者明确规定:上岗前必须进行培训。农家乐服务技能培训主要包括餐厅服务员、旅馆服务员、商品营销员、园林绿化工培训。

农家乐餐厅服务员基本技能:

1.接待服务的餐前准备

(1)环境准备:

①卫生。清洁地面,餐桌、餐椅、工作台擦去浮尘。

②检查。擦尘时注意检查餐桌、餐椅有无松动、破损。

③装饰。调好室内灯光、屏风、装饰物。

(2)餐桌布置及用具准备:

布置餐桌的规则主要有:

①铺台布。手拿台布站在桌前一侧,轻轻抖开台布,平整敷贴在桌面上,中股缝向上,台面四周下垂部分相等。铺好台布后再次检查台布质量及清洁程度。

②下转盘。装盘的中心应与桌子的中心台布的中心在一个点上,确保转盘面干净无尘。

③摆骨碟。在垫好餐巾的托盘内码放餐具。左手端托盘,右手摆放。从主人位开始按照顺时针方向依次摆放,碟与碟之间距离相等。与桌边要有2厘米的距离。

④摆放汤勺和碗。在骨碟正上方1厘米处放碗。汤勺放在汤碗内,勺柄朝向右边。

⑤摆水杯和酒杯。在汤碗正上方1厘米处摆水杯、酒杯。操作时,手取拿酒杯的杯柄处,不能触碰杯口部位。

⑥摆筷子。筷子应在骨碟的右侧放置。筷子与调味碟的距离应

为1厘米。筷子底边距离桌边1.5厘米。

⑦摆餐椅。围椅从第一主人位开始按顺时针方向依次摆放，餐椅之间距离均等。

用具准备主要有：

①端托。托盘端托根据不同物品、不同用途采取的方法不同。方法有轻托（又称胸前托，指端托体积较小、质量轻的物品。）、重托（又称肩托，指端托较大且重的物品）。

②餐巾折叠。通过不同的花形来反映不同的宾主席位。主人位的花称主花，主花观赏面面向主人。对于杯花，放花入杯时手指不允许经接触杯口，杯身不允许留下指纹。

③摆台。为客人就餐摆放餐桌、确定席位、提供必需的就餐用具的工作就是摆台。摆台应卫生整洁、方便就餐。摆放集中，距离相等。餐具用具，配套齐全，适应需求，秩序井然，艺术美观，便于服务。

(3)仪容仪表准备。检查工作服是否整洁、纽扣是否齐全。淡妆上岗，面带微笑。

2. 开餐服务

(1)迎宾引领，安排就座。

迎宾服务员要礼貌问候“您好！欢迎光临！您一共几位?”，然后把客人引领到合适的位置并拉椅让座。

(2)斟茶倒水，接受点菜。

待客人入座后，把菜单呈给客人。为客人送上冷、热毛巾。服务员准备好纸、笔，站在点菜客人的左后侧。其次要适时介绍菜肴的特点。最后在客人点菜结束后，重复一下客人所点菜肴的名称和数量。

(3)传递订单，端送酒水。

将客人点的菜单分送至厨房、账台。

3. 就餐服务

(1)上菜与分菜。

先上冷菜后上热菜，先上主食后上汤，最后上点心、水果。

(2)撤换餐用具。

客人盘中有了骨、刺等需及时上前更换餐碟。

4. 餐后服务

(1)结账收款。

在送上水果时，准备好客人的账单，并核对无误。客人提出结账时，马上送上账单。有时客人会离桌到收款台结账。客人结完账离开时，提醒客人有否遗落东西。热情与客人告别，欢迎客人再来。

(2)清理台面。

先收毛巾、餐巾，再收炊具，后收餐具、烟灰缸、牙签筒、调味壶。

5. 团体包餐服务

(1)早餐服务。

客人用餐前，摆齐早餐所需的各种餐具、作料。早餐用具有碟、碗、勺、筷子、茶具、餐巾、小毛巾。作料是指各种小菜。

(2)午、晚餐服务。

核对菜单、包餐单位、桌数、人数。布置好餐厅。摆好餐台。

6. 农家乐旅馆服务员基本技能

(1)前厅服务

热情接待住店客人，办理入住手续。客人办完入住登记后，立即调整房态状态，并通知有关部门客人已经入住。

(2)客房服务

清扫时，房门始终打开。工作车要挡住门口，一是告诉客人服务员在做卫生。二是避免外人随便进入。不得用客房棉制品清洁房间及卫生间。不在客人房间休息。不翻动客人物品、书籍。

(3)康乐服务

农家乐旅馆为满足住店客人康乐需要而提供保龄球、台球、网球、门球、地掷球等球类运动设备、跑步机及卡拉 ok 设施。服务员要热情、礼貌地向客人打招呼。请客人出示房卡或房间钥匙。请客人在登记本上签字。检查客人的登记房间号是否与客人姓名相符。

(三)农家乐园林绿化工基本技能

1. 常见园林植物种植

(1)银杏。我国自古以来常用的绿化树种。落叶大乔木，树皮灰褐色，深纵裂。

(2)水杉。树冠呈圆锥形，姿态优美。生长迅速。水杉是郊区、风景区绿化中的重要树种。

(3)白桦。树干修直，洁白雅致，枝叶扶疏，姿优态美。庭院、草坪、道旁、池畔均适合种植。

(4)厚朴。落叶乔木，树皮紫褐色。叶大荫浓，可作庭荫树栽培。

(5)木兰。落叶大灌木，大枝近直伸，小枝紫褐色。花蕾形大如笔头，故有“木笔”之称。植于庭院室前，或丛植于草地边缘。

(6)矢车菊。多年生宿根花卉，适用花境、花坛、切花。花期为春季、夏季。

2. 常见园林工具及使用技术

耙。北方采用牵引耙耙地，对耕后的地进一步松碎土块。

旋耕机。南方用旋耕机碎土，使土壤细碎满足耕地和整地的要求。

起苗机。用该机可进行大面积整行区域树木出圃。

剪草机。当进行剪草工作时，先将剪草滚刀离合器由外向内推进。这时剪草机行走，同时进行剪草。

割灌木机。利用动力机驱动工作部件做高速旋转(工作头装有锯片)而进行切割作业，用于切割灌木、清除杂草、整形修剪。

割草机。用于割切杂草、嫩枝条，工作头装有 2～4 刃刀片。

油锯。用于直接锯截根茎较大的树木。

绿篱修剪机。通过一只小型直流电动机的高速旋转进行剪截。

3. 园林植物病虫害防治技术

园林植物病虫害防治包括：

(1)刺吸式口器害虫(如蚜虫、吹绵介壳虫)防治；

(2)咀嚼式口器害虫(如刺蛾、金龟子)防治；

(3)钻蛀性害虫(如天牛、棉铃虫)防治；

(4)根部害虫(如蝼蛄、小地老虎)防治。

病虫害防治技术：

(1)使用波尔多液

自行配置的具体方法：选取烧透的块状生石灰，硫酸铜要选择青蓝色晶体。硫酸铜与生石灰的配比有四种模式，即：等量式(1∶1)、倍量式(1∶2)、半量式(1∶0.5)、多量式(1∶3)。用水量一般为100～200倍。

(2)使用石硫合剂

配比：生石灰∶硫磺∶水＝1∶2∶10(重量比)

4. 农家乐联合种养殖技术

以种植、养殖为依托的农家乐可采取的点子：

(1)河蟹、观赏鱼、睡莲养在一起；

(2)莲藕—田螺循环养殖；

(3)林下养鸡＋蟹虾混养；

(4)生态养鱼采用传统鸡粪肥池；

(5)牛—蘑菇—蚯蚓—鸡—猪—鱼；

(6)做豆腐、做凉粉＋养猪、肥育猪、养蛋鸡发庭院经济财；

(7)蟹、蚌、虾套养；

(8)以牧养林、以林促牧，发展生态农业；

(9)林下养肉牛、肉鹅、獭兔、水貂；

(10)养蜗牛、蝴蝶、蜜蜂、蚯蚓；

(11)养食用、药用蚂蚁(如：拟多黑多刺蚁)；

(12)人工养鹿；

(13)养中华地羊；

(14)养非洲鸵鸟；

(15)养贵妇鸡；

(16)养红腹锦鸡；

(17)养山鸡；

(18)养野鸭(如美国绿头鸭)；

(19)养肉鸽、鸳鸯；

(20)鱼虾蟹与河藕生态种养；

(21)养鲍鱼；
(22)养彩虹鲷鱼；
(23)养海湾扇贝；
(24)养刀额新对虾；
(25)水域围栏养鱼；
(26)养鲶鱼；
(27)养长吻鱼；
(28)鱼鸭共养；
(29)鱼鹅共养；
(30)鸟鹅共养；
(31)虹鳟鱼养殖；
(32)露天土池养鳖；
(33)养海参、泥鳅；
(34)养梭鱼；
(35)无土流水养黄鳝。

二、农家乐经营销售活动

(一)组织市场、产品营销活动

研究游客心理，细分农家乐市场

1. 服务游客营销中采取市场细分策略，主要是针对城市游客的特性对整体农家乐市场加以细分。对游客心理的分析研究，是做好农家乐市场细分的基础。

附：

农家乐市场类别和需求特征分析表

市场类别	市场1	市场2	市场3	市场4	市场5	市场6	市场7
年　龄	年轻居民	中年居民	老年居民	公务员居民	中小学生居民	知识分子	公司白领
需求特征							
水　平	高	较高	低	超高	超高	高	超高
诉　求	追求新颖	追求实用	追求实惠	追求功效	追求轻松	追求时尚	追求职业化

2. 目标市场是在对农家乐市场细分的基础上产生的。目标市场的营销策略有无差别、差别、集中营销策略三种。

游客问题一直是农家乐所关注的问题。能否拥有更多顾客关系到农家乐的发展。城市是广阔的、最有潜力的游客市场。建立农家乐行业协会使农家乐服务组织体系更加完善，服务功能更加齐全。农家乐行业协会是农村文化旅游“第三渠道”，这就是集中营销策略的体现。

附：

有关搞好农家乐行业协会的营销建议：

· 建个档案

通过调查了解，协会不妨建立农家乐示范户档案。

根据全县农村的农家乐示范户、专业户的队伍情况，对他们所需要的农家乐帮助的内容、范围进行登记，建立档案并及时做好一对一、点对点的上门服务。

如何建立农家乐示范户档案？

范例一：

农家乐示范户档案×××年1～6月

编号001　　类别：种植养殖型农家乐

类别	村名	姓名	农家乐中蔬菜种植情况	需求	协会提供的帮助	效果实例
种植养殖型农家乐	李村	郭××	大棚西瓜2（亩）；大棚番茄（同棚）	①大棚西瓜如何栽培与管理。如何提高西瓜甜度。 ②番茄病虫害的防治、如何增加坐果数量。 ③温室黄瓜栽培技术、如何防治病虫害。	提供： 《西瓜栽培技术》。 《番茄栽培及病虫害防治》。 《蔬菜园艺》。	①该农家乐今年第一年种植大棚西瓜，在没有经验，没有技术的前提下，协会提供给了其科技图书。其经营者边学边干，按照书中的知识介绍进行种植，今年第一茬2亩西瓜收获13000元。 ②在种两茬秋西红柿时，协会又送来了《西红柿栽培与管理》，现在西红柿长势良好。

范例二:

农家乐示范户档案×××年1~6月

编号 002 类别:种植养殖型农家乐

类别	村名	姓名	农家乐蔬菜种植情况	农家乐养殖情况	需求	协会提供的帮助	效果实例
种植养殖型农家乐	卜村	周×	番茄0.5亩收入3000元;黄瓜0.5亩收入2000元;豆角0.6亩收入1600元;茄子0.4亩,收入800元。西瓜1亩,收入5000元;草莓2亩,收入10000元。	猪10头,收入5000元。	①番茄烂果怎样治。②大棚黄瓜霜霉病的防治方法。③如何防治茄子裂果。大棚西瓜如何栽培与管理。如何提高西瓜甜度。④如何栽培及防治草莓病虫害。⑤母猪产仔后饲养的关键。	提供:①《西红柿烂果怎样治》。②《大棚黄瓜霜霉病防治技术》。③《茄子裂果的防治》。④《母猪产仔后饲养要点》。⑤《草莓栽培技术与病虫害防治》。⑥《西瓜栽培技术》。	①今年在种植黄瓜中出现的角斑病、霜霉病、枯萎病等,通过预防打药进行防治。用药百菌清瑞毒霉等效果不明显,后来通过协会购相关书,按书上所说采用了杜邦克露得到控制,所以使今年的半亩黄瓜第一年获利1000多元。②西红柿开花后,为了提高坐果率,可用2.4-D蘸花,由于不知如何使用,结果造成严重损失。经通过协会购书后得知:由于药液浓度过高,造成落花,后来在第二茬开花后,再次使用2.4-D,大大提高了坐果率。同时,通过协会购买的《西红柿栽培管理技术》,掌握了西红柿栽培及病虫害防治技术。

· 做个书单子(以所需帮助提供的农家乐为例)

据以列出书单子的参考举例：

农家乐需提供的帮助细分情况

选 项	农业科技类图书	文学科普类图书	培训用书类	方针、政策类图书	其 它	备 注
百分比	41.1%	28.2%	15.4%	12.8%	2.5%	

【提 示】

细分农家乐需要的帮助，要收集各种农家乐需求信息，并根据本地农村的产业结构状况，列出农家乐急需的科技图书类别。以此为依据，多方筹集农家乐货源。

(3)研究游客心理制定农家乐产品策略

在农家乐市场营销中，农产品是市场营销活动的物质基础和游客心理反应的客体。对于农家乐来说，其产品策略主要集中体现在提供什么样的农产品去满足城市游客需要这一过程中，因此，怎样使提供的农产品与城市游客需要相符合，构成农产品产品策略的中心。例如：在生产农产品时，必须明确客观存在的城市游客需要；针对不同游客对象的心理需要，采取多样化、多层次的产品策略；随时留心游客心理上的发展变化掌握游客的潜在需求，不断调整农产品品种与进货方针，主动诱导游客需要。

(二)组织价格营销活动

旅游者的兴趣、意图、偏爱影响到农家乐对产品的价格涨落。

制定农家乐价格(价格战略)

1. 定价原则和方法

定价原则：

(1)按需求定价，提高顾客价值。

(2)按等级定价。

(3)按声望定价。

(4)按尾数定价。

(5)按习惯定价。

(6)按亏本销售定价。

(7)按渗透策略定价。

(8)按产品组合定价。

(9)按现金、数量、季节、功能折扣策略定价。

①按成本定价,提高顾客技术价值(生产成本+收益)。

②根据与竞争对手的关系定价。

2. 农家乐定价策略及价格控制

商品价格策略与技巧:

(1)统一定价法。给人以便宜的感觉,也能方便顾客选购付款。一家农家乐只要顾客出10元便可在店内××区域内任选一件商品(店内该区域所有商品都是同一价格),结果一些商品价格高于市价,仍招徕了大批顾客,销售额也高。

(2) 高位定价法。新商品投放市场初期,价格高于成本可短期赢利,以后再据市场变化调整价格。

(3) 低价法。一是高档商品慎用。二是对追求高消费的消费者慎用。

(4) 巧用数字定价法:整数定价;尾数定价;弧形数字法。

(5)招徕定价法。对几种商品实行微利或亏本的牺牲价,以招徕顾客,连带性地推销其他商品。主要有:将少数本小利薄的商品低价出售,将相互有补充关系的商品区别定价,把农家乐里销售的商品按不同的原则定价,有些调高,有些调低,以便招徕顾客。

(6)习惯定价法。

(7)心理定价。

(8)薄利多销。

(9)安全定价策略。

(10)声望定价策略。

3. 定价的注意事项

(1)成本

成本包括固定成本(房租、设备、员工工资)、变动费用(原料费、水电费、运输费、广告费、邮寄费、员工提成工资)、准变动成本(维修费用、员工加班费、员工提成工资)。

成本导向定价法。依据成本来制定价格。其中,成本加成定价采用最多,即:商品单位成本+一定比例的毛利。

(2)需求

商品定价与市场需求

需求的价格弹性系数=需求量变动百分比/价格变动百分比=(需求增加量/原需求量)÷(价格增加量/原价格)

弹性系数＞1说明需求弹性充足,价格升降与总收入增减成反比。应采取降价价格、薄利多销达到增加赢利的目的。

弹性系数＜1说明需求弹性不充足。

弹性系数=1说明需求弹性不变。无论降价、提价都不会引起总收入的明显变化。

需求导向定价法(如以市场需求定价)。根据市场需求状况和消费者对商品的感觉差异来确定价格的定价方法。根据消费者对商品的需求强度和对产品价值的理解和制定商品价格。

(3)竞争

竞争导向定价法。以同类竞争对手的定价为依据,与竞争对手的商品的价格的平均水平一致,而不过多考虑成本及市场需求因素。通常,随行就市采用通行价格定价广为流传。所定"价格",被人视为"合理价格",易于接受。

信誉好、购物环境优雅、商品齐全的农家乐同类商品价格更可适当比竞争对手定得高些。

4. 价格调整策略

(1)削价策略。

(忌频繁降价,幅度打七折,长假削价。)

(2)提价策略。

提价10%以下较为合理。

(3)价格折扣策略(数量、季节、现金折扣)。

一是现金折扣。给餐饮产品定价保持最低价,不打价格战。

二是数量折扣。

三是季节折扣。季节价格浮动幅度控制在10%～20%。

(4)导入期、成长期、成熟期、衰退期的价格策略。

(5)竞争者及消费者的反应。

针对不同游客对象，不同农产品，采取不同价格策略，以及通过价格调整来扩大销售，既是一门科学，又是一门艺术。要对城市游客采取适当的让利等优惠政策。

5. 农家乐商店的价格策略

(1)一般市场价格策略。

(2)渗透定价策略。这是新产品上市采取的策略。

(3)高价厚利策略。

市场上商品独此一家且受游客欢迎。

(4)阶段价格策略。

办一张会员卡188元储金，享受服务项目9折优惠。续188元后，会员卡金额达到376元时享受8折优惠。这体现的是阶段价格策略。

(5)心理性定价策略。

包括声誉定价(便宜无好货)、尾数定价(宁定99元不定100元)。

(6)价格折扣策略。

让游客获得即时眼前利益，鼓励游客提前付款，大量购买产品或接受长期服务。

6. 农家乐餐馆定价策略

(1)成本导向定价法。

主要是成本加成定价。

菜肴售价＝单位完全成本×(1＋成本加成率)

$$成本加成率=\frac{(售价-进价)}{进货成本}\times 100\%$$

(2)竞争导向定价法。

(3)需求导向定价法。

7. 农家乐旅馆定价策略

研究游客心理制定住宿价格，要考虑以下因素：

(1)游客愿意接受的价格；

(2)对游客既要有吸引力又要能让经营者能获尽可能高利润的价格；

(3)知名度高的产品即使贵些游客也能接受的价格；

(4)餐饮、住宿的价格要相对其他产品贵些，服务水平也要求更高的价格；

(5)淡季、旺季有差别的价格；

(6)常客、残疾人、老年人、学生的优惠价格。

(三)组织品牌营销活动

研究游客心理制定农家乐品牌策略。

1. 品牌形象

农家乐品牌依赖于客体属性、知觉的方式、知觉情境的相互作用。

品牌作为游客认识农家乐的线索，是农家乐的声誉、价值。个体的需求、期望、态度、价值观等很自然地会投射到农家乐上，使农家乐具有鲜明的“个性”，这就是农家乐品牌的个性化。

农家乐品牌的“个性化”主要依赖于农家乐的产品或服务的特色，它旨在赋予品牌不同的联想，而这些联想正好迎合了游客渴望心理。这种品牌的“个性化”的见解在国外被发展成为一种广告理论，即所谓的品牌形象说或商标意象说。

大量成功的事实表明，一旦某个品牌在消费者心理上形成良好的印象，就会产生积极的心理效应。

农家乐品牌形象有利于游客对产品产生偏好和更高的评价。让游客品尝同一种火鸡肉，有的火鸡肉标上著名商标，有的标上不知名的商标。结果表明，受试者对品牌商标的评价更高。

品牌形象有利于形成对该品牌的忠诚和认牌购买倾向。国外一项持续 12 年之久的追踪研究发现，至少仍有 30%以上的人与先前的偏好一致。

中国科学院心理研究所的科研人员曾经考察过认牌购买与商品档次的关系。该研究揭示:随着商品档次的提高,大众认牌购买的现象愈发普遍。

2. 品牌形象的培育

(1)突出产品特色。

品牌农家乐的产品特色评价:

美观与否、时尚与否、款式多样与否、造型优美与否、用料讲究与否、做工精细与否、重量轻重与否、舒适与否、价格便宜与否。

(2)了解游客所关注的农家乐产品特性。

消费心理学指出,产品的特色只有和消费者关注的特性一致时,才能成为品牌形象的重要因素。

(3)设计适宜的品牌名称。

蹩脚的品牌名称不能体现产品的地位,也很少具备商品形象的潜力。消费心理的研究结果表明,不熟悉的商品、品牌名称往往会影响消费者对产品的感觉。

(4)设计适宜的品牌图案。

一个出色的品牌图案设计应当有助于树立相应的品牌形象。也就是说,品牌图案应该在该品牌产品的基本属性和功能的基础上有效地引导消费者向预期的方向作深层的联想。

(5)加强广告宣传力度。

经常接触广告的人们,品牌意识明显强于不经常接触广告的人们。

农家乐主体型传播应从四个层面上展开:广泛覆盖媒介输出、举办大型社会活动、有针对性地激发市场和密集的终端广告行为(POP广告)。因此,必须创造一个适宜的传播环境,才会有利于大众认可并接受一种原本不熟悉的品牌。

三、农家乐的几种促销策略

(一)组织农家乐促销活动

1. 促销活动分类

(1)沟通促销

①单向沟通促销。如:特价、优惠券促销、赠品促销、POP促销。

②双向沟通促销。如:意见征询、有奖答题、现场促销等。

(2)作用效果促销

①新产品入市促销。如:样品派送、赠购、限期优惠。

②巩固重复购买促销。如:游客跟踪优惠折让、新产品或新服务优先试用,累积积分奖励等。

(3)营销角度促销

①特价促销(打折、让利、折扣)

②有奖促销(有奖征答、大抽奖、大奖赛)

③服务促销(咨询、代办公交卡充值、复印服务、售租书籍)

④人员促销

⑤公关促销

(4)活动性质角度促销

①开业促销(打折、让利、折扣)

②年庆促销(有奖征答、大抽奖、大奖赛)

③例行性促销(咨询、代办公交卡充值、复印服务、售租书籍)

④竞争促销

2. 促销活动的实施

3. 促销活动的各种手段

(1)办理消费卡(年卡、季卡、月卡、积分卡、贵宾卡、会员卡、金卡、银卡)。

(2)利用打折。

(3)免费试吃、试用、试制作。

(4)利用开展商品位活动促销。

(5)举办有奖促销。

(6)借助节日促销。

(7)先体验后付款。

4. 促销活动效果评估

5. 促销方式

(1)店头(堆头和端头)促销包括:特别展示区、货架两端、堆头陈列促销商品、特别推荐产品、特价产品、新产品。(2)限时促销,如:9:00～10:00 七折优惠。16:00～18:00 限时五折优惠。(3)展示促销。

6. 促销方法

所促销商品在促销活动前四周的销售数量÷28(即四周天数)=日均销售数量;

销售目标=8 小时示范的销售;

销售目标=日均数量 3～4 小时;

展示的销售目标=日均数量 2 小时。

7. 走出"促销有客流,不促销没客流"的怪圈

不作促销,只回到原来的 70%左右,促销可恢复原来客流的 90%～105%,但毛利比不作促销下降逾 3 成。这是一个怪圈。对策应是不要频繁促销。

(二)农家乐利用客人的生活习惯来促销

1. 开展有针对性的旅游促销宣传吸引旅游者。

2. 根据不断变化的市场走向,不断调整经营方针和策略,提高经营效果。

3. 在充分了解旅游者心理趋势的基础上进行科学的市场预测和决策,这样才能保住充足的客源,使旅游企业健康地发展。

(三)利用客人的消费动机来促销

客人主要有以下消费动机：

1.聚餐。

2.宴请。

3.调剂口味。

4.吃便饭。

(四)农家乐利用客人的性格特点来促销

1.遵循习惯型。

2.感觉茫然型。

3.喜欢炫耀型。

(五)农家乐利用菜肴的搭配来促销

1.冷菜搭热菜。

2.辣搭甜,咸搭淡。

3.荤搭素。

4.菜后点汤点主食。

(六)农家乐利用食品原料来促销

1.在餐厅内陈列一些食品的原料和成品。

2.在餐厅内设有水族箱。

3.将菜肴的实物摆放在餐厅的明显位置。

(七)农家乐常用促销小手段

1.赠品。

2.现场免费品尝。

3.社区活动推广。

4.配送促销。

(八)餐饮促销小招数

1. 顺道建议推销法。

2. 轻松昂贵推销法。

人们偏爱的东西,价格应有所提高。某农家乐实行这种推销法,抓住了游客的偏好,实现了轻松昂贵。

3. 抓住机会推销法。

4. 从高向低推销法。

5. 利用第三者推销法。

6. 利用转折技术推销法。

7. 加法技术推销法。

8. 减法技术推销法。

9. 除法技术推销法。

(九)农家乐优惠促销形式

1. 折扣。

2. 发放赠券。

3. 低价套餐。

4. 免费品尝。

5. 积分奖励。

6. 额外赠送。

(十)农家乐促销方法

1. 定时促销。

2. 定量促销。

3. 定向促销。

4. 买赠促销。

(十一)餐馆营销方法

1. 绿色营销。

2. 情感营销。
3. 文化营销。
4. 广告营销。
5. 人员促销。
6. 诚信营销。

(十二)农家乐餐馆的节日促销

1. 国际性的节假日。
2. 中国传统节假日。
3. 西方传统节假日。
4. 职业类节假日。
5. 季节性假期或当地风俗节假日。
6. 大型会议期间。
7. 特殊时段。

(十三)农家乐商店营销方法

1. 薄利多销。
2. 捆绑销售。

(十四)吸引游客的策略

1. 利用原汁原味的乡土气息吸引游客。

如:一则农家乐广告是用这样的语言来吸引游客的。

×××年我们一起种菜吧,送父母、送爱人、送孩子、送自己!

送出农场主的生活方式!

2. 引发游客的好奇。
3. 灵活巧妙的定价吸引游客。

(十五)令人叫绝的促销妙招

一些促销妙招,让人叫绝。

例一:透明式经营,将各类原料及农家乐菜品在前厅明档陈列,实行展示性经营,各类菜品价格及制作方法全部标写清楚,游客在餐厅自选菜品时,菜看得见,价格透明,吃得放心,这样的农家乐餐厅就餐形式备受消费者欢迎。

例二:一些成功经营的农家乐在开业之初推出的"累积卡"积分制度,吸引了不少游客,即:将游客每次光临农家乐消费的金额积累到一定分数,可以免费游农家乐一次。

例三:某农家乐开展钓鱼比赛、田园赛诗,采茶叶比赛等,让回头客越来越多。

(十六)餐厅推销酒水的方法

1. 全员推销法。
2. 对象推销法。
3. 场合推销法。
4. 活动推销法。
5. 反复推销法。
6. 时间推销法。

(十七)农家乐因人推销的方法

1. 对时间紧、有急事的客人,服务员可建议客人选择那些烹制时间短的菜肴。

2. 对公司买单的客人,可提供一些价高质好的菜肴。

3. 对重要客人和美食家,可建议其品尝餐厅最拿手最有特色的菜肴。

4. 对单独的客人,建议其选择一些准备时间短、菜量不大的菜肴。

5. 对于家庭聚会,要先考虑到孩子们和老人需要的菜肴。

6. 对一对情侣,尊重并先向女士提供建议。

7. 对于减肥节食的客人,提供一些低热量、低脂肪的食品和饮料。

（十八）农家乐利用劝说推销法

1. 站在客人的立场上劝说客人要适量点菜。

2. 在特定的时间内设定某种特价菜以招徕顾客。

3. 掌握几套菜式组合，记住老顾客的点菜喜好和价格范围。

（十九）农家乐做好餐后推销

1. 在客人就餐后半段时间推荐水果或点心供餐后用。

2. 就餐后做好农家乐自我推销，吸引客人再来。

四、农家乐广告宣传活动

（一）农家乐的宣传广告策略

1. 广告策略

设定广告目标。

明确宣传对象。

决定广告传达。

决定媒体组合（电视、广播、报纸、杂志、户外广告、网络广告）。

制作广告。

评价广告效果。农家乐往往利用广告这种形式实现扩大销售的目的。现代社会，广告与农家乐的经营工作已是越来越不可分开了。广告是需要花一些费用的。一般地，广告费要占到销售的5%～20%。有人说，农家乐的产品销量纯粹是拿钱堆砌的。那么，人们不禁要问，农家乐花那么多广告费，收到了哪些实际效果呢？这就产生了农家乐要加强广告效果评估的问题。实际上，评估广告的实际效果是以销售增幅为依据的。也就是说，在正常的情况下，投入广告后，销售增幅要远远大于广告支出。这样的效果无疑是非常好的。但在某些非正常的情况下，广告效果往往不明显，销售处于负增长状态。

2. 农家乐的宣传策略

(1)选择合适的宣传手段

各种宣传手段都有自己的优势和不足。农家乐应结合自身特点,发挥宣传资源的最大效用。

户外广告:有交通牌、地图、可移动广告(如交通工具)、户外广告牌等。

网络:开办农家乐网站、网上推广、网络广告。

其他:宣传册、展会、公共关系、人员推销、口碑宣传。

(2)选择多样化的宣传手段

人员推销。

营业推广。

旅游广告。

旅游公共关系。

(3)餐馆宣传手段

散发旅游宣传品。

赠送赠品。

价格折扣。

现场示范。

展销。

联合开展活动。

旅游公关。

(4)农家乐商店广告宣传技巧

情深义重,温馨迷人。

色彩鲜明,新颖取胜。

逆反思维,出奇制胜。

选择时间,抢占先机。

(5)农家乐旅馆宣传媒介

宣传传统媒体:电视台、电台、报刊、杂志。

宣传新兴媒体:互联网。

(二)适当的“自吹自擂”为宣传农家乐加分

名词、动词、形容词放在一起就是自吹自擂(但不得夸大宣传),合适的“自吹自擂”却是为农家乐加分的宣传利器。

农家乐常用楹联用到名词,比如:一座竹楼几张桌乐在其中。乡野土菜齿留香。农中有乐,家中有喜,乐中有生活。

赋予农家乐以运动,则要用到动词。如:吃喝玩乐在农家;寄趣山林;乐在深山有远亲;初至生境,次入画境,再入意境;姥姥家门前唱大戏;异步易景。

要想得到游客的认可,就要用到形容词。如:湖鱼鲜,来宾亲,野菜香,农家醉;话友谊,品香茗,游碧水,享清趣;只有民族的才是世界的。

(三)宣传海报要抓好特点

宣传海报有介绍重点商品、某一类商品的,还有介绍农家乐业务的。介绍重点商品的,其特点是内容介绍吸引游客。介绍某一类商品的,其特点是文字说明简洁。介绍农家乐业务的,一定要在文字、构图等方面抓好特点,即:分寸恰当。文字要简明扼要地介绍你所要表达的内容。文字所选择的语句要恰如其分。文字标题要醒目,能很快引起顾客的注意。构图无论是写实型、象征型、装饰型,都要重点突出,艺术表现力强。总的说来,文字要讲究生动、简洁、外形端庄秀丽,构图要讲究美观大方、色泽鲜明、边框新颖、富于变化。

附:

全托、半托管服务的×××农家乐宣传提纲

做法:将100亩地分成若干个院子。每套农家院占地650平米。24小时安保监控,专业园丁全方位辅导、提供全托、半托管服务。惊爆价16万每套。

主题语:乡村私家庭院

品味生态自然!

体会健康生活!

广告招租语：

1. 周末了！带着爱人和孩子一起感受郊外村野大自然的魅力，让孩子从小体验农家劳动的乐趣。

2. 过节了！和亲朋好友一起到农家院游玩、垂钓、烧烤，让自己远离城市的喧嚣，浑浊的空气，紧张的情绪。

3. 退休了！辛苦了大半辈子，让自己完全轻松下来，真正享受夕阳无限好的生活。坐在农家院子里的凉棚下和多年的农民老大哥共同品茗，一起下棋、聊天。

五、将“如何实现营业目标”作为基本目的

(一)做大营销力做大农家乐市场

1. 当前农家乐市场营销力基本情况

当前农家乐市场营销力地区差异明显。农家乐市场营销正在成为农家乐整体组织结构的组成部分，而且营销功能正在越来越受到重视。成功地运用了市场营销观念的农家乐，正在力图使其全部努力贡献于满足游客的需求和保持农家乐的获利性。

2. 当前农家乐营销力的竞争环境

当前农家乐营销力主要来自规模较大的农家乐。不容忽视的是，县城餐饮营销竞争不仅存在而且正在辐射扩大。

近年来，餐饮连锁化发展走入乡村。一旦乡村也出现肯德基、麦当劳、海底捞的时候，农家乐就可能面临窘况。而一些地区的农家乐也开始渗透至城市，先是把农家乐的新鲜瓜菜运到城市，在城市租店面销售。有的搞成连锁农家乐，在城市一隅占据一席之地。

当前农家乐营销力的竞争环境非常复杂。

3. 想法与现实不易相通—当前农家乐市场营销策划一族的思考

一次座谈会上，笔者斗胆对农家乐营销谈了自己的一些看法。

在倾听一些与会者的发言后，笔者感触最深的是：在一些地方，营销想法与现实不易相通。尽管营销策划一族正在把想法或者创意付诸现实，但一些农家乐的老板显然并不支持。即便营销很有成效，老板却仍漠然置之。

就拿城市居民下乡游农家乐来说吧，对于城市居民来说，尽管电视和电脑给他们的生活增添了色彩和欢乐，但更多的人希望能获得和农家乐工作人员在一起亲临农村传统文化生活的真实感受，特别是工作压力困扰都市白领的今天，城市人在拿着每月较高的工资收入之余，更需要放松心情，在农村这个天然大氧吧体验养生的乐趣。

在调查中发现：

(1)城乡文化氛围的差距较大给农家乐带来一定的机会

一般地，城乡文艺工作者分布比例为8：2，城乡文艺演出次数比例为7：3。这固然与县城处于全县经济、文化、行政中心的优越环境有关，但对于农民人口占总人口80%的村镇来说，乡村文化活动的薄弱，高质量的文化、餐饮服务的短缺，必将影响到新农村经济的发展。没有良好的文化环境和氛围，封建迷信及赌博活动就会长期占据农村市场，经济发展也会不同程度受到制约。

另外，各村镇文化发展也十分不平衡。经济基础好的村镇，有的文化活动开展得较好，传统文化资源利用得好，农家乐运行得好。经济基础不好的村镇，有的活动开展得也较差，传统文化资源利用得不好，农家乐差。经济与文化协调发展的村镇，文化活动开展得不错，传统文化资源利用得好，农家乐运作正常。这与该村镇的文化传统及重视知识的程度不无关系。我国人口的主体是农民。农民思想意识具有封闭性，基本上处于内倾性文化范畴。长期积淀下来的小农意识作为一种政治心理定式，还在相当程度上影响农民生产方式和生活方式。

(2)有的农家乐流于形式

尽管目前各地农家乐纷纷建起，但对于广大农村来说，显得颇为不足。真正深入到村中的，更是寥寥无几。大多数农家乐愿意开办在经济基础强、条件好的地方，而不愿意到偏远、贫穷的乡村去开办。这固然与客观的条件和效果有关，但不能不说与主观上把农家乐当做一种形式没有关系。营销认识问题还是困扰乡村农家乐开办的主要因素。

（二）农家乐要创造营销价值

营销能使农家乐产生 1+1>2 的增值，农家乐价值在营销活动中实现，农家乐也在其过程中创造、构成了其营销价值。对于农家乐来说，创造营销价值并不容易。那么，如何才能创造出农家乐营销价值呢？

1. 以营销活动中的适用广告宣传来创造农家乐营销的“表现价值”

“表现价值”是指广告宣传形象在游客心目中的认同程度。如果游客看好农家乐，那么他们的理由是“信誉好”价值。这个价值就是表现价值。当然，适用的广告宣传还能创造农家乐老品牌的表现价值。

2. 以营销活动中的适用公关行为来创造农家乐营销的“中心价值”

“中心价值”是直接涉及农家乐营销对象价值的核心的价值。纯粹的中心价值体现在民族、政治信仰等方面。游客在购买农家乐产品的时候，心中就感觉人好像在自己家一样，这说明农家乐所营销的这件产品的品牌的中心价值得到了巨大的提升。

3. 以营销活动中的适用产品来创造农家乐营销的“适销价值”

针对不同产品采取不同的营销策略，每个营销策略要针对适用的产品。这样适用的产品的价值就是“适用价值”。

4. 以营销活动中的适用服务来创造农家乐产品营销的“服务价值”

能够做到针对营销采取相应的服务，这样的服务所创造的价值就是“服务价值”。

5. 以营销活动中的适用人员来创造产品营销的“人员价值”

营销人员如能做到优秀的服务意识、很强的沟通能力、灵活的应变能力、有效的协调能力，那么这些人员的价值就是“人员价值”。

6. 以营销活动中的适用时间来创造产品营销的“时间价值”

7. 以营销活动中的适用费用来创造产品营销的“货币价值”

8. 以营销活动中的适用主题来创造产品营销的“主题价值”

9. 以营销活动中的适用管理来创造产品营销的“管理价值”

六、将“销售计划实现”作为基本途径

(一)销售计划实现途径

销售额＝顾客人数×每个顾客购买量×商品价格

增加销售额的三个途径：

1. 增加顾客人数

(1)改善销售和服务水平。

(2)派发直邮广告或作广告宣传。到附近社区派发是最直接有效的方式，但不得随意张贴小广告。

(3)品种齐全、物美价廉、信誉好。

(4)良好的购物环境。

2. 增加顾客购买量

(1)搞好商品陈列和展示来刺激消费。

(2)创造分区布置、分类合理，有特色、醒目的商品陈列，使顾客易找到需要的东西，以此增加购物量。

3. 提高商品毛利

(1)提供新商品、优质商品和大批量、低价位的商品。

(2)改进包装和服务，提供更多便利等方式来增加商品附加价值，相应地提供毛利收入。

(二)动线设计

顾客动线,其实是生意的财线。什么叫动线?动线是指消费者到店里后怎么走的路线,这其实是一个布局问题。如果农家乐商店没有对动线进行规划,人进来可以从通道进来,或选择左转或选择右转,这样就容易转晕,不知道哪些商品看了,哪些商品没看。

怎样进行顾客动线设计?

某农家乐商店动线设计可以说做到了极致。

导视图映入眼帘。什么东西在哪里卖,出入口在哪里一目了然。该农家乐将出入口故意弄错,二楼上楼梯只允许你沿一个方向走,不停往前走,然后上三层,接下来上一层。档口促销商品,让你停下脚步而不是直接走到收银台。在档口见到手工艺品葫芦,顾客顺手抄起来就买了。

小型农家乐商店一般用强制个性东西设计动线。中型以上农家乐商店一般用准强制性东西设计动线。

又如:沿××农家乐主通道,可看到东北土特产专卖店。进入专卖店,就进入了控制线。所有货架都一眼能看见。架牌设计考虑到了关联性,如:鹿茸礼品盒紧挨着人参礼品包。这家农家乐商店比其他农家乐店店员少了一半,功劳是动线设计。

农家乐的销售额与顾客停留在其间的时间是成正比的。因此,农家乐经营者要想方设法留住游客。男游客进农家乐直奔目标,如:垂钓找钓坑。女游客则喜欢在农家乐里四处转悠。因此,商品部往往设在一进农家乐大门不远的地方,而鱼塘一般设在远离大门的纵深处。

农家乐入口明显,而出口并不明显。这样的动线设计目的是让游客难以轻易脱身。即使是在出入口,也会陈列价格相对便宜的杂货,避免给人价格昂贵的印象。游客走出大门时也更容易因图便宜而掏腰包。

商品部商品陈列有讲究。经调查,女人独自购物的平均时长为5分2秒;女人带孩子购物的平均时长为7分19秒;两个女人结伴购物的平均时长为 8 分 15 秒；一男一女结伴购物的平均时长最短，仅为 4 分 41 秒。显然，男人不喜欢购物。为了不让男人催促女人快走，农家乐商品部把男人感兴趣的商品安排在女性喜爱的商品旁边。农家乐商品部设购物车，游客买完东西推着购物车上收款台交费。

商品部的动线设计一般把收款台设在游客转完完整的一圈的地方，目的是让游客停留一会儿，多销售一件商品。农家乐商品部不设时钟，为的就是让游客专心购物，不做他想。

农家乐的餐椅设计是根据顾客是否乐意更长时间吃喝而决定。如果提高座位的周转率，那么餐椅设计就要小巧、漂亮。因为此设计从人体工学角度看，人很难坐 30 分钟以上。反之，则提供舒适、大气的餐椅。

（三）农家乐的认证

农家乐的旅游星等及 ISO9001：2000 质量管理体系认证十分重要。

现在我们讨论农家乐的旅游星等及 ISO9001:2000 质量管理体系认证，具有十分重要的现实意义。质量管理认证与农家乐发展有着怎样的必然联系呢？推行质量管理认证的必要性和意义是什么？质量管理认证与农家乐发展的结合点又在哪里呢？科学管理是提高农家乐整体素质的关键，也是农家乐发展的前提。通过 ISO9001：2000 国际质量管理体系认证，这是农家乐管理由经验型向科学型转变的一个标志，只有不断强化管理，改变原先粗放式的管理模式，在基础管理、质量管理、营销管理、财务管理、人力资源管理等方面达到正规化、科学化，农家乐才能具备可持续发展的基础。认证对农家乐增强竞争力，扩大市场份额，实现可持续发展必将起到应有的作用，农家乐通过认证直接获得的收益也许短期内不易看到，但间接的收益会更多，积极参与认证是一条迅速取得高质量管理水平的捷径，它可以在很大程度上增加农家乐的收益水平，增加农家乐的无形资产。从农家乐现阶段的实际情况看，规模化、产业化水平相对滞后，特别是软硬件环境还不够完善，同时可用财力仍然比较紧张的客观现实，要求农家乐必须把软硬件环境建设作为推动农家乐认证工作的突破口和切入点，最大限度地发挥农家乐在新农村建设中的作用。

搞好软硬件环境能帮助农家乐解决内在质量和外在形象方面的问题，而通过认证，能提升农家乐的内在质量和外在形象。质量管理体系认证对农家乐的内在质量提升主要表现在：提升农家乐优化升级水平；提升农家乐经济增长方式和集约化水平。对农家乐外在形象的提升主要表现在：提升产业层次；完备核心知识产权；提高系统集成能力；提升参与市场竞争的能力等。

加速认证进程，是提高农家乐市场竞争力，促进农家乐经济增长的重要动力。

（四）谈判技巧是农家乐经营者必须掌握的

谈判技巧主要有：

1. 最后通牒

最后通牒，即谈判人员以退为攻，用中止谈判等理由向对方施加压力的方法。不过，谈判员对“最后通牒”的策略不要轻易使用。即使确有必要采用，亦需注意如下几点：使用的前提条件是对方已有过激言词、失礼举止；自己表现的程度必须控制在合法、入情、入理的范围以内，不可如对方一样因情绪或言辞过激而造成被动。

精髓：经验证明，当双方的谈判目标差距很大又相持不下时，一方向另一方声明“谈判即将破裂”，或以退席等拉破脸面的方式“恫吓”对方，常可迫使对方做出某种妥协。

2. 按兵不动

这是一种在谈判处于紧张气氛时，一方以长时间的“沉默”，刺激有成交诚意但性格急躁的对手，用以迫使对方采取实质性让步行动的方法。

精髓：运用此技巧的前提是：头脑清醒，忍耐力要强，情绪要平稳。不管对方讲了什么或怎样坚持，只要对方不做实质性让步，绝不重新开始讨论。

3. 软硬并施

即谈判人员科学搭配“软”“硬”角色，推进谈判进程，以达到预期目的的方法。这种技巧的特点是，以讲究策略、显得“易于”谈判的主谈人扮演“白脸”，以坚持我方原则和条件，扮演“强硬派”的配角充当“红脸”。采用此技巧，不仅能够明显地加强讨价还价的能力，而且左右逢源，能使对方不易于找出漏洞，尽收成果圆满之利。

精髓：在谈判中，通过一软一硬角色的交相配合出击，对对方宽猛相济，软硬兼施，以期实现谈判的目标。

4. 暗度陈仓

即通过与谈判对手的私下接触，采用各种形式增进了解、联络感情、建立友谊，从侧面促进谈判顺利进行的策略。

精髓：打仗要在正面佯攻，而让精锐部队在侧面包抄，最终达到夹击的目的。

5. 各个击破

各个击破技巧在谈判活动中主要有如下两种表现：用对方成员之间的矛盾实施“反间计”；使谈判对手失去联姻，失去争夺主动权的能力。利用诸谈判人员既是朋友又各事其主的关系实施“反间计”，制造对我有利条件，使谈判结果能如我所愿而成交。

精髓：要善于分段突破，一口一口吃。

6. 规定洽谈期限

这是将规定期限技巧与心理攻势配合使用的方法。迫于规定期限压力的谈判者，心理上常有一种机不可失、时不再来的念头。在对心理攻势不断增加其紧迫感的同时，略作让步，常使谈判者萌发死而复生的希望，从而欣然接受对手的条件。

精髓：把期限压力给别人的同时也给了自己。

7. 价格陷阱

价格陷阱是卖方利用商品价格的频繁变动和人们不安情绪所设的圈套，而有经验的谈判者大多在此大做文章。

这种技巧之所以能够行之有效，是因为：商品价格看涨，使许多人产生了“早买比晚买上算，多买比少买上算，越早买、多买越上算”

的心理。

精髓：价格陷阱，呼唤商业理性。

8. 挤牙膏

这是一种一点一点地迫使对方妥协，使谈判朝着对自己有利的方面发展的方法。讨价还价中忌讳一次性让步的幅度过大。即使让步也要一次让一点而且越让步子越小。谈判者必须深知，在讨价还价过程中，任何急于求成或表现豪放性格的做法都是不可取的。

精髓：谈判要让形势对自己有利就要一点一点地迫使对方妥协。

9. 以柔克刚

谈判方对咄咄逼人的对手所提出的要求，可暂不表示反应，而是以己之静待敌之动，以我之逸待敌之劳。这种方法适合于遇到盛气凌人、锋芒毕露的对手的情况时。以硬碰硬往往形成双方情绪的对立，危及谈判终极目标的实现，因此不宜提倡。

精髓：以平和、柔缓的持久战磨其棱角，挫其锐气，挑起对方的厌烦情绪，伺机反守为攻，夺取谈判的最后胜利。

10. 兵不厌诈

这是善于辨假识真，揭露其"诈局"，使对方陷于被动的方法。

精髓：以虚代实，虚实结合。

11. 以攻为守

这是一种在谈判中以不断质询的办法。透过答辩，从中搞清楚对方弱点、比较易于让步或妥协的环节，判明对方的关键性问题，以备我方选择进攻方向，发起进攻之用。

精髓：有效地提问，使自己的利益得到保护和实现。

12. 放长线钓大鱼

这是尽量在小处着手满足对方，然后渐渐引导对方说出自己的需要的方法。想办法知道对手的需要的前提是一定不要让对方知道你的需要，否则对方会要求你先作出让步。

精髓：不要先让步，或不能让步太多。

七、农家乐营销特色

(一)情感营销

人最大的享受是心理享受。农家乐的心理情感营销，是最权威的经营技巧，只赢不输的营销经典。

心理情感营销是一种以商品的个性、形象、文化、内涵、情感诉求为主要内容的抽象和感性的营销方式。它在当前企业营销活动中已经处于相当重要的地位，以至于被人们称为“攻心之术”，甚至被誉为一种跨世界的营销观念。

如果营销员能知道客户的心理情感轨迹，那么他的营销妙计就可不露痕迹地实现了。

李嘉诚说，一分钟内读懂客户心理，就等于在一分钟内打开了客户的钱袋子。唐代诗人白居易说，动人心者莫先于情。现代营销学之父菲利浦·科特勒说，消费者说出的话有时是需要翻译的。沟通中的情感营销心理学关注心理与情感营销，将其称为高明的投入和产出。

心理情感营销就是通过运用心理学原理搞定客户的情感。用心赢得客户的情感，赚客户情感的钱。心理情感营销就是诱导、激发客户的冲动性消费行为。

冲动之于客户购买决策更为重要。70％的客户购买决定都是冲动的结果，1％的客户知道自己被营销员诱导了。大多数的客户都毫不觉察。农家乐就越易引诱客户做出冲动消费。在规模大一些的农家乐购物不省钱，会花更多的钱。场所 场合都可让客户更冲动。在营销过程中，刺激客户的情感因子，会激发起客户强烈的购买欲望。当一件商品触动了客户的内心情感时，其购买欲望会因此加强。以至于在价格方面的顾虑都可以变得次要，甚至浑然不觉。比如：男士游客为赢得某位女士的芳心，在强烈的情感影响下，购买昂贵的东西。

(二)淡旺季营销

农家乐经营之所以会出现淡旺季，主要是由旅游线路的季节性决定的。春夏两季是以春游、垂钓为内容的旅游线路的黄金季节。收割、采摘的农事体验旅游线路最佳季节是金秋时节。旅游者闲暇下来，才会去农家乐消费。如教师一般选在寒假、暑假，公务员一般选在“五一”、“十一”黄金周，工人一般选在厂里工作较闲、气候宜人的时候。上述原因，使得淡旺季营销要随季节变化而发生变化。

(三)差异化营销

1. 产品差异化

人无我有：经营独特的服务产品，或者独特的服务方式。这样形成产品的差异化，会填补市场空白，独占一方市场。

2. 形象差异化

人无我优：高品质的服务是吸引顾客的重要方面。在同行经营同类商品时，以服务质量高于对手，赢得差异化的形象。

人优我全：实现服务形象差异化，通过增加服务项目、增容服务内容，完善服务种类来实现。

人全我变：创立新的服务品种，在别人还在迟疑不决时，做出改变，应对挑战。

(四)创新营销

1. 创意是打开农家乐财富大门的金钥匙

某农家乐研究租赁模式，产生了出租盆景给游客个人或其单位的想法，因为有的游客本身就是某某单位的领导。农家乐决策人接下来设计了如何收费及管理。决定采用分级制度，根据游客的环境分为1、2、3三个等级，第一个等级就是通风透光的优质环境，对于盆景损毁率低，收费按照5折收费。第二个级别，环境稍差些，就按照标准价的7折收费。最低的等级，按照全价收费，这种情况下，会给游客提供第二套方案，即购买盆景，这样比租要合适。另外，收费还要根据租期来衡量。一周之内一般是大型庆典需要，这个收费比较高，折扣为9折。一个月到半年，折扣为7折。如果游客单位长期需要，折扣为5折。

某农家乐经营者算了这么一笔账：以最常见的发财树为例，中型发财树盆景，目前市场价为500元左右，一棵发财树月租是100元，一棵发财树成本为150元左右，出租两个月左右就能回本。就是这个创意，让这家农家乐火了。之后，这家农家乐还增加了出租鱼缸及锦鳞、鹦鹉等项目。因为不少游客单位为了给单位员工营造优雅、别致的办公环境，在盆景打造"绿岛"基础上，还希望有活力、情趣。

2. 感觉营销获得别人意想不到的成功

成功的农家乐经营者认为，回家的感觉能让游客产生享受感。这种如家的享受感，来自于打破常规。从农家乐内部装修、饮食卫生、服务员的制服、餐饮器具，到服务员举止和服务态度，这一切应协调、恰当。

3. 搜集和运用信息让你成为最大的赢家

搜集与农家乐经营有关的信息，如：根据农家乐的面积、项目、客容量进行测算，算出"循环"消费人数，计算出消费方案，以全天的流水收入来确定毛利率。

4. 销售实验也能火

试销是现在比较流行的经营方略。这种方略又叫销售实验。它将商品投向特定的区域，投向特定的市场。然后，经营者根据市场反馈的信息、情况，进行销售的预测和分析。经营者采取的形式一般是制定某些部门设专架专柜陈列。在试销期间，市场反映的信息会源源不断地被经营者接收。根据情况变化，经营者可以不断地扩大试销的范围，这很重要。有许多商品先是被小范围的顾客所接受，进而被更多顾客所接受而"火"起来的。试销还有一个好处，当经营者要找出影响新产品销量的是价格因素还是包装因素时只需变价格，其他因素不变或只变包装(其他因素不变)。

5. 一个好的广告打开了市场和游客的钱袋子

为扩大销售,农家乐投入一些广告费用,用于电视广告、报刊广告等。印刷清单广告,分发给附近的单位和居民,以扩大宣传。一个好的广告,有时能帮助农家乐经营者打开市场和游客的钱袋子。

农家乐广告策略:

实体定位策略——功效定位;品质定位;市场定位。

观念定位策略——逆向定位;是非定位。

广告宣传方式——设计农家乐形象标志;包装的广告;张贴宣传海报;利用环境宣传。

6. 智慧和眼光闯出来农家乐成功路

某成功农家乐眼光独特,在旅舍内设计原始炕。以垒土为洞,上边支撑着天然石板,可防止火星外溅,免得酿成火灾。

地炕设计图:

进出柴口

灶墙

通风口

烟道

调温插板

院内设计一个原始灶,三块石头顶个锅,就是灶的雏形。旧式灶的弊病:通风不合理;锅台高、吊火高;添柴大、灶膛大、进烟大;无炉箅、无灶门、无拦火舌、无灶眼插板。

大锅灶省柴灶。新砌的大锅灶有时冒烟火不旺。产生原因:灶膛湿、泥套后未干,湿度大。排除方法:将灶膛烧干。

上述事例说明农家乐成功要靠创新闯出来。下面附录一些创新案例,希望能有所启发。

附:农家乐餐馆的创新营销案例

(1)让顾客上瘾

某农家乐店礼品积压较多,经过考虑,决定免费赠送一些给游客,不久,游客给农家乐打电话索要礼品,后来游客购买,礼品全部卖出。

(2)水下旅馆

你见过农家乐水下旅馆吗？某农家乐直接在海里修一座房屋，屋墙上装有许多玻璃，人们可以透过玻璃窗，在水下探照灯的照射下，欣赏各种海底奇观。因为旅馆独特，客人也多，每个铺位的租金也高。

(3)外来请短时厨师

有一种营销叫逆反营销。某农家乐把逆反营销运到餐馆经营上。

一次，某农家乐老板请到一位厨师朋友小住，席间，朋友表演制作了一道菜，请前来就餐的游客一块品尝，结果深受游客欢迎。其后，朋友一连表演制作这道菜好几天。餐馆卖得最多的就是这几道菜。别人劝老板把朋友雇到这里长期做这道菜。老板可不是这么想，他有自己的主意：卖得最多，越应维持稀少性。他送走厨师朋友，约定他还会再次请他免费小住。之后，这位朋友又来了几次，小住几日然后回家，隔一段时间再来。与特定季节相结合的限定期间效应，造就了一种稀少的感觉。又借助这次不吃就会错过的焦虑心理加强了稀少性。外来短时厨师造成的突然稀少，就造成了竞争，导致了销售额的增加。

(4)出售空气“罐头”

某农家乐抓住游客“求新、求奇”的心理，出售空气“罐头”，结果销量还不错。乡村空气质量好，经过“密封”，就可以作为商品出售。某南方长寿之乡的农家乐把一汪据说是长寿秘方的泉水制成瓶装矿泉水，还另配一罐空气“罐头”一并出售。

(5)急中生智摔土酒

某农家乐为了让自家酿制的土酒为人所熟知，在游客吃饭的时候，急中生智摔土酒于地上，马上酒香四溢。

(6)手帕上印农家乐导游图

在手帕上，把农家乐各个览区导游图印上，可吸引游客。

(7)把餐厅设在室外

比如：某农家乐鱼塘的鱼垂钓价优惠，此外，增加露天炖鱼、炸蚂蚱菜，把餐厅设在室外。

(8)方形西瓜更好吃

某农家乐种植西瓜，在其尚小时将方形罩罩在上面，瓜成形后即变成方形。这种异形西瓜更受游客喜爱。

(9)左撇子游客的福音

因为许多农家乐礼品商品均以右手习惯来设计产品，几乎没有人考虑左撇子人的习性和生活需要。某农家乐看出这是一个大商机，于是专门设计、生产一些左撇子专用礼品。结果，这些礼品大受左撇子游客的欢迎。

(10)空中洗温泉浴

利用农家乐饭馆靠近山峰和湖水的地理优势，几经筹划，首创太空温泉浴，就是在饭店前方的两座山间，安装了离地 200 米高的电缆，电缆上悬吊着一个温泉澡池，用电缆车将它们连接起来。使用时，操纵电钮，使温泉澡池随电缆车上下缓行。每个空中澡池可容纳 2 人，10 个澡池一次可载客 20 人。游客泡在澡池内，一边洗温泉浴，一边居高临下地饱览湖光山色。

(11)“敬请明日光顾”的农用工具展

某农家乐农用工具展有一个特点，就是必须早点去。“敬请明日光顾”，如果你晚去了，你只能得到这句客气的回答。

(12)将哈密瓜芳香填满餐厅

某农家乐利用人们通过嗅觉感知香味，开发嗅觉营销方法。让哈密瓜芳香填盈餐厅。

(13)顾客定价

某农家乐于每周三和周四晚间推出“价随客便”的政策，允许游客用餐后按照自己的意愿付账。每到周三和周四晚上，总是顾客爆满，应接不暇。吃得十分满意的游客常常多给饭钱。

(14)逆向而行

一家农家乐在经营中明确表示，不要因为酒水赚钱就让游客喝得酩酊大醉。农家乐逆向而行，在自酿酒时适量降低酒精度，因此，游客喝之不醉。

(15)奇名引客

在一个地方紧挨着开了三家农家乐,互相竞争。中间的农家乐经常受“夹板气”。那家农家乐想到了“隔壁好”的名字,将原来的名字取而代之,结果游客络绎不绝,生意十分火爆。

(16)彩票餐馆

某农家乐餐馆将彩票经营与餐饮结合到一起。彩民游客边吃饭边看墙上的彩票中奖号码分布图。菜名也用彩票术语,如:游客可以在这里点到“双色球”、“3D”、“七星彩”等招牌菜。除备有茶水外,还根据游客在这里买彩票的金额多少给予其加餐上的相应折扣。

(17)DIY 餐馆

允许游客到厨房炒两个菜,温一壶小酒,向同来的好友“炫耀”自己的厨艺。由农家乐提前根据游客预订所需的原料,将原料切好,佐料备好,煤灶升上火,柴灶架好劈柴。餐馆只收取工料的成本费用,剩下的菜由农家乐厨师炒。如果菜全部由游客炒,那么就在工本费基础上向上浮动二成或三成。

(18)棋赛餐馆

某农家乐把餐桌面设计成棋盘。所有的棋子都是特别的小酒瓶。游客双方对弈时,要吃掉对方的“棋子”,便可将棋子小酒瓶中的酒喝掉。既有酒喝,又能下棋,深受棋迷游客的欢迎。

(19)怀旧餐馆

有一家农家乐“怀旧餐馆”,选取乡村老物件作为装饰物,大胆瓶插上鸡毛掸子,老石磨上摆满红辣椒。怀旧让食客多了几分亲切感,生意也不错。

(20)留言餐馆

某农家乐在餐馆一面墙上画上一棵“许愿树”,游客可把自己的愿望写在一张小纸条上,贴在许愿树上。到这里就餐后,游客还会上这里来,看看自己曾经留下的字迹。有的考上了大学,带老师们到这里吃“谢师宴”。有的当官了,上这里款待挚友。这家农家乐餐馆生意十分兴隆。

(21)分手餐馆

有家农家乐“想好了再分手”餐厅，吸引了不少有情感问题的年轻人来这里就餐，高峰时间不提前预约就没有座位。

7. 农家乐的网络营销

网上开农家乐现在很热门。农家乐进行网络营销要做好以下几点：

(1)确定农家乐网站的主题，如：售手工艺品。

(2)拟定网页内容。首页、自我介绍、农家乐世界、农家乐商品介绍、留言板。

(3)网页设计细节。农家乐简介；经营范围概述；农家乐商品展示；服务项目一览表；制作促销网页；设定网上订商品热线(可发电子邮件、传真或电话订购)。

(4)网络连接。

①外部连接

农家乐营销主页与其他相关网页、旅游网站、所在地网站、搜索引擎网站的连接。

②内部连接

主页上农家乐营销信息内容的布局与打开形式。

进行网络农家乐销售服务包括：付费处理：银行卡、信用卡网上支付；货到付款。

网站服务程序：进行网站维护与更新；网上订单确认(电话或邮件确认)；订购的商品名称；订购的商品规格；订购的商品数量；送货的详细地址；送货的具体时间；接货人姓名、联系方法、付款方式；网络农家乐送货。

需注意的方面：跟顾客核对清楚地址；考虑好商品的淡旺季价格涨幅；网络农家乐业务量可能会很不稳定，一定要认真对待。

八、农家乐营销活动策划

农家乐要将营销活动策划作为重中之重。

(一)制订营销策划方案

营销策划方案是市场营销策划的最初成果。通常,农家乐市场营销策划有三步:一是了解现状看农家乐市场规模增长幅度有多大?看游客在需求、观念及购买行为方面的动态与趋势怎样?看农家乐商品情况如何?看竞争形势如何?看宏观环境如何?二是分析情况,通过机会与威胁分析,看外部能左右农家乐未来的因素,通过优势与弱点分析,看内因对农家乐的作用。三是明确目标,即:农家乐可以达到的收益目标、市场营销职能的目标。据此,做出符合实际的营销策划方案。

附:农家乐商品营销实例:

可以冲着喝的蔬维粉

目标:某农家乐开发出一种蔬维粉,拟投入市场销售。根据计划,这款蔬维粉于××××年×月正式投入市场,两个月内完成以下任务:1. 形成名牌。2. 建立分销体系。3. 完成向游客月平均销售××××××袋。

机会/威胁与优势/劣势分析:

1. 机会/威胁分析(外部环境考察)。

机会—农产品加工成蔬维粉,可作为食品添加剂为食品工业所选用,游客对天然绿色的加工品有一定的需求量。

威胁—农家乐市场经营者众多,产品加工品间差别不明显。

2. 优势/劣势分析(内部条件考察)。

优势—易携带。宣传推荐突出该特点。

劣势—价格障碍。当前由于加工成本较高,价格偏高。降价可刺激需求,但暂时还不具备降价条件。

3. 战略原则：市场进入。对市场的占领，实行“打一进二看三”政策以推动游客团体订购为导向。

4. 市场定位：(1)商品形象—维生素蔬维粉质量第一。(2)农家乐形象—服务一流。

5. 市场竞争：尽可能减少市场竞争力。

6. 目标市场：消费层6～15岁年龄段。

(1)人口。据调查，××区域内该年龄段人口如下表：

××区域内该年龄段人口

年　龄	村内人口	乡镇内人口	县内人口	市内人口
6～11岁	××	×××	×××	××××
12～15岁	××	××	×××	××××

(2)购买力。据调查，××区域内人均生长、养生、保健品消费支出×××元/月，占其人均收入的××%，总支出的××%。

××区为经济发达地区，消费水平偏高。假定××%，用于××××，则市场最低规模可达××××。

(3)欲望该年龄段正是长身体的一个重要时期。

7. 市场区域：(1)基本打算。(2)指导思想。

8. 市场竞争及市场营销组合：(1)产品。(2)服务。(3)分销。(4)价格。(5)定价政策。(6)促销：目标、重点。(7)方式：①人员推销。②广告。(8)基本推销：①赠品。②经销竞赛。③强化。(9)公共关系：①介绍农家乐为主。②突出宣传商品。

(二)农家乐策划中要注意的几个问题

农家乐营销的作用越来越大。成功背后往往是农家乐营销工作者的辛勤劳动。从策划角度看，有相当多的农家乐营销工作者尚未掌握基本的农家乐营销策划要领，专职的农家乐营销策划人员使用套语过多，并且贪求大主题，实际意义很小，或者是主题不够明确。

如何搞好当前的农家乐营销策划呢？笔者认为要注意以下

问题：

1. 要注意农家乐营销策划的一般要领

首先是主题要明确。其次是要有对时间的表达，对在“什么时间”感兴趣。此外，还有其他事项如“地点”等也要点明，但不要喧宾夺主。笔者认为，由上述事例，可以得出农家乐营销策划的一般要领：要考虑“何时”，对营销时间一定要表达清楚。考虑“何地”，交代好营销地点。考虑“何人”，对营销活动或事件的中心人物及其影响程度加以确定。考虑“为何”，实际上是考虑营销活动的主题是什么。考虑“如何”，就是考虑农家乐营销的具体安排、做法是什么。

2. 要策划出农家乐营销的特色

农家乐营销策划得好不好，在很大程度上取决于农家乐营销特色能否策划出来。元宵节期间，团圆和满是中国人的传统愿望。某农家乐抓住人们这一心理，在庭院布置出一个充满温情和人文氛围的“全家福摄影专场”。凡在元宵节期间（正月十五、正月十六两天）来购农家商品满一百元的游客，都能获得由该农家乐所赠著名摄影师拍摄的全家福一张。一家几口都来农家乐并照全家福的特别多，一下子使这两天的农家乐销量飙升。这就是农家乐营销特色和魅力所在。笔者认为，如果要策划一个农家乐营销活动，应迅速判断它的价值点在哪里。这个价值点应当是体现出时尚、新颖、异常、趣味性。如果不注重从价值点上突出农家乐营销活动的特色，那么营销活动就会流于一般化。笔者还认为，如果动动脑筋，变化一下营销表达方式或角度，那么营销活动肯定会显示出它的特色的东西来。特色的挖掘，要求农家乐营销策划工作者要尽可能多地掌握多方面的知识。

3. 要防止农家乐营销策划“小题大做”

“小题大做”的现象在农家乐营销策划方面经常会出现。一方面，农家乐营销策划者生活的圈子太小，往往把一些发生在身边的小事看得非常重要，而很少深层次地去想，应从全局衡量一下。另一方面，想制造些“噱头”，借以创造所谓的“卖点”。农家乐营销策划者一定要考虑实际，不要抬高主题，实际的价值能有多大，主题也应达到多大的程度。否则，即便营销活动的实际非常有价值，也淹没在虚夸的主题词里了。

4. 把握游客的特点和消费动向

男人的旅游带有很强的目的性，不是为了某种需要，就是为了完成某一项任务。于是，男性大多不愿在旅游途中没完没了地走走停停，他们更喜欢走到一个地方的农家乐停下来，他们厌烦旅途的劳累。男游客住在农家乐更像是在度假，喜欢休闲式的娱乐方式，比如：打打牌、唱唱歌、跳跳舞等。

在旅游上，女性情感依托程度甚于男性。女性旅游需求随社会发展而逐渐增多。男人爱旅游，其实女人更爱旅游。旅游对女性来说，意味着自由。自由是对生活常态的“脱逃”和“放下”，表现为没有目标性。女性在旅游中会不止一次地选择去同一个景点，情感占据了旅游的主要空间。另外，购物旅游也是女性恋恋不舍的旅游理由。打折购物为自己为朋友，是女性认为最重要的事情。享受到自由的同时，还会享受到惊喜，让她们心情愉悦，感到生活也变得丰富多彩起来。

（三）对农家乐营销进行系统化管理

说起营销管理，不外乎两个方面，一个是对营销行为的管理，另一个是对营销资料的管理，这两个方面中任一方面都不容忽视。忽视其中任一方面，就会对营销管理的整体效果产生直接的影响。要保证营销管理的整体性，就必须对营销进行系统化管理。

农家乐应该如何对产品营销进行系统化管理呢？

1. 必须建立一个完善的营销管理系统

用营销管理系统系统化地管理营销信息。当然，这种营销管理系统要有别于其他一般意义上的管理系统。它包括一定的管理组织，还包括由营销的全部内容组成的体系以及营销管理各项工作所形成的程序。营销管理过程是由市场结构和市场行为的分析、市场机遇的研究和选择、营销战略的制定、营销战术的设计、营销努力的执行和控制组成的系统化过程，建立这样的系统，是对营销进行系统化管理的前提条件。

2. 必须明确营销管理系统各要素关系

明确各要素之间的关系，可以从以下几个方面进行。其一是组织构成方面。营销管理是不同层次、不同方面的，按一定组织程序形成的系统，它多依附于一定的管理组织。其二是管理对象方面。农家乐要对营销专门和兼职人员进行管理。其三是处理的程序方面。农家乐营销管理系统是由一系列工作组成的完整过程。与之相伴的是相应的处理方式和手段系统。

3. 按一定的原则对营销进行管理

具体地进行各项管理，这是因为营销管理要求科学性，技术性，实用性都很强。按一定原则管理，基本包含以下三点：一是要明确目的。我们要认识到营销管理不是为管理而管理，而是为了提高营销工作水平，更好地为农家乐经营管理服务。二是要重需要，更要重现实条件。不要只追求形式，要切实地做到与实际需要相结合。要考虑现实中运用系统化管理的条件状况如何。三是要符合经济性要求。因为营销的系统化管理过程中，肯定会消耗一定的财力、物力和人力。且这些消耗要得到补偿，简言之，农家乐营销补偿要远远大于消耗，才能做到给农家乐带来一定利益，所以要符合经济性要求。

（四）农家乐营销策划信息的八大特性

在农家乐营销活动策划之前，多了解一些媒体，比如报纸、网站上的农家乐营销策划信息是十分必要的。国内报纸及网站上，每期都能提供精致的农家乐营销策划信息，不论是知识性的，还是体验性的，都堪称精品。其实，一条农家乐营销策划信息所带来的经济效益，是远远高于网站上反映出来的读者点击率的。这恐怕也是农家乐所期望的。对于农家乐而言，一条农家乐营销策划信息经济含量的大小，是他们采用信息之前必须要考虑的一项重要内容。总而言之，信息的经济含量，表示信息应用后能给农家乐带来的效益量，是农家乐对农家乐营销策划信息选用的主要依据。基于这样的认识，更有必要认清农家乐营销策划信息的八大特性：

1. 共享性　农家乐营销策划信息是在媒体上发表供读者和有

关单位使用的。当数以万计的每期报纸份数被邮递到订户手中，当每期网页被数以万计的网民点击，这意味着一条农家乐营销策划信息被数以万计的人同时分享。当然，这种阅读方式是有偿的，以付费给媒体而获得信息的。

2. 间接性 农家乐营销策划信息被赋予文字的形式，借助媒体完成物质的知识到知识的物质转化，给接收者带来利益，但并不能说农家乐营销策划信息本身就是物质商品。因为即使是物质商品，农家乐营销策划信息也不具有直接的使用价值，而一般商品的使用价值是直接的信息是间接地转移其价值，从而创造出新的或更多的价值。信息的间接性是显而易见的。

3. 时效性 农家乐营销策划信息具有很强的时效性，比如：人们不能再用“非典时期”的农家乐营销策划信息拿来套用用于“五一黄金周”的营销策划。在农家乐营销策划信息上，一旦出现信息积压，信息的价值就会受到损毁。

4. 多因性 农家乐营销策划信息的使用价值除与信息本身质量有关外，还与接受者的文化程度、知识水平和物质技术条件有关。由于这几种因素常是相互交织的，会让人难以区分，从而对信息的使用价值难以确定。另外，测定信息应用的效果也是多因的，比如：收效好，尽管能说明决策正确，但却难确定信息在其中起的作用有多大；收效不好，不一定是决策错误，也有可能是实施不力；决策错误，也不一定是据以决策的信息质量不高，还有可能是决策者运用信息的方法不当。

5. 独特性 农家乐营销策划信息在一定范围内。比如：本村范围内或是全市范围内必须是独特的。千人一面的信息不能称其为独特信息。

6. 增值性 从社会效益上来考量，农家乐营销策划信息开发次数越多越好。因为随着农家乐营销信息使用次数和范围的变化，信息也就由原始过渡到二次、三次信息，不断再生，也不断增值。农家乐营销策划信息一般地讲其价值及增值与其使用范围，加工次数成正比。

7. 多样性 农家乐营销策划信息是有别于有形物形态的物质商品的。由于它的产生要经过复杂的智力劳动才能创造出来，当然它还可能是偶然得来，如在人们相互交谈中，因而其具有了多样性的特征，如：有的是用语言、文字符号、图像等形式表现，有的是以书、报刊、电脑、磁盘等为载体。

8. 延续性 当农家乐营销策划信息被反复利用后，就成为了旧信息。在一定期限过后，这样的信息便可供人们免费、延续地享用。当然，旧信息在其原有效用降到最低后，还会与其他信息相结合，产生新的效用。

（五）提高农家乐营销管理水平的基本方法

当前农家乐的营销管理水平有待进一步加强，尤其体现在管理方法应进一步优化上。为了提高农家乐营销管理水平，我们应该形成这样的共识：不断创新和完善农家乐营销管理机制，创造出一套适合农家乐的营销管理办法。究竟哪种方法更适合农家乐呢？这需要我们在实践中不断探索。笔者结合工作实践，推荐几种营销管理的基本办法，以供大家参考。

1. 立项营销选题，确定营销主题 立项是营销第一步，也是关键的一步。选项成功与否，直接关系到营销能否取得实效。在实际工作中，我们要遵循“选题要严、挖掘要深、先分别讨论后集中决议”的原则，进行深入调研，明确立项重点。以立项报告表的形式，报请领导审批后，正式立项并确定营销活动主题。

2. 制订营销方案，明确营销思路 根据调研结果，对未来营销工作中将遇到的重点、难点做出准确预测，确定营销工作应当达到的目标，并围绕目标的实现制订具体、系统、切实可行的实施方案，以保证营销顺利实施。为此，要在选题立项的基础上，结合调研情况，提出实施方案不但把营销思路体现在文字中，而且要体现在下一步行动中。

3. 检查营销工作，查找营销漏洞 开展检查是实现营销目标的具体步骤，也是营销核心之一。我们要善于在进行营销活动的过程中查漏补缺汇总营销情况，提出营销报告。这个过程是农家乐营销管理中的反馈环节。要根据检查结果的汇总情况，认定营销中存在的问题、原因、性质，提出处理意见及整改建议，并向领导报告情况，为营销决策提供依据。

4. 落实营销成果，督促整改营销 落实成果既是对营销目标的管理，又是把握营销基本方向的重要工作。每个营销活动都应有实实在在的成果，如果不能实现预期的成果目标，那么就需要我们督促整改营销。

5. 总结营销工作，搞好下一次活动 营销活动结束后，要依规定填写报告表，报经领导签批同意，办理结项手续，这是对营销工作实行规范管理，总结经验教训的重要环节。营销活动结束后，我们要认真总结，以利于搞好下一次营销活动。

（六）成功营销必备五种元素

农家乐营销成功的元素很多，但其中五种主要元素是必备的。

元素一：现代的农家乐营销观念。今天农家乐营销的核心，不是有什么产品就卖什么，而是游客需要。如今的农家乐处在市场波峰浪谷颠簸之中，他们生存和发展的问题比以前严重得多，因此，“以游客需求为中心”的观念在营销中显得尤为重要。另外，理解和尊重是营销的前提，也是不容我们漠视的观念。农家乐营销管理者应该尊重营销员的想法，使其积极、稳妥地进行营销。

提示：农家乐营销管理者不能对营销有不切实际的要求，别把营销员的特点当缺点，更不能拿自己的思维去揣摩营销员。

元素二：科学的农家乐营销方法。很多营销管理者说过这样的话：“营销员毛病多，心浮气躁……”。常言说得好，一句话重复唠叨就是对人的不尊重。农家乐营销管理者的喋喋不休，除了让营销员心烦意乱，信心崩溃外，是没有别的作用显现出来的。

提示：训导千遍，不如培养营销员一个好习惯。千万别让营销员养成“好大喜功”的习惯。

元素三：健康的农家乐营销心理。要使农家乐营销员拥有健康的心理，营销管理者必须要保持一颗平常心。在营销工作中，对营销员以表扬为主是对的。农家乐营销管理者要让营销员永远有信心是最主要的。

提示：如今营销员对失败敏感，对成功渴望。农家乐营销管理者要抓住一切机会让营销员多实践，不断总结提高。

元素四：良好的农家乐营销方式。农家乐营销方式决定营销员的习惯。要培养营销员从小事做起，养成敢于思考、敢于实践的营销好习惯。营销习惯的养成犹如给营销员装上一台营销成功的发动机，也就意味着学会了营销。营销员要养成营销个案分析的习惯，这对于提高营销员缜密思维、善于思考等能力有很大帮助。

提示：农家乐营销管理者在营销中要给营销员创造营销的氛围。

元素五：平等和谐的营销团队关系。营销团队关系的好坏决定营销的好坏。农家乐营销管理者要慎重给营销员许诺，一旦许诺就一定要兑现。良好的营销团队关系体现在"五个相互"上，即：相互理解、尊重、帮助、信任、学习。

提示：当营销员遇到麻烦时，是否想第一个告诉你？如果是，那么你们的营销团队关系是良好的。如果不敢对你说，那就是不好的或一般的，不良的关系不利于农家乐的进一步发展。

(七)农家乐营销人员不可不清楚的六条禁忌

农家乐营销人员不可不清楚的六条禁忌：

1. 等待和拖沓

理由：时机只有一个，你看到了，别人也能看到。

建议：抓住时机。

2. 做事不看对象

理由：眼里没有游客，农家乐就没有了市场。

建议：针对目标游客运用营销手段。

3. 固执

理由：固执于原有营销思维，过分依赖原有的营销优势和营销经验，农家乐就被条条框框束缚住了。

建议：创新营销。

4. 妄言

理由：大出妄言，乱开玩笑是要不得的，开玩笑要注意对象和内容。

建议：管住嘴巴。

5. 无原则承诺

理由：自古有“一诺千金”之说，不能无原则地轻许诺言。对游客的要求，能办到的才能答应，不能办到的要婉言拒绝，否则既为难自己，又失信于人，这就不值了。

建议：一言既出，不放空炮。

6. 见利忘义

理由：营销要义利两立。营销要讲求信义。求利必须正当，取之合理。先义后利，以义制利。义为利之首，义为利之因。生财有大道，以义为利，不以利为利。

建议：见利思义，见得思义，义然后取利。

（八）农家乐营销中的“亮剑精神”

《亮剑》被有关机构评为“2005 年度十大名书”（见《燕赵都市报》2006 年 1 月 20 日），因了其中缭绕不散的“亮剑精神”。

如果细细品咂，当前农家乐营销的个中滋味，还真有点离开“亮剑精神”不行的感觉呢。

理由之一：营销出招好比“亮剑”出鞘，要“狠”。作为“剑客”的农家乐营销策划者，为了出“狠”招就必须充分考虑到游客购买的因素，如：市场因素，社会因素和心理因素，还要考虑到影响游客购买行为的经济因素，如：游客的收入、边际效用、农家乐价格这三个因素。更要考虑到影响游客购买行为的社会因素，如人们在社会行为中的各种表现，无不带有社会影响的痕迹，社会因素不仅影响人们的需求和态度，而且左右和控制人们的思想与言行，游客购买行为是一种复杂的社会行为，也必定要受各种社会因素的影响和制约，尤其是文化、社会阶层、相关群体、家庭等社会因素，对游客购买行为的影响就更为直接与明显。农家乐接触最多的游客群体是城市游客。那么，城市游客的购买行为有哪些特点？笔者认为特点有三：(1)城市游客购买农家乐产品比较讲究新奇而不是经济实惠；(2)城市游客购买行为强烈地受择优心理的制约；(3)城市游客购买时间比较集中。另一个群体知识分子又有何特点？这类游客的购买行为特征是这样的：其购买行为具有较明显的专业性特点；知识分子游客的购买行为具有连续性；知识分子游客选商品认真而细致；知识分子游客在其购买行为实施过程中自尊心理需要特别强烈。只有对游客群体有了深入了解，才能招招致胜。“狠”的实质是“精通相关知识”。

理由之二：营销原则好比“亮剑”准则，要“出剑有目标”。什么叫农家乐营销？狭义地讲，它是指运用有效的形式和手段，向社会宣传所提供的农家乐与服务，刺激和诱导游客的购买行为，推动商品销售额增加和利润增长而开展的各种活动。因为农家乐市场的需求特征主要有以下几个方面：多样性；层次性；可诱导性；专指性。所以我们的农家乐营销的原则是：坚持效益第一的原则；坚持实事求是的原则；坚持信誉至上的原则。这让我们认识到了“有目标”才能不“盲动”。

理由之三：营销策略好比“亮剑”对策，要“游刃有余”。因为农家乐营销作用是沟通农家乐市场供需信息；诱导游客新的需求；扩大精品产品，重点产品的社会影响；增强农家乐的知名度。所以，农家乐营销策略一般分为了两类：(1)推动策略，就是运用人员促销和营业推广手段，把农家乐商品推向目标市场。①人员促销，也称直接促销，是农家乐最常见的促销措施。是指农家乐员工综合运用销售技巧和农家乐知识，面对面地向游客介绍，推荐农家产品。②营业推广即活动促销，是指农副业产品展，经贸洽谈会，柜台摆卖，流动供应，优惠售货，特价销售以及新闻发布会等多种诱导性促销方式。(2)拉引策略。就是运用广告、征订农产品目录、公众活动和特种推销等方式，唤起游客的注意，激发游客购买的欲望。引导游客产生购买行为，以达到快销、多销目的。从某种意义上讲，“游刃有余”是一种高度和境界。

(九)怎样设计好农家乐营销活动

现代营销学告诉我们:一个产品最终价值的实现与否,其实是在这一产品最初的构思设计、制造中就开始孕育了,这在某种程度上说明了营销构思设计的重要性。营销活动是营销的外显形式,那么,营销者怎样设计好农家乐营销活动呢?

你会设计农家乐营销活动吗?

周六,他想再去听一听营销专家的讲座,取取经,回去后设计一下本农家乐的元旦期间的营销活动。他是一家农家乐的营销策划人员,像他这样的听讲座者在农家乐也是大有人在。如今,在农家乐也都有了营销部,有了农家乐营销活动设计人员。

在听完讲座后,他有意识地和前来听讲座的人交谈了一下,不过他对这些人产生了一个问题:会设计农家乐营销活动的能有几人?毕竟营销设计不是一件容易的事情,也不是听一次两次讲座就能解决问题的。

因此,有人说,在开展农家乐营销活动之前,你最好要想一想,你会设计农家乐营销活动吗?

我们需要什么样的营销?

我们需要什么样的营销呢?这对农家乐来说是一个十分现实的问题。我们能够感觉到营销大致是个什么样子吗?营销是有形的还是无形的?有人说,你认为1加1应该等于2,而他认为1加1永远大于2。这大于2的部分就是营销。因此,营销实际上是商品之外的人与服务的销售增值。营销是无形的资产,同时又是有形的数值。

我们需要的营销是我们心知肚明,知道所有的流程和缘由,而他人只能是隔岸观火,不明底细。营销的最佳境界是让我们的需求(卖出去)与他人的需求(买进来)完美的结合。在一起我们要进行的是与购买方面对面的活动。

某农家乐老板常常想:一些乡村农家乐饭馆的销售为什么不如城市饭店?出现这个差异原因是什么呢?难道只是因为城市居民消

费水平高？他到城市饭店里看了看，回来后立即把一些新菜品放在展架的中低层。结果，游客进店后都抢着点这些农家乐新菜。原来，看起来最惹你眼的地方，却正是游客看不到的盲区。不同的农家乐菜品展示，要根据游客群来选择，陈列到合适的位置上去，这样方便游客点选是肯定无疑的。某农家乐老板有感而发，他说，选择那些有利的事情做，这就是我这个农家乐所需要的营销，不做什么，也是“我们需要什么样的营销”这个问题的延伸。

（十）在科学性原则上把握营销的方向

农家乐营销活动成为营销者与游客心灵交流的平台，不但需要营销者在一个基点上站稳脚跟，而且还需要营销者在科学性原则上把握营销的方向。这个基点就是以游客为中心。科学性原则体现在两个方面：一是要实事求是。从客观营销环境出发，详细地掌握情况，从中引出正确的结论。二是要用科学的方法进行研究分析。在此原则基础上，把握营销的方向。有的农家乐营销人员说，开发团购市场是营销方向，还有的农家乐营销人员表示，他们的营销方向是开发妇女儿童农家乐市场。不管方向如何，都应遵循科学性原则。更有农家乐营销人员一针见血地指出：当我们发现问号的时候，其实就已经找到了方向。

（十一）莫让农家乐营销活动设计当成负担

成功举办农家乐艺术节这样的营销活动，对农家乐来说是综合性考量，除了设计能表达自已的展台，还要有参展人员、营销文本、营销活动等一系列手段的搭配组合，才能在农家乐艺术节上取得良好的效果，农家乐营销设计是为了取得预期的农家乐营销的目的，因此，农家乐营销内容应该是必要的，而不是可有可无的。故在进行营销设计时，应注意取舍。农家乐营销设计本身是一种行为艺术，有一定的趣味性，营销者莫把农家乐营销设计当成负担。

(十二)农家乐营销要找好活动设计的理由

农家乐营销活动策划设计是否能够有效地引导操作?这是人们十分关心的问题。为此,农家乐营销活动策划设计的理由要充分,要有说服力。如何才能找到活动策划的理由呢?我们要注意以下几个问题:

1. 有什么样的理念就有什么样的营销活动设计理由

你的农家乐营销活动设计取决于你的营销理念。营销理念是因,营销活动设计是果。营销活动设计上的每一次突破,都离不开营销理念的突破。农家乐营销如果在理念上不能有所突破,有所创新,那么就不会有营销活动内容、方法上的突破。现在,农家乐营销活动方案缺乏创新的现象很多,从某种程度上说,与农家乐营销活动策划设计者没有做到真正跳出"以农家乐为中心"的模式有关。方法设计上的落后,究其实是营销思想、营销观念的落后。在设计农家乐营销活动时,改变传统的农家乐营销观念,充分认识到以顾客为中心,关注营销活动的独特性是最为关键的。因此,营销人员要切实在营销中转变观念,创新营销设计方法,发挥出自身的作用。要充分认识到好的营销活动是实施买卖双方互动、相互交流、共同维护持久关系的过程。努力营造一种和谐、宽松的营销活动的氛围,要充分认识在新时期建立一种新型的买卖关系的必要性和重要性。要能够建立一种平等交流、相互尊重、互赢共进的买卖关系。

2. 创新营销活动设计方法,应先创新营销思想

增强营销意识要求切实做到以新的游客观、新的营销观、新的买卖观等新的理论、观念来指导农家乐营销活动设计,科学、合理地规划好和设计好农家乐营销活动。把新理念打回原形,新理念的实质是思维。把农家乐营销做好,就要用新的符合当时当地,符合时代要求的新思维去思考营销。营销要贴近市场,贴近环境,去做新的菜谱,必然要跳出旧的思维模式,采取新的方法以期上升到新的理论、思维。

3. 要心目中有游客且从游客实际需求出发去设计营销活动

“为游客的需要设计农家乐营销活动”，与其说是一种理念，倒不如说是一种具体的农家乐营销行为。农家乐营销策划者在活动设计时，心目中装着游客，就能“为游客的需要设计农家乐营销活动”。这就需要农家乐营销策划者要充分地了解游客，坚持以游客为本，尊重游客，欣赏游客。对游客的知识基础、兴趣爱好和内在潜能有充分的了解，对游客在购物时可能出现的情况要有充分的估计，这就是了解游客。了解游客，还要对游客已有知识和新知识间的联系进行分析，并且努力寻找农家乐营销的最佳时机。要根据掌握的情况形成多种对策预案，使所设的农家乐营销起点与实际的游客购物起点相吻合，这就是“因游客而设计”，也就是说，因游客的购物状况和内在需要来设计农家乐营销思路，准备指导策略，从而真正落实“据游客而营销，以游客需求定农家乐营销”的思想和策略。

从游客的实际需求出发，去搞农家乐营销活动，就是“心目中装着游客”。为此，在农家乐营销活动设计之前，要考虑以下一些问题：

游客对什么最感兴趣？什么时候对农家乐营销活动反映最积极、最投入？最喜欢什么样的农家乐营销活动方式？

游客是否已经具备了进行新的购物所必须掌握的知识信息？

游客对购物有什么想法？哪些需要农家乐营销策划者对游客购物进行引导？

选择设计行之有效的农家乐营销方式方法应据此进行，还要在农家乐营销中不断调整并优化活动设计，以期真正满足游客的农家乐需求。

4. 农家乐营销活动设计更要体现出自我

农家乐营销策划者是营销资源。农家乐营销策划者如果在农家乐营销时仅把自己作为进行营销活动设计的工具，而忽视了自我在实施农家乐营销方案中的优势作用，其营销设计肯定会是不切合实际的，这样不仅自我的资源价值得不到体现，还会影响营销效果。营销时勿忘自我，注意体现自我，发挥自身优势，要努力使农家乐营销人个体独具的个性魅力在农家乐营销设计过程中得以张扬，努力优化农家乐营销活动设计，逐步形成较为成熟稳定的营销风格。因此，在进行农家乐营销预案设计过程中，我们倡导“三问”，一问你的农家乐营销预设是否有效；二问农家乐营销有没有比这更有效的设计；三问对于我们来说，怎样设计最有效。让农家乐营销策划者在反思中不断调整自己的营销预案，使营销有思想、营销内容与人(农家乐营销者、游客)合一，从而进入农家乐营销的最高境界。

5. 农家乐营销活动设计要注重创新

每天的太阳都是新的。农家乐营销活动设计亦是如此。由于每一次农家乐营销活动设计所处具体情况和经历的过程都是不相同的，每一次都应是唯一的、不可重复的，因此，新的营销活动形式应该是丰富多彩、灵活多样的。农家乐营销活动设计要因时、因地、因人制宜，因营销主题、活动内容、营销者能力水平的不同而异，力求各具特色，充满创造性。事实恰恰相反，我们调查发现，很多农家乐营销活动设计似乎是千篇一律，这样农家乐营销活动设计既没有标新立异的鲜明特色，更没有一丝一毫个性的张扬，常常是千篇一律，吸引不了游客，效果很差。农家乐营销活动设计的创新在很大程度上源自于农家乐营销活动准备工作的创新。要注重从营销准备工作开始渗透新理念，体现新思想，融注新方法，才能准备好、设计好有特色的农家乐营销活动，才能使农家乐充满活力。

新营销理念下的农家乐，营销活动前的准备工作是动态的、发展的。要根据游客需求的变化，不断调整自己的预设性、准备性的设计。

(十三)农家乐营销活动设计要做基础性准备

常言说，有备无患，不打无准备之仗。要设计好农家乐营销活动，必须要有所准备。这主要包括知识准备、心理准备、情况准备、物质准备。知识准备：知识素质储备。营销者应做有“识”之人。具体来讲，“识”的素质应是：一要看得“准”。包括营销调查与预测、辨别真假营销信息、推理判断等，都必须突出一个“准”。二要看得“深”。分析研究一个问题，既知其表，更知其理，能够掌握事物内在因素，掌握其规律性。也就是透过现象看到本质 。三要看得“广”。看问题无深度，就无法看到事物本质；若无广度，也就无法把准时代之脉搏。“广”的意思在“全”，就是全面地看问题，看背景，看主流，看发展。四要看得“高”。见解要有独到处，高于一般。心理准备：主导型心理素质的培养营销者要能主导活动全过程。情况准备：各种复杂情况下的预案准备。物质准备：POP广告物料等的准备。

（十四）农家乐营销者的职业操守

无论做任何事，我们都要设身处地去为他人着想。正如孔子所言：“己所不欲，勿施于人”。身为一名尽责的农家乐营销人员，应要有职业操守，不要只为赚取更多的盈利，而生硬地将游客不需要或品质差劣的农家乐商品推荐给他。试想，如果你也遭受这种待遇，滋味又会是如何呢？农家乐营销即做人，将心比心是上策。

（十五）农家乐营销者要加强对目标游客的把握

选择什么样的目标游客作为农家乐的营销对象，并且针对这些游客选择什么样的农家乐营销策略非常重要。许多农家乐营销活动不成功的一个重要原因之一就是做事不看对象。农家乐市场营销就是针对目标游客运用农家乐营销策略的过程。

（十六）农家乐营销人员设计的主要环节是什么

营销主题是强化营销的外在表现力的一种重要手段，它是创造商品价值不可缺少的一部分。营销主题在营销活动设计中占有举足轻重的地位。我们有必要在营销活动设计中，根据客观需要，不断创新思维，使营销主题更准确、更生动地反映活动中心，更成功地做好营销活动设计。营销活动设计者，以恰到好处的营销主题提高营销的外在表现力，对营销活动的整体效果，无疑起到了点石成金的作用。要真正成功地发掘出营销主题，须注意以下几个方面的问题：要与设计者自身条件和设计者所扮演的“教练员”的角色相结合。要与整个活动追求的效果及氛围相统一，要与农家乐的风格和特色相结合,要与设计要求及设计条件相结合。不断提高营销主题的表现力是农家乐营销活动设计的必由之路。

(十七)怎样设计好每一次营销活动

1. 明确营销活动设计的目的

总体来说,任何活动营销目的只有一个,就是以客户为中心,但具体每一次活动,一个小的目的确有深层次的差异。有的活动是一次盛会,有的活动是一个展示平台,有的活动是一扇窗口,有的活动是一个文化节日,即使这些小的目的一定也要明确。

2. 把握营销活动设计的内容

大一点的营销活动可分为几个或十几个主题的活动。为确保主题活动成功,营销者会组织目标游客进场,组织相关机构到场等等这些都是营销的内容,一定要把握好。

(十八)讲究营销活动设计的技巧

1. 把提炼农家乐营销活动设计的主题放在首位。
2. 口子开得小,主题掘得深。
3. 分清主次,详略得当,把活动交代清楚。
4. 活动设计的结构和语言不要套路化。
5. 活动的题、文要相符。
6. 活动要体现人的活动和思想。
7. 活动用词表达要跟上时代,符合规律。
8. 主动了解游客意图,才能设计好营销活动。

(十九)提高农家乐营销设计有效性的几种策略

"在鸡蛋还没孵出小鸡之前,请先别数有多少只小鸡",常常有人会对营销设计者这么说。这从一个侧面说明了营销活动设计者不光要设计好具体步骤,还要切实提高设计的有效性。下面介绍一下提高农家乐营销活动设计有效性的几种策略:

1. 新的策略

理念新——先进的农家乐营销思想。

所谓理念，是一个人所具有的准备付诸行动的信念。它既是一种观念，也是一种行动。新的营销理念有个特点，就是扎根在营销人员的想象力和创造力，以及随着技术进步不断涌现的各种机会。新的营销理念的内涵包括以下几点：

2. 新的游客观

要点是：每一个游客都可以买到称心如意的农家乐的商品。

不同的游客购买不同水平的农家乐商品。

游客的购物是一个有意义的增值的消费过程。

游客可以选择自己喜欢的方式来购买农家乐。

3. 新的营销者观

要点是：农家乐营销者是农家乐营销的策划者和开发者，不是农家乐营销活动的被动的执行者，农家乐营销者是农家乐营销活动的组织者、引导者和合作者。

4. 新的营销评价观

要点是：评价目标不是一元的，而应是多元的。评价的方法不是单一的而是多样的。对农家乐营销的评价要关注营销结果，更要关注营销的过程。要关注营销水平，更要关注买卖双方在农家乐营销活动中的表现出来的情感与态度，帮助游客认识自我，建立信心。

5. 新的资源观

要点是：农家乐营销者本身就是营销资源。

农家乐营销者应创造性地进行营销。

利用和开发身边的营销资源，使农家乐营销内容贴近游客贴近社会。

思路新——构思新颖、实用高效的营销思路。

手段新——重视现代化手段的运用。

6. 趣的策略

要点是：启动活动时引发游客兴趣。

活动过程中保持游客兴趣。

活动结束时提高游客兴趣。

7. 活的策略

要点是:农家乐营销方法灵活把农家乐营销工具用活,把游客激活。一是培养游客。二是凝聚游客。

8. 实的策略

要点是:活动内容充实。

合理确定活动内容的广度和深度。

明确营销的重点、难点和关键。

合理安排营销时间先后顺序。

注意营销与游客的关系。

活动目标落实。

9. 美的策略

要点是:风格、氛围、感受美。

风格美。

如:有的农家乐营销活动设计是“办老百姓的文化节日”,以其鲜明、美好的大众风格赢得了广大游客。

氛围美

如:某农家乐大型营销活动贴近“乡土文化”这一主题,联系新闻媒体“海陆空总动员”,大造声势,形成了舆论氛围的美。

感受美

如:某农家乐营销活动期间还搞了“捐建乡村社区农家乐活动馆”活动,使公众感受到营销者的美的心灵。

(二十)把握“六性”加强农家乐营销策划

农家乐营销策划的根本目的在于保证符合策划单位的计划,从而有效地实现预定目标。

1. 通俗性

营销活动主题如果过于晦涩,那么就可能出现错误,从而影响到预期目标的实现。有时需要用简单的营销策划主题来代替复杂的营销策划主题。

2. 合理性

营销策划的目标必须是合理的且能达到的。如果目标太高或不合理，它就不会起到应有作用。一般来说，目标应该是富有挑战的，“跳一跳能够够到的”，能激励人表现得更好。

3. 战略性

营销是战略规划，它涉及到农家乐的整体经营战略，涉及到相关部门的协调一致。营销策划要提到战略高度来认识，对那些有战略性影响的营销要素要充分考虑，制定长远的营销计划。

4. 前瞻性

营销策划是农家乐销售的前期工作，这决定了它的前瞻性。前瞻性是以掌握的情况、信息准确和及时为基础的。一个信息准确的营销策划，可有效避免“当机不断”或“无机而断”现象，最好的信息如果过时了，将毫无用处。因此，一个有效的营销策划必须能够提供及时的信息。

5. 经济性

营销策划必须经济，必须与其成本进行比较，为了使成本最少，策划应该尝试使用能产生期望结果的最经济的方式、方法。

6. 实效性

评估营销策划效果，方法有很多，最基本的方法就是比较策划前、中、后的销售数据。例如：某农家乐在策划之前的市场占有率为67%，在策划期间上升到93.6%，而在策划结束后马上降至50.4%，一段时间又回升到81.3%，这说明此次营销策划活动吸引了新的游客，也刺激了现有游客购买更多的农家乐产品。策划结束后，销售量下降，原因在于减少了存货量。市场占有率长时间提高到81.3%，表明该农家乐有了一些新游客。在评估中，要尽量多用一些指标来更准确地评价营销策划的实效。

（二十一）如何搞好农家乐营销策划工作

当前，商业营销手法各种各样，比如买100元送100元的活动，但活动所送的礼品或者礼券对很多人来说都不需要。再比如现场抽大奖活动,活动的奖品只有很少的消费者可以抽到。这些商业营销手法鱼龙混杂,农家乐在销售上当然不能这样做。要搞好农家乐营销活动,策划是关键。那么,农家乐应如何搞好营销活动策划呢?笔者认为要做好以下几点:

1. 策划要防止“一意孤行”

“定位”理论创始人特劳特说过:搞策划,就好比打乒乓球,要两个人玩(或多人玩)才玩得起劲。好的方案、策略往往都是在碰撞中产生的。一般来说,农家乐人员不多,尤其是具有农家乐策划能力的人员更是凤毛麟角,正因如此,策划人更不应自视清高,一意孤行。

2. 策划要注重“文化性”

与商业营销相比,文化营销的要求更高,也更难。农家乐要从大处着眼,侧重从文化角度来策划营销主题。农家乐把营销活动作为文化活动来做,还有助于活跃乡村人民文化生活,陶冶人们的情操,培养人们的兴趣。尤其是在倡导“营造文化缤纷生活”的今天,更具有特别的意义。

3. 策划要建立在对市场心中有数的基础之上

如果农家乐不了解市场需求,不了解目标游客状况,就不会很好定位,就不会有的放矢,到头来只会做些无用之功。

4. 策划要考虑营销成本

最好从几套营销预备方案中去粗取精,选出营销成本低一些,预期效果好的方案。这对经营愈来愈难的农家乐来说尤为重要。

5. 策划要以能带动销售为准则

说一千,道一万,策划的最终目的是要能带动农家乐销售。从这种意义上讲,好的策划也是一种销售,或者说是销售的“加速器”。它是以头脑智慧赢得货币的一种方式。当然“脑生钱”并不是轻而易举就能实现的,但如果偏离了“带动销售”这个准则,再花哨的策划也没有价值。

6. 策划要不断创新思维方式

农家乐由于接受资讯不够等条件的限制,思维方式易传统、僵化,而创新的思维方式决不拘于某个农家乐,某条线,而是开放的。

如暑期农家乐营销活动可以是九折优惠售产品，也可以是农家乐联展，还可以是特价商品展销等等。

7. 策划要善于把握有利时机

商家有“金九银十”的说法，对于农家乐而言，9 月是销售高峰，10 月则有所降低。再比如，5 月 1 日至 7 日和 10 月 1 日至 7 日这两个黄金周更是农家乐销售旺期。与最佳时机相适应的营销活动一般都能获得最佳的效果。

但是，精明的农家乐策划人更会从一般人不易察觉的突发事件中发现农家乐营销的“商机”，从而创造并抓住有利时机。

8. 策划要“从始至终”

尤其是一些系列农家乐营销活动，活动与活动之间环环相扣，相互联系。这样的策划就要保持完整性，不要半途而废。

9. 策划要做到对游客诚信

坑骗游客是策划之大忌，要想能吸引住游客、凝聚游客，就要对游客讲究诚信。

(二十二)十六句话：农家乐营销人员必备宝典

有十六句话，应该是农家乐营销人员必备的，总结起来是：

第一句话：首先结成营销团队

农家乐营销人员应该认识到营销的成功除了个人的因素外，更重要的还在于团队的力量。因此，要结成一个团队，只有这样，才能成为有力量的拳头，发挥出更大的作用。

第二句话：一个有争论的营销团队不见得是坏事

如果一个营销团队，大家都听一个人在说而不表态，没有人提出问题和建议来，那么这个团队可能是一个有问题的团队。一方面，团队成员可能不敢说不愿说，另一方面，团队成员可能是思维保守，惰性强，说不出更新的点子来。敢于争论，把问题摆在桌面上，制约执行的问题一旦获得解决，那么行动起来如释重负，效果会事半功倍，没有争论，说明没有人预见到将来会发生什么，执行起来就事倍功半。

第三句话:进行有效分工,把任务分下去

如果把一个任务比做画一条龙的话,那么你一定要学会把任务细分成几个小任务。这几个小任务要分给团队成员。

第四句话:做一个有远见的营销人很重要

做一个营销人好做到,做一个有远见的营销人不好做到。有远见的营销人走得远,有前瞻性,能够预见未来。

第五句话:找准竞争对手为己方的营销定好位

对竞争对手如果看得不准,很容易使己方的营销定位发生错误。营销定位错误会引起连锁反应,导致其他方面也不准。因此,找准竞争对手为己方的营销定好位十分重要。

第六句话:要有一个良好的成功心态

一个良好的成功心态,有助于农家乐营销人员树立信心,排除困难这就需要农家乐营销人员心理素质一定要过硬。

第七句话:认真负责地做好分内的事

分内的事,是农家乐营销人员应该做而且应该认真负责地去做的。这是职业的要求。

第八句话:不要浪费社会资源

社会资源对农家乐营销人员来说,是应该节约使用的。浪费社会资源,损失的是农家乐营销人员自己。有社会分工就有社会资源,社会分工不同,获得的社会资源份额的多少就不同。对社会资源的利用,农家乐营销人员也应遵循效益化的原则。通过对社会资源精巧组合,获得最大的效益。在某种程度上说,农家乐营销策划,就是为了更好地经营与农家乐营销有关的社会资源。

第九句话:认真研究市场游戏规则

市场游戏规则,是与国际接轨的规则。规则本身具有国际水准。但如果你不懂或者不注意研究它,它就会阻碍你而你眼睁睁地看着规则对别人说“放行”,反之,你就会在规则中感到“游刃有余”。

第十句话:团队领导要使自己的角色由裁判员向教练员转变

营销团队的领导要做到有所为,有所不为。该管的管,而且要管好,不该管的就不要管。记住:你不应是报时人,你所说的时间就是标准时间，你应成为造钟人。你在与不在，团队成员都知道大家应该在什么时间干什么事情。

第十一句话：学会放弃，有时会得到更多

你要学会做减法。在营销任务很重的情况下，你要让自己从中跳出来，以全局的眼光，看自己所做的哪些有价值？哪些没有价值？对那些没有价值的，就要放弃不做。要避免做些无用功，这样，你在农家乐营销的路上会获得更多的成就。

第十二句话：授权一个人在较短时间内完成营销方案设计

一个农家乐营销方案，没必要经过团队成员集体设计，为节省时间，可授权一个人在较短时间内完成营销方案设计，设计出来后再集体讨论也不错。

第十三句话：应认识到策划也是销售过程的有机部分

搞农家乐营销，策划很重要。但人们往往仅把策划看成是一个农家乐营销过程之外的工作。实际上，好的营销策划，就说明农家乐营销成功了一半，即：策划也是销售过程的有机部分。

第十四句话：卖商品更是卖营销理念

这好比做加法。营销理念的积累越充分，商品越好卖。

第十五句话：选择好营销模式和竞争战略

竞争战略包括战略基点、方针、手段。战略基点分市场领导者、挑战者、跟随者、补缺者。战略方针分为成本领先、产品差别、市场集中三类。战略手段分为价格因素和非价格因素。两种营销模式是与竞争战略相关的，选择好营销模式和竞争战略，对农家乐营销非常重要。

第十六句话：创新手段让商品变得与众不同

农家乐营销手段创新，最重要的是让商品变得与众不同。

(二十三)设计农家乐营销模本

某农家乐3·15营销模本

活动时间：3月10～15日

活动主题：情系3·15 爱心连万家——关注3·15 投诉有理更

有礼

活动地点：×××农家乐

活动内容：

1. 农家乐“五优”郑重承诺

(1)优雅的就餐环境：布置餐厅，营造热闹的就餐气氛和环境。

(2)优质的商品质量：活动期间，凡在餐厅内找到过期商品以及存在质量问题的商品，均可获得礼品。

(3)优异的服务品质：3 月 15 日当日，凡到×××农家乐就餐的顾客均可到服务台领取一份“服务质量有奖调查活动”表，填好后交回，即可获得精美礼品。

(4)优价的特卖活动：活动期间，推出一批特卖商品(确保质量和品质)，超低价促销。

(5)优厚的促销内容：推出一批农家乐商品进行买赠。

2. 农家乐诚信——与您互动

(1)消法咨询：3 月 15 日上午，由市消费者协会在×××农家乐门前设立咨询台，向消费者宣传消费者权益保护法的有关条款，并现场处理维权投诉。

(2)请您监督：提前招募消费者代表 50 名，3 月 15 日下午在×××农家乐门前举行授权仪式，聘请他们为农家乐的监督员，负责×××农家乐内的商品质量监督工作，定期给农家乐提出各种整改意见和建议，根据所提建议的采用价值高低，农家乐为其提供价值 20～100 元不等的纪念品。

3. 特别企划：情涌×××农家乐——就餐淘金乐融融

来×××农家乐，获幸运之奖：3 月 15 日当天，在农家乐内不同的地方放置 10 套加盖农家乐印章的电脑打印字(×××诚信 就餐放心)，如能找齐一套，即可到服务台换取价值 50 元的奖品一份。

活动配合：

餐饮部安排促销活动细则；商品部组织产品及联系供应商品；营运部实施活动计划；企划中心制订方案及实施广告项目。

九、农家乐经营诀窍

(一)农家乐经营诀窍内涵

1. 树立正确的经营理念

农家乐经营者应树立这样的理念：

(1)特色经营。

特色经营要求农家乐应走与众不同的差异化之路。

(2)联合竞争。

联合竞争的结果是使农家乐的主导作用更强。

(3)多元化经营。

多元化经营在经营战略中属于商品、市场战略。从农家乐所实行的多元化经营来看，主要是为了解决以下问题：一是分散风险。农家乐以本行业为中心，用副业的形式向其他领域扩展，以此分散经营风险。二是农家乐为有效地利用经营资源，在技术、市场上，向有关联的领域发展。促进农家乐采取多元化经营战略的根本原因可归结为两个方面：其一，外部原因：需求增长率可能有所停滞；拳头商品市场的集中程度受到影响；需求的不确定性。其二，内部原因：存在潜力资源，规模大。多元化的行业选择有两种，一种是靠层层加价而形成的暴利行业。另一种是进销差价形成的暴利。但我们还应注意到，有些行业自曝“暴利”，实际上后进入者进入后，已经不能再有暴利之享了。因此，选择多元化的行业，不要以是否暴利作为选择标准，要保持理性，因为毕竟能销出去才是关键。

(4)“走出去”的战略。

要敢于走出狭小的区域，致力开拓大市场。在优化经济结构和提高经济效益的大潮中，要敢于向市内外、省内外发展，包括并购，在更大领域内树立起自己的形象。

2. 明确开农家乐的经营思路

(1)发展农家乐连锁经营;(2)利用网络进行营销;(3)让网络给农家乐做广告;(4)通过网络塑造农家乐形象。

3. 明确农家乐经营模式

农家乐主要经营模式:龙头企业带动型;主导产业带动型;商品基地带动型;专业市场带动型;服务组织带动型。

4. 制定农家乐的经营方案

(1)透明式经营。

(2)累积卡积分制经营。

(3)提高餐饮的附加值:选择好吃的“素材”;开发令人惊喜的“素材”;素材维持原貌并保持野味;使用天然食品作为调味料。

(二)农家乐旅馆经营诀窍

1. 追求服务上星级。

农家乐旅馆的主要功能是提供住宿,备受城市一家几口一同旅游者的青睐。一些地区对农家乐旅馆实行星级评定,考核集中在基础设施、产品特色、服务质量、安全管理、环境卫生等几个方面。得分65分以上为一星级,80分以上为二星级,95分以上为三星级。

2. 乡情服务暖人心。

一些地区的农家乐称客人为“且”,游客感觉那里的农民特别自然、善良、淳朴、热情,因为接人待物的态度、方式不同。这种乡情服务给游客“如家”的感觉,温暖的是游客的心。

3. 大众价格游出所值。

薄利多销的价格策略,大众能接受的价格,享受尽可能高的服务质量,让游客有超值之感。

4. 根据旅游者群体不同采取不同的服务。

对都市已婚年轻情侣群体,提供“二人世界”浪漫服务。对三口之家群体,提供“亲子”亲情服务。

(三)农家乐餐馆经营诀窍

1. 培养忠诚的顾客群。

2. 提高游客的满意程度。

在让客人得到一个安静舒适的就餐环境,提高其满意程度的同时,给游客以建议,提高其消费水平。

游客在大厅就餐与在包间就餐,消费水平是不一样的。一般地,散客、普通客人才会选择就近坐在靠近门口的大厅内,而重要客人会选择在包间就餐,一旦在包间落座,会招呼服务员拿菜谱来,而在包间外就餐的游客极少这样做,一般心里早有目标,直接就要求上饺子或肉饼这样的主食,很少要菜。如果给一行五六个人的游客提个建议,提供包间给他们使用,那么,他们吃饭的时间会延长,点的菜如果不够,会马上加点一些菜。菜品的利润可要比馒头、大饼之类的主食的利润要高出很多。

3. 提供个性化的服务。

个性化的服务,如:设立情侣包间、情侣套餐等服务。

4. 妥善处理顾客的投诉。

5. 刺激顾客重复消费。

6. 重视与顾客的交流与沟通。

7. 搞好与政府部门的关系。

8. 拥有特色的烹饪、加工技术。

9. 推出绿色的菜谱。

10. 推行情感营销。

11. 突出特色文化。

辽宁鞍山市千山风景区东北部,农家乐较集中,有辽宁省三星级、二星级农家乐。品一品农家菜肴,住一住农家小院,游客体会到轻松和舒适,这就是特色文化的魅力。

12. 采取多种方式扩大餐馆的影响。

玩转农家乐餐厅就是一趟美食之旅。为突出椰风海韵,某农家乐在餐厅做了一棵巨大椰子树的造型,在长椰子的地方代之以摆放成椰子形状的海虾，让游客享受热带度假风情，一切显得悠然自得。

某农家乐把“自在，则无所不在”的理念渗透到扩大农家乐餐馆的影响上。吸引众多游客抛却旅游心念，融入当地农家生活，享受最纯正的美食。

13. 树立“顾客至上”理念。

农家乐为游客提供的服务代表着“顾客至上”的理念，给他们提供的服务也要多样化，如：接待、问询解答、寄存物品、医疗急救、失物招领、导游服务、贵宾服务、游客休息、按需提供残疾车、童车、充电器、雨伞等。

14. 确保食品安全、卫生。

(四)农家乐商店经营诀窍

1. 围绕特色延伸产品链条。

2. 对产品保质保量。

3. 采取“前店后厂”方式。

4. 让导游、司机、领队认可、宣传产品。

5. 提供寄存服务。

6. 提供现场制作和游客自己动手做。

7. 办手工艺品制作培训班，招收游客学员。

8. 配备专门讲解员讲历史传承。

有条件的农家乐应配备 2～3 名乡村导购员讲历史传承。

9. 提供咨询服务。

10. 争取储蓄代办、邮政代办。

11. 免费提供汲水井、打气筒等。

12. 产品分出价格档位。

13. 提供优惠券、代金券、积分卡。

14. 陈列摆放商品要科学。

陈列商品其实体现着经营思路和风格。

人性化的经营，体现在对顾客视线所及货架的商品摆布上。在高 16 厘米的顾客舒适视线范围内，按其舒适度大小排序，是：

第 8 级舒适度——16 厘米高度

第 2 级舒适度——15 厘米高度

第 1 级舒适度——14 厘米高度(最佳舒适高度)

第 3 级舒适度——13 厘米高度

第 4 级舒适度——12 厘米高度

第 5 级舒适度——11 厘米高度

第 6 级舒适度——10 厘米高度

第 7 级舒适度——9 厘米高度

15. 水平商品排面较科学。

水平排面的商品对顾客更有视觉冲击力。

16. 陈列要让顾客“喜出望外”。

17. 留住顾客。

通常,农家乐商店失去顾客的原因有:

(1)店员正打电话。

(2)态度蛮横。

(3)气味不清新。

(4)产品质量不高。

(5)表情冷漠。

(6)过分殷勤。

(7)找不到商品。

(8)没人提供帮助。

要改变上述八种行为,方能留住顾客。

第六章　农家乐管理之术

（决定农家乐销售扩大）

本章详细介绍了农家乐人员、采购、库存、成本、损耗、财务管理及厨房、餐厅等管理术。这些能为扩大销售提供保障。

玩活农家乐管理

· 内部管理状况如何决定企业销售扩大。

1. 要有针对性、有预见性地做好农家乐经营管理工作。

2. 人的管理是农家乐管理的重要组成部分。

3. 对员工心理进行深入分析，了解员工心理状态，有针对性地做好思想工作，进行心理引导，解决员工心理问题，调整好人际关系，保证工作协调一致，共同搞好工作，避免矛盾。

4. 有的放矢运用激励机制调动全体员工积极性、创造性，更好地实现组织目标。

农家乐管理是农家乐顺利运营和扩大销售的保障，它包括设施、人员、服务等的管理，涉及的部门多，实行标准化是其中一个重要的方面。标准化包括基础标准化、管理标准化、服务标准化、岗位工作标准化。只有全面推进农家乐管理的标准化建设，才能让农家乐旅游的七大要素“食、住、衣、行、游、购、娱”形成完整、流畅的服务流程和服务规范。

一、法国关于农家乐管理的办法

法国关于农家乐管理的办法主要有：

法国成立有农家乐经营者的组织——法国农家乐联合会。它的职责就是负责监督管理农舍出租的标准。它会定期派人来检查农舍质量和卫生条件。早在1974年，联合会就颁发了《质量宪章》，根据农家乐的周边环境、软硬件设施、房间舒适度及各项服务，用麦穗这个标志，把它们分为五个等级。最低等级为一个麦穗，表示该农户家外面有花园，可供六人使用的洗手间，供七人使用的淋浴间。有烤肉器、自动烤箱、冰箱、厨具、洗碗设施、洗衣设备、电熨斗以及提供婴儿椅。最高级别是五个麦穗，要有私家花园、停车库，还要有包括网球场、游泳池、桑拿及音乐设备在内的休闲设施。可以说，行业自律是保证法国“农家乐”服务质量的一个重要因素。

法国农家乐垃圾箱采用欧盟统一垃圾分类回收标准。

法国农业及旅游接待处制定了严格的乡村旅游管理条例。

例如：提供饭店餐饮的“农家乐”，必须使用当地生产的农产品，不得使用罐头食品（酒和奶酪除外）；必须使用本地的烹调方法来呈现本土乡村美食特色；餐饮提供的主要食品，必须是当地的新鲜食品，不得用冰冻食品。这些做法保证每个农家都有自己独特的产品，也减少了农家乐之间同质恶性竞争。

二、国内农家乐员工招聘与管理

(一)招聘工作人员

招聘工作人员主要是从社会招聘和面向职业技校招聘。招聘方决定录用谁就同谁签订劳动合同,不少于一年。试用期一般为一至三个月。

1.招工

(1)合理配置员工

运用科学、规范的管理方法配备工作人员是农家乐经营者的基本功之一。

农家乐住宿服务标准不同决定了人员配备的比例不同。

以卫生、安全为住宿标准的家庭旅馆式的农家乐不如接待高档游客的乡村酒店式农家乐住宿服务标准高,人员配备多。

农家乐档次不同,清洁客房的人员标准不同。

(2)从工作分析开始选聘员工

工作分析是岗位分类、岗位评定、岗位分析等工作的总称,主要是确定工作性质、工作程序、工作简繁难易、责任轻重等。

工作分析有两个重要的说明书:

一是岗位说明书(清楚地表述申请工作者所必须达到的最低任职标准):

岗位名称:客房服务员。

直接上级:住宿部主管。

工作联系:洗衣房、消毒房、保卫员、工程维修人员、前台接待员、收银员。

工种类型:非技术性工种。

工作定额:日清洁客房 14 间。

年龄要求:20～50 岁。

工作经验:无特殊要求。

教育程度:高中以上文化水平。

身体状况:能承担轻度、持久性的体力劳动。

工作时间:每天 8 小时工作制,每周 40 小时。

休息日:每周休息两天。

年假:根据劳动合同法的相关规定执行。

额外待遇:提供工作服两套、工作餐两餐(早餐、午餐或晚餐),有倒班宿舍。

工资:按同行业员工工资标准或劳动合同中约定的工资标准执行。

智力条件:理解力强、有较好的记忆力。

品德与外貌:诚实、认真、讲究卫生、有礼貌。

工作职责:做好客房服务工作,保证客房清洁和安全。

二是职责说明书(对每位员工必须完成的所有工作的详细报告):

职务:客房服务员。

直接上级:住宿部主管。

岗位职责:

签到,领取钥匙及房态报表,参加早例会,记录对游客服务注意事项。

检查工作车上的用品、工具是否齐全,数量配置是否合理。

检查所负责客房的情况。根据客人的要求、清洁客房的顺序及工作程序清洁客房。

按要求报告房态,接受主管检查。

报告住店客人的特殊情况及患病客人的情况。

报告客房维修事宜,并做好记录。

及时报告客房设备损坏及物品遗失情况。

认真、及时、准确地填写工作报告。

及时、准确地回答客人的疑问,做好客人的接待服务工作。

清点物品,配齐工作车,做好交接班工作。

交还钥匙，签字下班。

2. 确定完成工作的时间和定额

通过分析研究，计算出清洁一间客房的平均时间，据此确定一名客房服务员的工作时间。

例：服务员每天工作时间为8小时(480分钟)，综合其他因素，得出结论：一名服务员日清洁客房定额为14间较为适宜。

(二)制定招聘标准

1. 农家乐经营者需要根据聘用的工作人员岗位职责来制定招聘标准。比如：掌勺厨师、刀工、案板师傅、前台服务员、保安或者门卫，招聘标准可能会因岗位的不同而有不同的标准。

农家乐考虑应聘人员年龄、性别、工作经验三个因素的较多。老板聘有实战经验的员工，节省的是人力资源培训费用，其实还有时间成本。因为具有实战经验的员工，不是一天两天就能“炼”成的，往往需要几年十几年才能业务精通，这也是老员工相对新员工的优势。因此，在老板招聘员工的时候，多把员工有无实战经验作为必备考量条件之一。员工的工作经验是一笔可观的财富。30岁以上员工一般都有一定的工作经验，但有些老板以其拖家带口可能会影响工作而将这些员工尤其是女性排斥在外。其实，这个阶段的员工尤其是女性，工作起来更认真，工作起来更努力，我们还是应该多多考虑一下员工实战经验能给农家乐带来的有利的一面。

2. 农家乐老板亲自选员工。一则小故事是这样的：一农家乐老板要招个前台领班，老板亲自面试。他对应聘来的人说：“你们都到我办公室来吧”。到他的办公室，要经过一个院落，院内横七竖八地散落着一些东西。其中一名应聘者边走边把地上的东西拾起来，摆放整齐。等大家都来到了老板办公室，准备发表竞聘领班的演说时，老板却向大家宣布，考试已经结束，并指着那个一路忙活的人说，你被录取了！老板要找一个领班，应聘者是否口若悬河并不重要，他要找的是眼里有活儿又敏于行的人。这是因为所有的竞聘演说，都要变成实际行动才能看出效果。当然，敏行不是盲动，要事先计划好，实施时才能果断坚决。

3. 农家乐老板选领班有标准，具体而言，不外以下标准：高中以上文化程度。有领班工作经历。

善于沟通，乐于交流。有一定领班技巧和水平。会进行账务及业务问题的处理，有一定核算知识。

4. 领班的应聘者应给老板一个良好的第一印象。

(1)不能装。你的动作、姿态、外表、目光、表情，对第一印象非常重要。这些信息是装不出来的，而是靠个人内在修养来传递。

(2)第一印象来自文字交流、声音、见面交流。见面交流占55%，决定第一形象。声音占38%，文字交流占7%。见面前4秒的接触决定第一印象的好坏。

(3)第一印象要求别过分注重衣着、笑容。

5. 被老板选中为领班有窍门。作为应聘者，如何才能被老板选中为领班？窍门有：应聘前，要对自己的形象进行一番修饰，最好是服装整洁，举止文明，热情、大方、怡人。要讲自己的优势，要讲自己如何能够保持一个良好的开业销售额，以及如何提高销售额，要把自己的措施说到位，让人信服。

6. 领班在开业时应为老板分担些工作。领班在开业时应为老板分担的工作，内容主要有：和自己的员工交流，了解员工。在开业典礼时，接待好来宾。建立账目，搞好管理。

(三)撰写员工招聘简章

例一：　　　　××农家乐招聘简章

××农家乐位于××东×××国道×侧×××农业园区内。交通方便，距××市区仅××分钟车程，乘坐××路×××站下车即到。

农家乐占地百余亩，餐厅营业面积60000余平方米，能同时容纳1300人用餐。

以海南生态椰林渔村为主题的中餐厅，让您足不出户便可畅享大自然的无限美景，俯瞰江南小桥流水，仰望园中假山妙石及千奇百怪的海南植被，亦可随时倾听优雅的古筝弹唱。一俯一仰间就能得到温馨、和谐、浪漫的绿色空间享受。

现农家乐即将营业，广招餐饮人员，招聘岗位如下：

职位	性别	人数	待遇（薪资、公休、奖金）	年龄	身高	用人标准
区域经理	女	3	3400，1天/周，全勤奖＋业务提成	25～30	1.65以上	五官端正、身体健康、业务熟练、执行力强
区域部长	女	8	2600，1天/周，全勤奖＋岗位提成	20～25	1.60以上	熟悉服务流程、沟通能力好、踏实肯干
传菜部长	男	1	2600，1天/周，全勤奖＋岗位提成	20～25	1.70以上	熟悉相关菜品的主配料、辅料，熟悉掌控传菜流程
A级服务员	女	3	2000，1天/周，全勤奖＋岗位提成	18～35	1.62以上	心理素质好、服务技能优、可接待任何高档次服务任务
B级服务员	女	4	1900，1天/周，全勤奖＋岗位提成	18～35	1.62以上	心理素质好、服务技能优、可接待任何高档次服务任务
服务员	女	10	1800，1天/周，全勤奖＋岗位提成	18～35	1.60以上	心理素质好、服务技能优、可接待任何高档次服务任务
传菜员	男	24	2000，1天/周，全勤奖＋岗位提成	18～30	1.70以上	具有熟练的服务技能，能胜任餐厅各种接待服务工作
前厅经理	女	1	3400，1天/周，全勤奖＋业务提成	25～35	1.66以上	健康、肯干、服从安排、工作认真、有旱冰基础优先
导购部长	女	1	2600，1天/周，全勤奖＋岗位提成	20～25	1.60以上	自身素质良好、熟悉预定台订餐接待服务流程
预订员	女	3	1900，1天/周，全勤奖＋业务提成	20～25	1.66以上	熟悉菜系口味搭配和海鲜做法、可随时搭配高中档菜单
迎宾员	女	6	1900，1天/周，全勤奖＋业务提成	18～25	1.65以上	良好素质和职业修养、有耐心、沟通能力强

续表

职 位	性 别	人 数	待 遇 (薪资、公休、奖金)	年 龄	身 高	用人标准
营销经理	女	4	3400,1天/周,全勤奖+业务提成	20~25	1.65以上	自身素质好、具有事业心、责任感、高尚的职业道德
收银部长	女	1	2600,1天/周,全勤奖+岗位提成	20~25	1.60以上	具有良好的职业道德和职业操守
酒吧员	男、女	2	2000,1天/周,全勤奖+岗位提成	18~25	1.60以上	熟练操作电脑系统,有相关经验者优先
保安队长	男	1	2600,1天/周,全勤奖	25~35	1.75以上	热爱本职工作,有较强的事业心和责任感
管家部长	男、女	1	3000,1天/周,全勤奖	35~45	1.70以上	熟悉消防,熟练操作,以身作则,业务熟练
保安员	男	9	1900,1天/周,全勤奖	22~28	1.70以上	熟悉后勤操作流程,身体健康,爱岗敬业,责任心较强

注:服务员(生)、传菜生均有提成,另外加全勤,个人绩效奖金,每月带薪休四天,单位提供食宿。

有意者可直接携带简历前来农家乐面试或将简历发至×××农家乐网站邮箱:×××××@163.com。

联系电话:×××××

农家乐地址:××乡××农业园区

农家乐QQ:××××××××××

例二:

某农家乐招聘启事

××农家乐建筑面积2800平米,是一家集住宿、餐饮、会议、休闲、娱乐于一体的综合性农家乐,是国内第一家主题中华养生文化农家乐。

农家乐突出养生文化,配备健康泳池、养生器材。适宜的空气湿度和温度,使宾客能休息得轻松自然。休闲景观客房,连接客房的是景观走廊,游客可漫步于百米回廊,或者小憩其中。

农家乐餐饮设有包房××个，宴餐厅3个，最大的包房可容纳20位嘉宾。菜品特色是根据“五行五色五味养五脏”原理，结合四季养生，将食疗与药膳分开，独树食疗的典范。

农家乐会务设置齐全，有大小会议室各一个。配备有LED电子显示屏、会议麦克、投影仪、电动幕布等一流的服务设施。

例三：

诚聘

1.餐饮部

员工厨师3名

月薪：2000元

服务员2名

月薪：2000元+提成

传菜员3名

月薪：1800+提成

2.客房部

PA保洁员3名

月薪：1200元+奖金

客房服务员5名

月薪：1500元

3.财务部

前台收银员1名

月薪：1800元+提成

注：面试候选人，应聘者一经录用，即签劳动用工合同。

农家乐福利(略)

农家乐提供食宿，免费培训，每月带薪休假4～5天，有较大的晋升空间。

招聘电话：××××××

(×主管)

地址：××××××××

(四)实行程序化管理避免人员流动的不便

程序化管理体现在以下几个方面：签到程序；客房钥匙管理程序；查房程序；清洁客房程序；报告房态程序；客房卫生检查程序；主管查房程序；重要客人的接待程序；客用品领用程序；盘点程序；客房报修程序等等。

三、对农家乐工作人员进行基本素质的培训

农家乐工作人员需要培训，这已经是一个不争的事实。例如：未经培训的农家乐安全员，调水开漂流仅凭经验是容易出事的。对于一些“洗脚上岸”的农民来说，没有经过系统正规的培训，做水上漂流这个热门项目是有很大风险的。

(一)农家乐工作人员需要哪些培训

1. 经营管理、销售技巧的培训。工作人员是一个贩卖员，也是整个店面的代表。如果其销售技巧不够娴熟，那么接待游客质量就不高。销售技巧的培训相当关键。一个拥有良好销售技巧的工作人员，对外可以招揽更多的顾客，对内可以作为员工效仿的榜样。

2. 处理问题能力的培训。工作人员除了在销售能力上鹤立鸡群外，同时他也是整个店面的执行者，必须具备一定的行政能力和卓越的管理才能，公正、公平的处理员工之间的关系和正确的业绩评估。从全局出发，灵活、冷静地处理突发事件，这是其必须具备的基本能力。

3. 营收场运作培训。一般营收场就是一个大舞台，你就是一位导演，导演必须运用好各种道具，比如商品的陈列做到新颖独特又不失本貌；海报贴放既能装饰现场，又能诠释主题；音乐播放既能渲染气氛，又不影响购物环境的怡悦；促销既能吸引顾客购买，又要把握好尺度。还有场所卫生的清理和保持场所运作是你真正能力的体

现，你必须协调好每个员工的工作，杂而不乱，乱而不惊。

4. 服务理念培训。市场上，同宗的农家乐店面很多，不同宗的店面更多，服务不好，直接导致营业额的下降。对工作人员来说，除了硬件必须过硬外，软件首推服务也必须过硬。工作人员必须牢固树立服务至上的思想，从而带动整个店面的服务水平，服务是另外一个门面，一个人的服务质量出问题，可能会影响整个店面的形象。现在重要的是创新服务，当你的服务不新颖，太大众化，那么你的服务就不算服务。

5. 旅游知识培训。知识面宽广、乡村旅游知识丰富，农家乐工作人员才能与游客进行有效沟通交流。不但要懂得政治、经济、地理、历史，还要懂得宗教、民俗、心理、文学、音乐、医疗、餐饮、客房知识。交流沟通时要观察了解对方的民族、职业、传统习惯的特点，还要关心游客的安全。

(二)团队精神不可少

德国2006年世界杯用球叫“团队之星”，因为11个人的足球赛靠大家的配合才有凝聚力。一个农家乐餐厅或商品店(部)的运营和成长，也要靠团队的力量来完成。如果你是主管，首先要以身作则，身先士卒，用人格魅力和实际行动来带领大家，以主人翁的态度，严谨的工作作风，塑造良性竞争的工作氛围，激励员工。为了餐厅或商品店(部)的明天，齐心协力，同舟共济。

(三)道德品质是培训的前提

应将道德品质融入培训当中。通过培训，使工作人员明白职业道德至上。

(四)基本常识是培训的要求

农家乐基本常识培训主要是商品管理培训，即：商品进、销、存的管理培训。例如商品按哪种分类比较科学、方便？不同商品的季节性更替集中在哪几个时段等？同时，还需要了解产品库存的状况？

每天销售的状况？哪些商品销售的比较好？哪些商品不太受顾客青睐？这些都需要其了然于胸，才能形成一种全局观。

(五)要对工作人员进行具体指导

学会用恰当的方法指导工作人员，提高工作人员的综合素质，从而提高整个农家乐店面的综合运营水平。

(六)要对培训效果进行评估

培训效果评估看营业额、利润是否是上升的趋势。经营能力体现赢利能力。比如通过调查每位游客的购买单价，做一个评估数据，通过客流量的多少进行评估营业额是显现于外的，而毛利额，纯利润却是内在的数字。两者都要评估。

四、做好对农家乐工作人员的管理

内部人员管理状况如何决定企业能否在广大旅游者心目中树立良好的形象，能否在激烈的市场竞争中取胜。

做好人的管理是农家乐管理的重要组成部分。

(一)建立工作人员管理制度。

对工作人员的管理，主要是：

1. 出勤的管理：严禁迟到、早退、严格遵守纪律。

2. 服务的管理：以优质的服务吸引回头客。

3. 工作效率管理：不断提高每个员工的工作速度和工作的质量。

4. 对不合格工作人员的管理：一般分两种情况，一是对不合格的员工进行再培训，二是对无药可救的员工进行辞退工作。

(二)有针对性，有预见性地做农家乐经营管理工作，提高其管理水平。

(三)对员工心理进行深入分析。了解员工心理状态，有针对性地做好思想工作，进行心理引导，解决员工心理问题，调整好人际关系，保证工作协调一致，共同搞好工作，避免矛盾。

（四）有的放矢运用激励机制调动全体员工积极性创造性，更好地实现组织目标。

1. 确保员工薪酬与能力、技术挂钩。

2. 设特别贡献奖。

五、农家乐采购、库存管理

（一）采购的类型

主要有三种采购类型：

1. 现卖现买型。它是农家乐发觉缺货时便进行采购。

2. 投机采购型。它是农家乐估计某类商品会缺货，事先购入。这要求采购人员要有前瞻的眼光，预测的头脑，翔实的数据和信息参考。

3. 预算式采购型。它是定期概括农家乐销售情况，决定采购的时间和数量。这一种方式相对其他二种方式较为稳健，即：类似我们常说的“以销定进”，既能避免“现卖现买”的临时货源不足现象，又能避免“投机采购”的滞货风险。这应成为小农家乐采购之首选。

（二）要严把采购关

要严把采购关。进货关把握得好不好，看品种、品质、规格对不对路。看农家乐采购人员采购的数量是否恰当、品种是否对路。看采购费用节省和创利是否正常。看货源渠道是否顺畅。

（三）掌握采购进货的原则

采购进货应遵循勤进快销、以销定进与以需定进相结合的原则。所进产品必须适合用、真货色、质量好、损耗少。

(四)掌握采购进货的要素

掌握采购进货的要素。采购进货的第一个要素是需求信息和货源信息。有货源，才能进得来。货源信息是市场的“晴雨表”。行情是进货的重要参考。采购进货还要有渠道支持。正常的供销渠道能保证业务双方权利、义务得到保障。简单说，就是：畅销数量多，时机把握及时，价格合理。

(五)掌握一定的采购技巧

1. 围绕农家乐主营服务项目，明确自身定位进行采购。

2. 考量游客需求潮流。

3. 不能什么都进，要进特色产品。

4. 考虑所进商品的质量和安全性。

5. 匡算进货量。进货量一头连着销售能力、产品流动时间，一头连着进货成本等。

6. 选择合适的进货方式(经销或代销)。

7. 选好进货渠道(包括供货方配套服务)，其中，退货制度、技术支持、广告支持能否落到实处是应考虑的。

(六)遵循采购的步骤

采购步骤，一是发出订购单。二是保留采购记录。三是追踪订购单。四是检验货品。五是付款。对于先付款后发货的要慎重处理。

(七) 选择采购方式

可采取计划采购、代销购买、契约购买、试销购买等方式，以投资成本占压少为最佳。

(八) 做好订货计划

做好计划，分周、月、季进行计划。做好订货计划根据餐饮总体经营目标、计划，产品需求的品种、数量、规格、使用日期，确定每周、每月、每季度的进货计划。

（九）在进货上控制库存

进行库存控制、品种控制、避免重复订货。在进货上控制库存。

（十）静态销售管理推动合理备货

合理备货对销售起积极影响。

进行静态销售管理，不能完全按照去年的实销量进行备货。应细分备货，重点关注，做出较为合理的备货。避免高潮到来商品未到而产生断货现象。不能把希望寄托在后期加货上。首次备货至关重要。还要注意进行大力度促销支持的产品重点备货。

公式：

统计周期内的日平均出货率×（预计销售周期－在途时间）－当天库存＝当前备货量

（十一）科学合理存放商品

合理利用仓容，存放商品建立管理卡片。存放商品不宜过高，以免坠落。

（十二）储存管理要心中有数

及时分堆，编制报表，熟悉库存情况，尽可能减少损耗，优化库存结构。

（十三）严把库存和验收关

注意库存不宜过多。加速周转，避免积压。还要注意库存过少，造成缺货、断货，减少销售额。缺货是造成营业额无法提升的直接原因，所以，在下订单时，必须考虑营业的具体情况。每隔一段时间，应有意识的增加订货数量，以避免营业额原地不动或不断滑坡。

(十四)农家乐餐馆物料采购注意事项

盘、碟要看平整度。碗、盅要看口的圆度。玻璃器皿要对着光线查看有无气泡。

纸杯要选择有国家市场准入标志(QS)的正规纸杯。

一次性筷子采购要看有无发霉变质、弯曲变形。

纸巾要选择白度适中、表面洁净、纸张细腻、抗拉力强的。

猪肉采购表面有光泽,颜色紫红均匀,有弹性,无硬块、无水肿的。

牛肉采购呈暗红色、均匀、有光泽、外表微干的。

羊肉选择肉色鲜红且均匀,有光泽,肉细而紧密,有弹性,外表略干,不粘手,气味新鲜,无其他异味的。

活鸡选择 2 千克左右重量的,肌肉及腿肌肉肥厚、毛色正常,鸡冠鲜红,鸡眼有神的。

活鱼采购鱼鳞片完整,游在水下层的,呼吸时鳃盖起伏均匀的。

冻鱼采购眼球凸起、清亮,黑白分明,色泽鲜亮,鱼鳞无缺,洁净没有污染的。

河蟹采购活力强、爬得快,蟹足、蟹脚完整饱满,蟹壳呈墨绿色、有光泽,肚脐突出的。

海蟹采购背甲壳呈青灰色,有光泽,腹为白色,色泽光亮,脐上部无印迹,肢体连接牢固呈弯曲状的。

鸡蛋采购外壳有一层白霜状粉末,蛋白在灯光下清晰,呈半透明状,一头有小空室的。

皮蛋采购外壳光滑、完整无缺损,没有斑点,有光泽的。

咸鸭蛋采购外壳干净,光滑圆润,蛋壳呈青色的。

牛奶采购奶香浓,奶腥味大,颜色呈乳白色,口感纯正的。

酱油采购呈红褐色,鲜艳,有光泽,不发乌的。

醋采购呈琥珀色或红棕色,酸味柔和的。

大米采购透明度好,硬度较强,米粒上无横裂纹的。

小麦粉选择乳白色或略带微黄色的。

小麦采购色泽均匀，呈金黄色且富有光泽的。

（十五）农家乐餐馆餐饮烹饪原料、用品的储存、保管注意事项

不要将物品放在靠近污水管或水沟旁。将较重的物品置于货架底层。不要将食品直接置于地面或基座上。

六、游客管理、农村社区居民管理、安全管理、旅游交通管理、娱乐服务管理

（一）游客管理

1. 游客数量调控。淡季时要吸引游客，旺季时要游客预约能避免游客太过集中。

2. 规范游客行为。七月中旬，某地农家乐里出现游客乱摘槐花的现象。游客说槐花能入药。不但是国槐花，就连农家乐绿化带里的萱草（常被人当成“黄花菜”）游客也照摘不误。本不能食用的萱草被游客摘回家做菜、泡茶。为制止这类不文明行为，农家乐工作人员要有组织巡查，发现了对游客说服教育并没收其采摘的槐花等。警示：乱摘绿植破坏自然景观。此外，萱草等植物本身是否安全，能否食用或入药也不能确定。注意：农家乐工作人员要警示游客不要随意采摘。

3. 增加疏散设施。

（二）社区居民管理

1. 让社区居民参与农家乐合作环节，并取得效益，这样他们就不会反对农家乐开发。

2. 尽可能维护当地居民生活的真实性、自然性。不要全村村民都开农家乐。否则，当地的乡村就失去了自身真正的吸引力。

（三）安全管理

要认真遵照国家旅游局颁发的《旅游安全管理暂行办法》和国家新旅游法，确保旅游无事故。游客安全有保障。

1. 树立安全意识，消除游客人身安全隐患。

2. 配设专人抓安全，农家乐每日24小时有人值班。

3. 在危险处设护栏、钢索等设施。

4. 备足安全用品、救援设备。

5. 加强安全宣传，把安全隐患消灭在萌芽状态。

6. 在需提醒游客注意安全处设立警示牌。

7. 严格按照消防法的规定，配备足够的灭火器、消防栓，防止火灾发生。

（四）旅游交通管理

最大限度地缩短时空距离是乡村旅游业发展的要求之一。旅游交通与之密切联系，为高速、准点提供支持。

1. 保持沿路标志齐全、路面平整、车辆畅通。

2. 不“带病”运行交通工具。

3. 强化停车场管理。

（五）娱乐服务管理

农家乐娱乐项目根据国务院《娱乐场所的管理条例》（国务院令第458号）的规定，应做到文明健康、寓教于乐。严禁利用娱乐进行赌博或带有暴力、色情、淫秽、封建迷信的内容。农家乐要积极配合当地公安、文化、工商等部门，对某游乐场所进行检查、监督、管理。

七、厨房管理

厨房管理是农家乐餐饮生产经营的基础。厨房管理是为了最大限度地提高工作效率，提高经济效益，降低原料成本，降低管理费用。依内容的不同，厨房管理可分为物品原料、劳动组织、生产流程、产品质量、安全卫生、人员管理。物品原料管理(管物)，即管生产设备、设施、器具、原料的维护、保养、采购、储备。

下面以菜品制作过程的控制为例，说明厨房管理的重要性。

(一)制定菜品控制标准

1. 标准菜谱

用列出条目的形式，把主、辅料配方展现在游客面前。还要规定制作程序，明确装盘形式和盛器规格，指明菜品的质量标准、成本、毛利率和售价。

2. 菜点投料单

菜肴配份标准

例：

名称：鱼香肉丝。

分量：1 例。

主料名称：猪肉丝。

数量：120 克。

辅料名称：莴笋丝、木耳丝。

数量：30 克、15 克。

料头名称：姜蒜、葱。

数量：8 克、8 克、10 克。

盛器规格：7 寸条盘。

3. 生产规格标准化

切配料头规格

例如姜片：老姜切成长 1 厘米、宽 1 厘米、厚 0.1 厘米。

配制菜肴：宫保鸡丁等。

(二)菜品特色

1. 聘请好的厨师。

2. 在原料上下工夫。

3. 用好调料、酱汁。

4. 控制供应量。

(三)菜品味道

1. 制定本农家乐餐馆统一的味道标准。

决定味道的是原料配方、刀工、火候的运用。

2. 听取顾客反馈加以调整和改变。

(四)菜品盛器选择

美观大方,与农家乐餐馆经营风格一致。材质选择结合游客兴趣。

(五)菜品色泽

学会搭配颜色,突出餐饮用途。

(六)菜品搭配

主要有:色彩搭配;味道搭配;形状搭配;荤素搭配。

(七)协调好前厅与厨房的关系

前厅服务员记录顾客所点的菜一定不要潦草,以便后厨轻易就能辨认出菜名。上菜、分菜是前厅服务员的基本功之一,后厨一定要交代好特种菜的上菜方法,比如:锅巴鱿鱼的上菜方法应该是这样的:待菜肴做好后,把锅巴、鱿鱼分别装盘,马上将鱿鱼浇在锅巴上,发出一阵"吱"的响声,使菜肴香气扑鼻。

八、成本管理及财务管理

(一)做好住宿收入及成本管理

1. 收入组成 家庭式经营是农家乐的主要经营模式。家庭主妇是主要的经营者。农村家庭以一户四名或五名家庭成员为主。其中,有劳动能力的家庭成员为二或三名。雇人需付每日大约20元—30元不等的工钱。

经营旺季一般集中在每年的4月至10月。“五一”小长假及“十一”黄金周和双休日是农家乐接待的高峰。淡季有些农家乐选择歇业。

从收入组成来看,餐费、住宿费、农产品销售收入是主要收入。黄金周绝大多数经营户都有不错的业绩。月收入5000元~20000元都有可能。

2. 住宿营业收入的计算 客房出租率和房价是决定住宿收入的主要因素。

一般地,农家乐住宿收入=可供出租客房数×预计出租率×预计平均房住宿价×预算期营业天数

3. 住宿成本费用

固定费用。

变动费用。

两者汇总产生客房费用。

预算期内客房变动费用支出额=每间客房每天变动费用消耗额×客房总数×预计出租率×预算期天数

(二)做好餐饮收入及成本管理

1. 餐饮收入管理

主要是提高每个可供利用的座位(座次)的销售额。

一个座位就是一个"销售点",它的流动性越大,销售额就越高,获得的利润也越多。

2. 加工成本控制

烹饪成本控制

(1)调味品的用量。

(2)菜品质量及废品率。

(3)做好财务管理。

进行好会计结算并提供财务报表进行成本结转、计算和分析,进行财务资金调度及运用。进行现金收、支入账保管、运用好现金、有价证券管理及报税营收管理。

发票管理上要注意发票抬头、项目、日期、数量、单价、总价审核。

(三)正确填写转账支票

团体游客如果选择转账支票,那么必须注意以下几点:

1. 要求对方出具身份证,检查转账支票的号码。

2. 对方使用大额支票,请对方到农家乐开户行办理签字手续。

3. 复查转账支票上的印章、账号、开户行、签字及号码看清晰程度如何、项目是否齐全、有无涂改痕迹,还要看出票人是否是同一人,再是否超过有效期,如果超期不予接受。

4. 注意转账支票上是否字迹清晰、端正,日期是否准确,大小写金额是否准确、相符,并写明用途。

5. 按购货实际金额填写支票。所填金额不得超出银行规定。不得多填而找付现金。

(四)做好损益分析

农家乐开张营业一个月后,经营是否安全,投资是否已有正常的回报,是经营者关心的。

1. 经营费用/毛利率=月营业额即损益平衡点是否合理。

2. 毛利率/月营业额=毛利额是否正常。

3. 毛利额-税前净利润=经营费用是否过大。

4. 总经营费用/毛利率＝损益平衡营业额是否合理。

5. 营业额平衡点/总营业额＝平衡点率是否正常。

6. 投资总金额/税前净利×12＝投资报酬率是否正常。

通过以上数值可以分析出农家乐的营运情况。

此外，经济价值增加值也是一个不应忽视的数值。这一指标虽然不是财务比率指标，但是由于其反映出企业盈利能力的高低，因此，也被当做一个分析企业盈利能力状况的指标。

其计算公式如下：

经济价值增加值＝税后营业利润－资金成本

分析经济价值增加值的目的是通过突出资金成本，使农家乐企业做到少花钱多办事。实际上，其对企业做的每一个决定都有帮助。

经济价值增加值非常简明，只要计算一下经济价值增加值，就可以确定一个企业有没有必要从事某些工作。

商业活动的税后纯利－所用资金的成本＝这项活动的经济价值增加值

投资获得的利润如果大于经营者或贷款方要求的回报，那么经济价值增加值为正。否则为负。

经济价值增加值衡量体系不再停留于以往根据销售目标完成情况对相关人进行奖励或罚款，其优点在于几乎所有农家乐企业，无论大小都可以使用。

某农家乐经营项目有农业耕作体验、大棚果蔬采摘、休闲旅游、餐饮娱乐。不妨按以上方法为其算一笔账：游客来此农家乐休闲游玩，按每日接待 80 人，每人每日消费 150 元，每年接待 150 天，每年可直接收入 180 万元。还有农家生活体验馆、绿色原生态养殖区、网上种地、网上订购等综合收益，按人均消费 300 元计算，至少收入 360 万元。

（五）做好资产管理

农家乐经营者将资金投放到资产上（如：库存、应收账款、机械）借以经营农家乐，目的是从经营的资产中获得利润。取得的利润越多，资产的回报也就越多。

通过增加销售额或降低成本，农家乐能提高运作利润，当然，也可通过减少运作中使用的资产来达到目的。

如果经营资产收益率超过了有息和无息资金的成本，就意味着农家乐经营者权益回报率提高了。

前通用电气(GE)CEO 韦尔奇把削减流动资产发展成为一场运动。他认为这样可以解决资金问题，加快生产。

农家乐削减流动资本，重要性在于，一方面，低库存省出来的钱能为现金流做一次贡献。而现金流能为提高生产率提供必要的资金。另一方面，削减流动资本能增加收入。

积极管理经营资产是现今农家乐不应忽视的领域。提高资产收益率会使现金流动更为顺畅，收益增加。

(六)做好农家乐偿债能力分析

进行农家乐偿债能力分析，要用到财务报表。

1. 短期偿债能力分析

$$流动比率=\frac{流动资产}{流动负债}\times 100\%$$

流动比率越高，表明短期偿债能力较强，流动负债获得清偿的机会越大，安全性也越大。一般认为流动比率维持在 2:1 是比较合理的。因为在流动资产中变现能力最差的存货约占流动资产总额的一半，而流动性较强的流动资产至少要与流动负债相等，企业的短期偿债能力才会有保障。

应收账款和存货的周转速度及变现能力也会对评价流动比率产生影响。应收账款和存货周转快，其流动性比率会相对降低。

用流动比率来评价农家乐企业的短期偿债能力也有一定的局限性。如：流动比率较大，可能是存货积压或滞销，也可能是应收账款长期收不回来。这反映的是企业短期偿债能力的不足。

2. 速动比率

$$速动比率=\frac{速动资产}{流动负债}\times 100\%$$

速动比率剔除了存货变现能力差的影响。正常的速动比率维持在1:1以上,才算具有良好的财务状况及具有较强的短期偿债能力,说明企业能较好地应付可能发生的财务危机。

农家乐餐饮应收账款较多,那么速动比率大于1合理。农家乐商品部几乎没有应收账款,速动比率小于1合理。

应收账款变现速度的快慢、坏账发生的多少,都会影响农家乐企业的短期偿债能力。

3. 长期偿债能力分析

其指标主要是资产负债率,即:企业负债总额占企业资产总额的比例。

负债比率反映出企业举债经营的能力。

$$资产负债率=\frac{负债}{资产}\times 100\%$$

每一元贷款背后有多少资产作后盾,决定债权人到期后是否能收回本息。债权人希望资产负债率越低越好。

农家乐经营者关心的是举债经营是否是成功的。他获得了借入资本,利润所获远远大于所付利息。此时,负债比例大,投资收益更大,说明是成功的举债经营。

农家乐经营者要权衡预期利润及举债增加的风险,作出最佳决策。

4. 有形净值债务率

$$有形净值债务率=\frac{负债总额}{股东权益-无形资产净值}\times 100\%$$

从长期偿债能力讲,该比率越低越好。

5. 利息保障倍数

$$利息保障倍数=\frac{税息前的利润}{利息费用}=\frac{利润总额+利息费用}{利息费用}$$

利息保证倍数反映企业经营所得支付债务利息的能力。如果比率太低,说明企业很难保证用经营所得来按时按量支付债务利息。

农家乐的利息保障倍数至少要大于1。

利息保证倍数也反映出企业偿还本金的能力。如果农家乐能按时、足额支付债务利息。它便无需动用流动资产来偿还债务本金，同时筹资成本会降低，有利于企业充分利用借入资金。

6. 长期负债与营运资金的比率

$$\text{长期负债与营运资金比率}=\frac{\text{长期负债}}{\text{营运资金}}=\frac{\text{长期负债}}{\text{流动资金}-\text{流动负债}}$$

长期负债会随着时间的推移转化为流动负债。因此，要求流动资产除了满足偿还流动负债外，还必须偿还到期长期负债。如果保持长期负债不超过流动资产与流动负债的差额，债权人会认为贷款是安全的。

九、卫生和安全管理

(一)卫生管理

1. 个人卫生管理

仔细洗手，操作时穿工作服。店内消毒杀菌要彻底。人员经常健身。

2. 厨房的卫生管理

禁止在厨房中抽烟，嚼口香糖、吃东西。不把抹布或围裙搭在肩上或夹在腋下。生熟食物和用具、容器等要严格分开使用，不许混淆，以免交叉感染。放熟菜的用具、切熟菜的砧板，不用时应以干净的纱布盖好，用时先消毒。尝味时应用汤匙，不能用手指直接送到口中。存入冰箱的熟食，要生熟料分格存放，以避免交叉污染。

3. 餐厅的卫生管理

从卫生角度，餐厅应远离禽畜圈养和屠宰等区域25米以上。符合防止环境污染等要求。食品卫生符合国家规定。餐饮服务配套消毒设施，不适用对环境造成污染的一次性餐具。餐饮具使用前必须洗净、消毒。符合国家有关卫生标准，未经消毒的餐具不得使用。餐具消毒应做到“一刮(食物残渣刮入废弃桶内)、二洗(洗涤剂清洗餐具)、三冲(流动水冲去表面碱液、溶液)、四消毒(煮沸、蒸汽、消毒液消毒)、五保管(餐具底朝下、口应朝下、摆放整齐)”。

4. 其他部位的卫生管理

做好客房卫生管理。客房布置的健康性首先表现为客用物品的干净与卫生。必须保证一客一用,防止传染性疾病的传播;空调器要定期清洗进气滤网,保证室内空气清新。

(二)安全管理

1. 增强防范意识

预防游客在未付账的情况下将商品拿走的方法:

一是游客进门时注视并向其问好使其知道已被工作人员注意到。

二是随时注意商品排面,了解商品是否有缺失。

三是走到其附近装作补货,使其不敢下手。

四是付账后给游客一个手提袋,以便发现未付账拿着东西而未有手提袋者。

五是委婉劝说顺手牵羊者按原价付款,及时处理不耽搁。

2. 警惕诈骗

一般情况下,个别游客的诈骗手段有:使用假钞购物消费。人多时根本未付账却谎称已付账。

3. 加强钥匙管理

农家乐钥匙管理分上班前、上班中、上班后指定专人管理。

4. 做好开关门的管理。

5. 做好保安报告管理。

6. 防止偷窃。

7. 做好防抢工作。

8. 预防意外事故的发生。

9. 避免造成灾害。

10. 发生事故时的灵活应变处理。

11. 预防安全管理中的疏失。

十、餐厅管理

（一）提高餐饮的附加值。

（二）引导客户点菜。

十一、商品部管理

（一）增强商品的吸引力。

（二）搜集商品需求信息。

（三）优化商品结构。

（四）导入新商品。

（五）对商品进行盘点。

（六）做好商品数量管理。

（七）及时发现商品损失。

（八）及时处理瑕疵商品。

十二、农家乐果菜园、养殖舍管理

（一）果菜园管理

每 667 平米果园栽 40～50 棵果树。

假设干周长 30 厘米，单株留果量（个）＝0.2×30×30＝180 个。

（二）养殖舍管理

养殖舍是养殖场最主要的建筑。养殖舍是饲养物的生长生活地，它必须宜于规模饲养，冬季能遮蔽严寒，防风防雪；夏季能防晒遮阴，避免炎热、风雨。饲养物要分开管理，例如：分公牛舍、母牛舍、育成舍、子母舍、病牛舍。养殖场要注意的一些卫生问题：养殖区出人门口要设消毒槽或其他消毒设备，进人人员要认真进行消毒。饲养物粪便等残留物要及时清除。

十三、损耗的管理

损耗的管理十分重要。损耗分为内部损耗和外部损耗。必须明白损耗对于盈利的影响是极其严重的，如：在农家乐商品经营中，每损耗一元钱，就必须多卖出 3 或 5 元的物品才能弥补损失，所以控制损耗，就是在增加盈利 。

十四、相关制度案例

（一）农家乐安全生产经营制度

1. 要树立安全第一意识，成立安全领导小组，指定专人负责安全工作。建立、健全安全管理制度和安全责任制，制定特殊时段安全管理预案。严格执行国家和××治安、消防、卫生的有关法规，制定相应管理措施。定期召开安全生产经营会议、查找不安全因素，及时整改，对员工加强安全生产教育、检查使用设备，发现问题及时解决，对重要部位，加强安全生产检查。重要部位贴安全提示标记。

2. 所用设备必须经检查、试验、验收合格后方准使用，要有安全保护装置，要经常检查安全工作，及时纠正蛮干行为。

3. 加强安保工作，做好防火、防爆、防盗工作、要加强重视、解决问题，防患于未然。

4. 加强交通安全教育、遵守交通安全法规、随时检查进货车辆、及时排除故障，确保交通安全。

5. 所有工作人员，要遵守国家法令法规，有问题逐级反映，遵守法规，不得闹事，要恪尽职守，确保安全。从业人员身体健康、无传染性疾病，卫生部门统一颁发健康证上岗。加强对从业人员安全、消防、卫生等方面的知识技能培训。杜绝违法活动。设立报警电话和准备医疗急救包。

6. 建立重大事故上报制度。由于个人蛮干，造成安全生产事故，造成损失的要追究责任者的经济责任和法律责任。

(二)农家乐服务管理制度

1. 农家乐服务管理

农家乐及周边环境优美、清洁卫生；各种服务设施、设备完好、功能齐全；悬挂服务标准、工作制度、住宿须知、执行住宿登记制度；合法经营，不得从事违法、违规活动；服务人员要使用文明用语，做到对游客热情、礼貌；农家乐家庭成员、工作人员与游客要分开居住，不得混住；加强对从业人员服务意识、服务技能培训。

2. 农家乐商品部服务标准流程

(1)营业前工作流程

①营业前做好工作准备。

②打开部内电源。

③搞好商品部清洁卫生。

④个人整理服装容仪，佩戴好工作牌。

⑤由负责人召开晨会，布置工作。

⑥晨会结束后，负责人应安排当班人员。

(2)营业中工作流程

①开门营业有顾客来，主动打招呼。

②耐心为顾客解答疑问。

③对顾客所选商品扫描条形码、算好价钱、收款、出票、入袋或包好。

④对临走的顾客说一声“欢迎您下次再来”。

(3)营业后工作流程

①财务人员下班前，务必将当天营业账款交由负责人点收上交农家乐会计。

②无论营业时间有多晚，都应该待顾客全部离开后，才开始店内外打扫工作。

③部内当值人员须将部内所有电源及插座全部关闭，巡视后方可离店。

3. 农家乐员工守则

(1)穿着规定：员工上班时间一律穿着制服。工作牌佩戴在胸前左边。头发需常洗。鞋子按农家乐规定穿着。

(2)仪表规范：坐立、行走，员工保持体态均衡、举止灵活优雅。仪容大方、整洁、素雅处事。态度诚恳、乐观，充满信心，神情愉悦，能给予顾客良好的印象。

(3)出勤时间规定：上午上班时间为 8:00～12:30。下午上班时间为 12:30～18:00。按照农家乐规定之工作时间及排班表，出勤病假、事假依农家乐规定办理。每月休假应于前一个月 20 号前排定。休假如有变动，须于一周前向主管提出。员工因公务而无法在上、下班时间打卡者，除非事先向主管报备，并于当日 18:00 前经主管在考勤卡上核准签字，否则一律视为旷工。

(4)发型规范：发型要与个人的年龄、气质、服饰相协调。

(5)服饰：讲究搭配合理，给人以强烈的视觉冲击和愉悦感。

4. 农家乐员工社交礼仪注意事项

(1)与顾客握手时，力度要适中。太轻给人以轻视的印象。太重也不好。时间以你在心里默数 1、2、3、4、5 后就松开为宜。

(2)迎接上级领导视察的礼仪：要先介绍给最高领导，依次介绍。比如：您好，这位是我们的×总，这位是农家乐办公室主任×；男士介绍给女士：您好，这是×先生；把晚辈介绍给长辈，可说："×总，您好，这是小李"。

(3)接待礼仪：引导，要走在客人前面，不要走得太快，让顾客走内侧，以示尊重。

5. 农家乐职务工作说明

(1)主管:负责全农家乐业务管理、业绩管理、顾客管理、营业业绩跟踪、顾客咨询问答。

(2)工作内容:于每日进入餐厅或旅馆大厅,应定时组织召开晨会,开会时宣布前一日营业业绩及公布各项事宜。于每日下午5点前呈报给老板日报表。于每日下午5点前请店员呈报前一日"日报表",并致农家乐会计交款存银行。主管每日下班前检视前一日顾客资料。并且核对盖章。每日下午5点前汇报前一日营业额。每日了解顾客反映的本店情况做适当沟通,并向员工了解顾客情况。每日下班核对当日收款单对号联并核签。每日、每周召开内务会议。会议内容于开会前一星期公布,请先行准备。

6. 对待顾客规范

(1)顾客光临或离开,应注意礼仪用语"欢迎光临"、"谢谢惠顾"。

(2)员工应提醒顾客携带的东西勿忘记。

(3)顾客离开时,在说完礼仪语后,应目送顾客出门。

(4)与顾客交谈时,不谈论他人是非。

(5)对顾客的埋怨与诉苦,要迅速采取合理的改善办法,不可推诿或狡辩。

(6)不论顾客消费金额多或少,都应予相同的尊重与服务。

7. 农家乐员工工作行为十不准

(1)严禁聊天,扎堆聊天。

(2)不得将个人情绪发泄于顾客身上。不得在顾客面前抱怨同事或农家乐各项政策。

(3)严禁工作时间打盹。

(4)在给顾客提供咨询、收款等服务时,不得接听私人电话,以维持服务品质。情况特殊不得不接听电话时,接听及回复时间不得超过3分钟。

(5)上班时间不准在餐厅里吃东西、看小说。

8. 农家乐人员处世规范

(1)尊重别人。

开口之前,应了解对方说话的目的。适时表明尊重对方的诚意,使对方的说与你的听顺利持续下去。

(2)察言观色。

看对方脸色、神态,透视其心情。找到对策。

(3)语言婉转。

声调要富有感性。声音要悦耳。说话主题要保持弹性,讲话内容应避免涉及尖锐对立,以维系双方好感。

9. 农家乐人员电话接打规范

(1)微笑着接听电话。你的笑容会通过你的声音显示出来,这让你显得更加友好。电话铃声响3声后,必须接听,如果超过了3声铃声,再接电话,必须先说:“对不起,让您久等了”。

(2)问候语要表达准确。如“您好,我是×××农家乐,请问有什么可以帮助您?”。接听电话时必须保持足够的耐心、热情。注意控制语气、语态、语速、语调,语言亲切、简练、礼貌、和气。

(3)要具有自己就代表××农家乐的强烈意识。

(4) 要仔细倾听对方讲话。一般不要在对方话没有讲完时打断对方。如实在有必要打断时,应说:“对不起,打断一下”。对方声音不清时,应该善意提醒:“不好意思,您的声音不太清楚,请您大声一点好吗?”。

(5)及时回复电话留言。学会过滤电话。要学会替农家乐过滤不该接或不能接的电话。“对不起,我们领导现在外出谈业务了,不方便接您的电话”。

(6)打电话时内容要简明扼要。声音要轻快而有精神,并多说“对不起”、“请问”、“麻烦您”、“不客气”、“谢谢”等。这是最基本的礼貌。电话结尾时,应在说完“再见”或“谢谢您”后,确认对方挂断后才能挂上电话。

(7)在顾客预订的商品到货后,在给顾客打家中电话时,应注意二点:其一,太早或太晚,以及午休时间尽量不要打电话给顾客。其二，打电话最佳时段为上午 10:00～11:00，下午 4:00～5:00。

(8)拨通电话一直没有人接听，或许对方正忙，铃声不宜响太久。但也不要挂得太快，以免对方接听时已挂断。应以 5～6 声为宜。

(9)电话拨通了，对方若有人接听，应先请问对方的姓名或电话号码，以证实是否拨对号码，如无误应先自报家门，以证实是否拨对号码。并告知接听者欲找的对象并致谢意。

(10)电话拜访顾客，先跟对方寒暄，了解近况后再导入正题。

10. 农家乐卫生管理规范

(1)农家乐内清扫用具放置归位，不东倒西歪，应求整洁。

(2)天花板、墙角不可有蜘蛛网，地面要保持干净，不可留有污垢。

(3)垃圾桶外表要干净，且内部不可有怪味或腐烂的废弃物。

11. 农家乐例行清洁工作

(1)柜架经常清洁。

(2)收银台要保持有条理，单据、印台、店章放置整齐。

12. 农家乐人员问答用语规范

提问用语规范：

(1)可以是开放式的问句。

如：您打算如何……？

您为什么喜欢……？

(2)约束性的问句。

如：……不是吗？

(3)选择性的问句。

如：您喜欢圆的，还是方的？

(三)农家乐库存管理制度

农家乐商品仓库保管员岗位责任制：

1. 农家乐商品仓库保管员要尽职责，做好物品入库出库工作，热情服务。

2. 出库、入库物品要码入整齐，分类码放，登记上账，注明规格型号、数量每月结算，结果报主管。

3. 农家乐仓库保管员凭领单发放商品，须有主管签字，领货单才有效，无签字，应拒发货出库。

4. 凡入库商品，保管员要认真核对数量，检查质量，登记上账，码放整齐，填注清晰。

5. 入库商品要妥善保管，防潮易碎物品要采取有效措施，经予保护，易爆的要分开保管，要有防火措施，仓库应备灭火器材，有毒有害物品要有保护隔离措施。

6. 做好安全保卫工作，采取有效措施，防盗账本妥善保管，票据齐全。

7. 保管员要熟悉本职业务，急需商品缺乏时，应及时向主管汇报，不能影响销售，低值易耗品不得流失。

8. 进入仓库人员，不得吸烟做好防火工作。

(四)农家乐质量控制制度

1. 农家乐商品质量控制

很多农家乐对商品质量严把进货关。商品质量现在是从外观质量，还是从内容质量来说，都是越来越好。商品质量是否让游客放心？农家乐要注意。

2. 退换货的解决

多数农家乐退换货解决得很好，游客没有意见。有的农家乐退换货解决得不是很好，顾客希望退换货能快点儿，时间不要长。退换货的解决反映农家乐态度反差有多大。

3. 投诉的解决

农家乐大多没有遇到游客投诉的情况。有的农家乐遇到游客投诉的情况也仅限于服务态度怠慢上。那些零投诉的农家乐，游客无疑是最信赖的。投诉的解决考量农家乐对游客是否贴心。

(五)农家乐经营、会议管理制度

农家乐要遵守国家法令法规，合法经营，树立“质量第一”及“客户第一”的经营观念，销售优质商品，为广大顾客服务要诚实守信，合同讲诚信，规范经营。

1. 要树立“质量第一”及“客户第一”的理念，热情服务，全体员工要各尽职守，销售合格优质产品，满足客户需求。

2. 树立节约意识勤俭办农家乐，文明办农家乐，降低成本，提高效益。

3. 财务主管及会计、统计、活动，要各其责。做到账目清楚，数字准确，账款相符，并向老板负责。

4. 员工由主管负责，确保安全生产，确保商品质量和数量，合理调配人力物力，发挥技术优势，解决经营问题，确保正常经营，商品质量合格，向老板负责。

5. 农家乐要定期召开员工会议，确定解决经营方向的问题。

(六)农家乐财务管理制度

农家乐工作千头万绪，当一些单据、现金变得井然有序的时候，说明财务管理是好的。主管向老板反映的信息，不光要有商品进、销、存信息，还要有资金周转情况的信息。主管要为老板做参谋。

1. 农家乐财务会计制度处理办法

(1)认真贯彻执行《中华人民共和国会计法》、《企业会计制度》、《企业会计制度》和税务相关的要求，进行农家乐核算和监督。

(2)执行《企业会计制度》，能够准确核算本农家乐的经营成果和财务状况。

(3)在农家乐核算时遵循企业会计制度的基本原则，遵循权责发生制的原则，以人民币作为主要账本位币。设有财务操作员，防盗设置齐全，账制设置齐全，并按规定设置总分类账，明细分类账，银行存款、现金日记账，开发票明细账，库存商品实物账，根据记账结证登记分明细账，各项整理制度健全、规范，会计核算程序为根据务实、有效的原则，填制记账凭证，根据科目汇总表登记总账，依据总分类账明细分类账，编制资财债表及损表。

(4)现金、银行存款能够做到日清月结。各种存货的实际成本，计价，各项存货的发出，采用加权平均法计算。正确划分低值易耗品与固定资产的类别，低值易耗的摊销法为一次摊销法，固定资产为平均年限法，固定资产的残值税值率为5%，房屋建筑均为20年，加油机油为10年，财务及经营有关的器具为5年。

2. 农家乐财务岗位责任制

(1)财务操作员在主管的领导下，做财务方面工作，向老板负责。

(2)农家乐财务工作，做到账目清楚，数字准确，账款相符，每日一清。

(3)财务操作员要忠于职守，干好本职工作，尽心细心，不要出现账目混乱，账款不清的情况。

(4)倘若资金运转发现问题，及时向老板汇报。

(5)每月收款、交款情况向老板汇报。

(6)要做到按规定将每日营业额上交，由专人到银行办理送存款业务，确保人身安全和货款安全，做好防范工作。

(七)农家乐计算机管理制度

人们越来越依赖计算机系统，因为这使他们在弹指间便可分析各种数据，准确程度越来越高。

农家乐POS机如何使用?

农家乐POS机是英文SHOPPOS的缩写，广泛用于门店。农家乐POS机具有以下功能：录入数据、前台服务。

开机程序：先开工作站，之后出现WINDOWS界面再开POS机。POS机开关在机体后面打开后，自动出现SHOUPOS变形体标志及门店所使用的软件公司开发字样。这时再把钥匙插入POS机键盘上的钥匙孔，由OFF拧到1，再按“确认”。这时候会显示××××年×月××日。营业员：江江，输入密码：0001，屏幕左上角出现“录入数据”，按“确认”屏幕左上方一行出现“江江——门店POS系统通单××××．××．××”，下面是“名称、数量、单价、金额”，再下面是“小票合计”，“商品号：——商品名：——数量：——单价：——”，“半角{英文}希望汉字系统[UCDOS5.0]标准版，版权所有，××××年×月”。

电脑关机顺序：先关主机，再关 POS 机，再关工作站。

农家乐计算机管理注意事项：

不同的 POS 收银机操作程序有所差异，但维护和保养方面都要做到以下两点，即：

保持机器外表的整洁；电源线的连接应安全和固定。

（八）农家乐人员其他管理制度

1. 为什么对不同经营岗位都要建立责任制度

经营岗位有没有必要建立责任制度呢？回答应该是肯定的。在农家乐的各个经营岗位，都应该建立责任制度。对不同的经营人员及经营岗位，要有不同的职权范围和责任划分。通过定岗、定人员、定职责，把农家乐的各项工作落到每个人的头上。做到人人有责，事事有人管。不同岗位的经营人员对自己应该做哪些事情都要心知肚明，对怎么做这些事情也要心中有数。其实，责任制度是经营工作的必要保障。有了责任制，经营的各项工作就能得以通过责任人的努力实现。有了责任制，每个经营人员就能尽职尽责，把各项经营工作做好。因此，对经营不同岗位都要建立责任制度。

2. 农家乐员工须知

(1)仪表规范要求：服饰大方、得体、整洁；指甲要勤剪；鞋子洁净；头发要经常洗。

(2)服务规范要求：收银员礼貌用语标准，员工热情待客，服务运作体现专业化，商品知识全面化。

(3)出勤规定：工作时间每月 20.5 天，每周工作 40 个小时。主管安排农家乐人员排班和外出进货、退货等加班。员工是否加班由领导决定。但员工加班超过半个小时，领导要提前告知员工缺勤。员工不能不经允许就无故缺勤法定假。元旦一天，春节三天，清明节一天，五一三天，端午节一天，中秋节一天，国庆节七天。病假：员工每月有一天带薪休假。婚假一般有三天带薪婚假，但大龄晚婚员工有七天婚假产假。女员工生育享有产假 85 天。丧假如员工的祖父母、父母、配偶或子女去世，可休三天假。

(4)交接班规定：打卡后在考勤表上个人给自己画钩准时交接班，交接时岗位清楚、责任明确。交接时做到钱款清楚、货品清楚、任务清楚。

(5)人员工资、奖金制度：工资分为岗位工资和提成工资两种。主管拿岗位工资，员工拿提成工资。

3. 人员招募制度

(1)招募来的新员工开始试用前一律要体检。

(2)试用期不超过三个月。

(3)建立档案。

(4)进农家乐培训。

(5)辞退或留用补偿金视情况而定。

4. 主管岗位责任制

(1)主管在老板的领导下，负责全农家乐的安全与经营、管理工作，向老板负责。

(2)主管有权调动人员、物力、开展技术攻关，确保经济指标的完成。

(3)主管要树立安全第一，质量第一意识，检查经营各环节的安全问题，有权制止违反操作规程的行为，有权追究有关人责任。

(4)主管对员工解聘、处罚、奖励，有建议权。

(5)主管有权问责。

5. 农家乐的战略管理制度

(1)农家乐的战略格局。有经营特色的战略、联合竞争的战略。联合竞争的结果是使农家乐的主导作用更强。还有多元化经营的战略。多元化经营的战略在经营战略中属于商品、市场战略。

(2)农家乐居于不同市场不同发展阶段的差异化战略选择。一是新兴市场的竞争战略：多元产业市场（朝阳产业的市场）农家乐应积极介入有良好发展前景的朝阳产业，实现多元化经营大发展。二是成熟市场的竞争战略。

(3)居于行业不同竞争位置的梯次化战略选择。一是高密度竞争战略的形成。二是位次竞争战略的形成。

(4)后发企业的实用化竞争战略。是一种实用的路线:在跟随中找到机会,在把握机会中后来者居上。

(5)农家乐的战略管理。战略管理的主体及经营特点。经营方针管理,一是经营方针管理基础。二是经营方针管理的目标"又好又快发展"。"又好又快发展"是经营方针管理的目标。"又快又好发展"的涵义:一是快是必然的,但是好与快对农家乐经济体在较长时期效益或速度做整体评价。

6. 人员管理表格

主管每日工作内容一览表

(1)上午 8:00～9:00

例会(一周一次):总结与布置。

检查员工出勤情况(出勤、临时调配员工、人员精神状态)。

农家乐内及库房状态(商品陈列、销售招贴、卫生情况)。

昨日营业状态了解(销售额、客流量、变价、突发事件)。

(2)9:00～10:00

农家乐开门检查(各项准备工作到位情况)。

销售、促销、出勤、培训计划确认。

(3)10:00～11:00

营业问题点分析。

重点商品销售分析。

(4)11:00～12:30

库存状况确认。

营业高峰时段指挥销售。

(5)12:30～13:00

午餐。

(6)13:00～15:30

了解竞争对手。

开内务会。

训练新员工。

计划、报告拟定。

(7)15:30～16:30

当日销售情况分析。

陈列、补货检查。

(8)16:30～18:30

交接班及收银员收款情况。

(9)18:30 打烊检查。

7. 其他表格

例：　　　　　××郊区农家乐开办申请表

名称：	地址：	邮编：
所属区县乡镇名称	距区县城里程	交通工具：
法人代表名称：	职务：	从业人员：
联系电话：	传真：	网址：
面积：	硬化停车场面积：	硬化道路里程：
主要经营项目：		
餐位数：	厕所坑位：	
数量：	数量：	
设施建设总投资：	接待人次：	年营业收入：
乡镇审核意见：		县旅游局审批意见：
年月日	年月日	年月日

第七章　农家乐运行之法

（决定农家乐效益）

本章以问答的形式对农家乐运行之法进行了解答。

玩顺农家乐运行

- 农家乐经营者要应对危机。
- 农家乐要适应互联网经济的要求。
- 农家乐要保持经营水平不下降。
- 农家乐利润要保持上涨。
- 农家乐要避免污染环境。
- 农家乐要预防地质灾害。

一、为什么农家乐餐饮应有别于城里？

缺乏乡村饮食文化特色就要被淘汰，特色是农家乐生存之基。

二、为什么经营户中拉客、宰客是严重侵犯消费者合法权益的行为？

旅游局受理经营户拉客、宰客引起的农家乐服务质量的投诉，并有处罚规定。拉客、宰客引起的后果是游客损失、农家乐也损失，影响了农家乐的对外形象。

三、哪些人的经营水平会高于普通农户？

城市人的经营水平普遍高于普通农户，有外出工作经历、主动外出考察和接受过培训的农户经营水平又普遍高于其他农户。

四、中国台湾农家乐（民宿农庄）能度假和提供租房疗养利用的是什么？

一定特色的聚落环境，可以使中国台湾农户利用自家庭院或通过另建庭院，将特色外观、乡居生活习俗、民族特色在农田风貌的背景中融为一体。

五、农家乐如何适应互联网经济的要求？

网络的兴起，产生了新的一对一营销模式。网络对传统的经济实体业务流程产生了冲击和挑战。网络的发展最终将建立一个“颠倒”的市场和一种“颠倒”的“目标观众”——以往经济实体拥有更多的信息，因而在市场中拥有较多的主动权，而现在主导权到了游客的手里;经济实体成了消费者的“目标顾客”,而在传统上,顾客才是“目标观众”。

随着顾客的地位进一步提高,讨价还价能力的加强,农家乐将越来越被动。因此,农家乐必须做好网络一对一营销工作,真正满足游客需求,主动巩固和加强游客的地位,强化游客的忠诚度,才能使自己适应互联网经济的要求和特征,处于比较主动和有利的位置。可资采取的方法:

一是互动交流。互动交流是游客主导的,互动交流是双向的,即游客和农家乐你来我往,有问有答,而且角色也不停地在转换之中。当信息通过网络传输时,它的实时沟通,反馈及时的优点日益表现出来。

二是点播农家乐广告信息。点播(Point Casting)是指网上新闻发布的形式,点播是向不同用户传送不同的信息。传统的在线服务要求游客用户在需要信息时自己拨号上网,寻找到所需的广告信息后“拉入”自己的PC机中,而点播则是主动将广告信息“推送”到游客用户的PC机上。游客用户就不需在互联网上用大量时间搜索、查询和筛选了。在互联网上,网站增长的速度是非常迅速的。游客用户可能浏览一次,就忘了再次光顾了。如果农家乐营销人员等候游客用户主动点击网页,就会丧失许多商机。传统“拉”的策略局限很多,为了最大限度地扩大影响,农家乐营销人员需要制定出“推”的战略——主动出击。

三是定制农家乐服务实现定制,一个重要的方面就是要降低定制的复杂性,即尽量将农家乐的规格进行细化,对于农家乐服务,不仅仅在于价格,还要分服务对象、特色等等。另一个方面是提高定制的准确性,如果游客提出的要求不能正确地反映他的实际需要,那么定制也会失败,可采取在Web网站上放一小段选页录像,来教游客正确评价农家乐服务的特点。定制服务的一个问题就是服务的质量往往不一致,这在传统领域也是一个难题。为了在整个农家乐范围内能够控制服务的质量并保持一致,农家乐应该将提供的服务进行某种标准化。通过Internet实现自动定制的解决方案是直接解决标准化问题的策略。随着越来越多的服务组件可实现自动化，服务的质量会不断地改进。

六、农家乐需要改变的现状有哪些？

农家乐需要改变以下现状：一是要改变以单体景点吸引游客的传统促销方式，以复合型资源和整体形象产生魅力，形成强势吸引。二是从产品单一、缺乏精品、重游率低向增加体验、互动娱乐、出精品、提高重游率转变。三是从产品多样性差，游客停留时间短、消费受限制，向产品多样化，旅游、食宿一体的多功能转变。四是从缺乏远见、布局合理、功能雷同、恶性竞争、效益低下，向做好市场调查、投资分析、规划设计发展。

七、农家乐为什么要对老年游客多加照顾？

照顾老人是中国人的传统美德。农家乐接待的游客当中有相当一部分是老年游客，这和中国已经进入老龄化社会不无关系。以北京为例，老年人凭着老年证就可以做北京公交车进入远郊区、县旅游购物，当天返回。但是，老年人身体易出状况，老年游客的健康是农家乐应多予照顾的。农家乐可以为老年游客提前准备个微型急救包，包中从创可贴、体温表到降压药需一应俱全。住宿条件一定要舒适安静。在老年游客游览时，工作人员应提醒游客活动量适可而止，避免劳累过度。

八、开办一年后，有的农家乐经营水平为什么下降了？

某农家乐店第二年销售总额比开业之初头一年增长45%，利润总额却下降18%，属于逆向发展，到底为哪般？2011—2012年销售额增长45%，费用率从7.82%增长到12.28%，增长4.46%；利润从17.92万元下降到16.52万元，下降7.8%；平均利润率2011年为7.36%，到2012年仅为4.86%。解读：实际反映出该农家乐经营水平在下降。需分析两个平衡是否做到。发现并不平衡。一是收支不不平衡，原因是费用率太高，资金缺乏。二是进销不平衡。原因是进大于销，比率过大。

九、销售收入没有增长的情况下，为什么利润反而上涨了？

在市场竞争激烈的今天，农家乐平均利润量呈不断下降的态势，但利润率下降并不说明利润总量就会下降，因为利润总量还要取决于品种总量和购进成本等因素。农家乐店利润率下降，利润总量仍呈上升态势，归结为全部费用的减少。利润总额不是与平均利润率成正比关系的。说平均利润率下降，并不等同于利润总额下降。同样，平均利润率上升并不等同于利润总额上升。一个农家乐平均利润率下降主要是费用过大、费用率过大。一个农家乐经济指标执行结果如何，主要看利润总额和平均利润率多少。在市场竞争加剧的条件下，平均利润率可能呈逐年下降之势，但利润率下降并不等同于利润总额下降。

十、农家乐为什么要准备急救药包?

在坝上，游客××某感到肚子有点疼，可是坝上除了培训中心、山庄、度假村，根本没有医院。农家乐应该准备急救药包，以解决游客因天气变化或因水土不服而出现的腹泻、感冒等问题。药包内应有：一是预防感冒的药，如：头孢氨苄片、速效伤风胶囊。二是预防腹泻的药，如：氟哌酸胶囊。三是预防中暑的药，如：人丹、风油精、藿香正气水。四是预防创伤的药，如：碘伏、双氧水、绷带、胶布、消毒纱布、消毒棉签、去痛片、云南白药。五是预防过敏的药，如：息斯敏。另备：驱蚊油、清凉油。六是预防食物中毒的东西，如：内服大蒜 3～5 瓣。

十一、农家乐庭院花植管理注意什么?

花盆、花土(田园土、河沙等)、花肥(饼肥、草木灰)及四季管理。

十二、农家乐餐厅怎样对游客的胃口?

亮堂、清洁的农家乐餐厅，游客喜爱 60 瓦的三个吊灯的照度照明，亮光会刺激游客的自律神经，产生空腹感而增加食欲。光线也能对游客胃口。黄、橙红色的白炽灯，对鱼、肉片等在染色方面比荧光灯效果好。如用光线朝上的照明器具，要注意使顶棚的颜色为白色，若不是白色，光线将会被顶棚吸收而不反射。

十三、农家乐为什么要报菜名?

报菜名有两点好处,一是通知灶间厨师做菜,二是给游客上菜报菜名。

十四、游客为什么多次去同一家农家乐?

因为游客把农家乐当成了自己的第二个家。例如:某家庭一家三口每个月都要到某农家乐花上 200 元住上一宿,第二天再回来。

十五、农家乐销售农产品注意什么?

农家乐销售农产品,按规定,一般应当包装或附加标志。很多情况下不需要包装,也不需要做标志。必须经包装或附加标志后方可销售的,应标清品名、产地、生产者、生产日期、保质期、产品质量等级、有无添加剂。详情可咨询当地的农业行政管理部门。

十六、农家乐为什么要为环境修复埋单?

如果农家乐对环境造成了污染,那么就要真正为环境修复埋单。环境被污染,其实经济和健康都会有影响。因此,要对环境修复尽到应承担的责任和义务。

十七、农家乐的形象体现在哪些方面?

农家乐的形象体现在三个方面:店面形象、店内形象、店员形象。店招、店面色彩、装潢风格、卫生环境、橱窗、地理位置、交通便捷程度是店面形象。布局特点、服务台、休息处、收银处、洗手间、灯光、店内卫生、地面、店内墙壁、入门处、家具、设备、商品、装饰风格、店内色彩属于店内形象。着装、人员礼仪、表情及情绪、个人卫生、店员技能、沟通技巧、接待技巧、销售技巧属于店员形象。农家乐实在、热情的形象是盈利的基础。销售话术等服务技能是软基础,厨艺厨技是硬基础。

十八、农家乐为什么要做经营乃至做成品牌?

农家乐做品牌与做文化其实正是农家乐经营必不可少的理念。农家乐本身就是一本经营类的图书。每个人对农家乐的解读方法不同。在中国,农家乐经营是一个新的概念。农家乐需要经营,这是了解自身需要的结果。做品牌是完善人们需要的一个途径。

十九、是什么诱发了农家乐的经营意识?

如果说农家乐是在举国农村城镇化的进程中不断获得新的意识,在认识城市、适应城市、改造自身的过程中不断使自己聪明起来,这只是农家乐经营意识的一个诱因的话,那么除此之外,还有哪些诱因促使农家乐有经营意识呢?

应该说,随着市场经济的日益深入,人们越来越相信,只要你愿意经营,农家乐将会在你手中变成"魔力之棒"。这也是促生农家乐经营意识的一个诱因。

社会文化随着群体成员的聚集而变得日益丰富多彩起来，将人们对所聚集的农家乐及其空间的认识提升到了一个崭新的高度。经营人群变大的同时，农家乐经营也变大起来。如果说这些诱因都是内部诱因的话，那么，来自外部的诱因是来自来自国外农家乐意识的辐射和农民就业的压力和挑战。

二十、为什么说科学的农家乐规划体现了农家乐的经营意识?

经营农家乐要建立在科学规划的基础之上。我们看到，国内一些经营得好的农家乐，“科学规划、规划如山”无不成为其成功的要诀。当我们俯瞰农家乐的空间规划，不但对其科学性感兴趣，更为其在城乡一体化发展的坐标感兴趣。以前，乡村曾有对空望月之慨叹。但如今，更有条件从高高的地方俯瞰乡村这个高高的地方，就是“城乡一体化”的高天阔空。航拍比仰拍更能震撼人心。这种乡村的空间角度观察是过去很长时间不曾有的。例如：规划《××农家乐区域规划纲要》中，详细地对农家乐这个节点进行了规划，以“新××安家在农家乐”作为规划思路，从一开始就应以高标准规划。农家乐新××需要农家乐规划上的分工衔接，这要求农家乐规划要在区域化分工合作方面强化劳动力成本以及土地成本的把握，而这正是经营意识的具体体现。

二十一、为什么说“政府主导，公司市场化运作”体现了中国农家乐经营意识?

“政府主导，公司市场化运作，机构企业化，产业链条化”，这是农家乐经营意识的重要体现。市场化是一个大方向，这点毋庸置疑。

公司成为市场主体运作，要按市场规则办事。保证市场秩序。在公司运作机制市场化的同时，园区运作机制也会实现市场化。土地机构企业化是一种趋势。土地资源正在成为市场要素之一，而且土地产品正在市场化。那么市场主体的土地机构走向企业化之路已是大势所趋。构成城市的要素很多。相关要素的产业化，即是一个围绕市场交换有关的要素。全部按照产业的要求来运作首先是一个过程。这意味着所有要素都要进入市场。很多东西还有待进入市场。如今是效益提价的年代。论及农家乐经营，就必然要与效益挂钩。农家乐经营的目标效益要求好求快，追求最大效益要实现农家乐规模的健康壮大。

二十二、农家乐经营的“三个理念”是什么?

农家乐经营将秉承什么样的理念呢？笔者认为：农家乐经营主要应秉承“三个理念”。第一个理念：项目是农家乐经营的基础。餐饮、住宿、休闲、度假等项目就是农家乐经营的基础。项目可以支撑农家乐经济，夯实农家乐的基础。而且项目还可产生关联效应，提升农家乐形象，彰显农家乐的实力。第二个理念：品牌是农家乐经营的关键。如果说工厂化是农家乐发展不可逾越的阶段，那么在这个过程中，农家乐培树什么样的品牌将是农家乐经营的关键。应该看到的是：农家乐产品加工、基本建设和交通、通讯、高新科技应用方面还有很大的空间。农家乐品牌的根本是乡村经济。立足于生态化、信息化却是农家乐发展之重。用先进理念让农家乐品牌更响亮，农家乐品牌宜定位于“创业、生活、生产的信息化、绿色生态化创意农家乐”。为此，要做经营农家乐品牌的努力和准备。第三个理念：文化是农家乐经营的支撑。农家乐品牌靠农家乐文化支撑发展。我们要树立农家乐文化发展观念，以农家乐文化发展谋求农家乐发展。农家乐要经历四个阶段的竞争发展，而后走向共赢。第一阶段是项目数量的竞争。第二阶段是项目质量上的竞争。第三阶段是品牌的竞争。第四阶段是文化的竞争。应树立这样的农家乐文化理念：文化为社会创造财富，为农家乐发展创造机会。世界工业化、城市化背景下的农家乐是一个会爬坡的汽车。而今，挺拔起来的农家乐经济，尚需文化的滋润、支撑。世界上还有比钱更重要的东西，就是文化。农家乐文化，是由以下三个层次组成的：第一层次是文化理念、文化经营宗旨、道德和规范。第二层次是制度、道德风尚、文化熏陶。第三个层次是表层文化、外在文化及人文精神。前两文化同属形象文化。形象文化同光荣传统、文化名牌紧密联系在一起。对农家乐形象文化价值衡量来说是十分有意义的。至少它说明农家乐形象文化是富有潜能的。农家乐文化离不开人文精神的熏陶。“大气、包容、自强”的人文精神必将使农家乐文化的发展走向一个全新的阶段。品牌是农家乐经营的关键。文化是农家乐经营的支撑。先进的农家乐经营理念，必将让农家乐品牌更响亮。科学的农家乐发展规划，必将使农家乐张开腾飞的翅膀。

二十三、农家乐如何预防地质灾害？

2013 年夏季，四川、黑龙江、甘肃等地遭受地质灾害，致使农家乐受损严重。如何预防此类情况的发生，专家给出了如下的建议：如发生泥石流，要迅速组织游客离开危险地段，不要在山坡下的房屋、电线杆、河边等地停留，而要向高地或比较安全的地方转移。到安全地点后，请求有关部门援助。

二十四、农家乐如何定位？

有人说农家乐是“四不像”。这说明它存在着定位的问题和困惑，这就涉及到如何定位问题。定位于旅游，那么有人说了，我们这里并没有突出的旅游资源啊，不像××景区有水有山有矿产，只有田园风光、特色民居。定位于休闲，那么既是民俗旅游又是生态旅游，是农业经济与旅游相结合的一种形式。休闲特色：进、看、专、吃、喝、饮、干、聊、购、住、享。定位于休闲，可让人不再纠缠于旅游景区的共同特点。应该说，农家乐最初只是一种旅游形式，现在不单单是一种旅游形式，而且是农业开发的一种形式。

二十五、农家乐就只是在农家乐里乐一乐吗？

不，实际上农家乐已经迈出农家院范围上，已从城市周边逐渐扩展到中国很多乡村，又延伸到城市新区。

二十六、农家乐可以由政府主导吗？

可以。一方面农家乐可自发开办。另一方面，政府从农业开发的角度可以把它作为有政府参与的主导产业。

二十七、现代社会需不需要农家乐？

需要。不论什么时候，原生态的东西都让人回味无穷。

二十八、农家乐增农业的附加值吗？

对农业需要更多像农家乐那样的形式来增加附加值。

二十九、农业结构调整为什么要把农家乐作为其中一部分？

农家乐是农业结构调整的一个窗口。其中，种植、养殖单元就是农业结构调整的一个反映。

三十、农家乐产品的深度开发应体现在哪些方面？

深度开发农土特产品，还要开发其附加文化，如：休闲、观光文化及民间、民俗文化、娱乐文化的深度开发。

三十一、农家乐为什么不能实行绝对商品化？

一味强调农家乐经济性，实行绝对商品化，会破坏生态环境。

三十二、农家乐缺乏吸引力、影响力，问题出在哪里？

城乡一味，土味不浓，野味不新，香味不够。问题出在缺乏创新。

三十三、坐等游客上门是农家乐的通病吗？

是。反映出农家乐经营上不够主动。

三十四、农中取乐是农家乐的发展方向吗?

乐是游客旅游的真实目的。

三十五、农家乐餐饮有无风险性?

有一定的风险。餐饮比其他行业都节约成本的地方在于:每天只进当天的材料。这样一来,既节约成本又能保证第二天菜品新鲜。万一关张不做了,也不用像卖衣服一样花时间来处理存货。因此,餐饮一般不会亏损或亏损不是很多。天气热,菜品损耗量可能较大。另外,肉类价格上涨、煤气价格上涨,这是潜在的经营风险。作为农家乐,不能贸然涨菜品价格和减少菜品分量。农家乐餐饮收支虽能保持相对平衡,但农村非假期期间客源骤减是个问题。此外,受通货膨胀影响大,易陷入资金链断裂的危机。

三十六、农家乐餐馆的核心竞争力是什么?

菜品配方和制作技术是餐饮业的核心竞争力。

三十七、农家乐营业时间如何设定?

可 24 小时全天营业。但北方昼夜温差较大,晚上的营业时间就较短。南方由于基本没有温差且夜生活丰富,因此很多农家乐一般都营业到深夜。

三十八、农家乐经营资金不足，要如何来解决？

经营资金包括：存货投资、应收账款投资、固定资产（用于建筑、地皮、设备上的资金需要）。经营资金不足，在开业初期会出现收支不平衡，入不敷出，会遇到负现金流量，一年后才有望达到营业损益平衡。农家乐为解决经营资金不足这个问题，可向银行贷款，借助他人资金、融资。

三十九、农家乐的预算到底需要多少才能保证经营顺利？

预算资金根据企业目标而定，预算资金与目标资金应较为接近。

四十、农家乐经营中的成本如何控制才是最有效的？

应做到以下几点：

一是降低设备成本；

二是降低原料成本；

三是节省人力成本。

四十一、农家乐经营风险有哪些？如何规避之？

经营风险：不懂专业知识的风险（会在预算上出现较大失误，可能性费用消耗增加。）；投资利润率和借入资金利息率的不确定性引发的风险；经营活动失败的风险；负债结构不合理的风险；决策失误的风险；利率变动带来资金成本增加的风险。

规避风险的做法：学习专业知识；了解、关注国家有关政策。

四十二、农家乐把握大众选择必须考虑的因素？

必须考虑的因素：原料的选择；原材料的处理；原材料的制作、加工方式；原材料制作加工工艺流程；加工后的品相；成本保存。

四十三、想拥有一家属于自己的农家乐却因毫无经验而苦于难以下手怎么办？

做法：进行行业现状、前景分析；进行市场调查、商圈调查、选址前的调查；定址、定租。

四十四、不知道营造什么样的氛围才能让游客记忆深刻怎么办？

做法：光线照明；音乐设计；通风调温。

四十五、开一家农家乐，做多大的规模合适？

在确定开农家乐规模的时候，要考虑三个因素：

一是这个规模在市场上应该有竞争力，能满足潜在游客的需求；

二是投入和产出最匹配，能使投资效率最大化；

三是投资者的财力情况。

首先，要考虑农家乐在市场上的竞争力，也就是说这个农家乐将来和当地市场其他农家乐比，在规模上要有竞争力。规模太小，能存放展示的商品品种受到限制，和大的农家乐相比就显出劣势。不仅在品种上，在客流方面也会受到影响。

那么，农家乐是不是越大越好？农家乐的规模多大合适？

通过走访、观察若干家农家乐，以及与许多农家乐老板的探讨，我认为比较理想的农家乐规模应该符合下列条件：

一是在村庄，你是最大的农家乐。

二是和当地的农家乐比，在乡镇最好在第 2、第 3 名。

三是与县的农家乐比，规模排名要在第 3、第 4 名以前。

四是在村庄，规模最好在 600 平米～1200 平米之间。因为村庄的农家乐主要不是凭规模竞争。

五是一般情况下面积控制在 600 平米～1500 平米。

为什么会有这种结论？

因为，我对全国 300 多家农家乐进行过调查，发现效益好的农家乐规模在 600 平米～1200 平米的居多。那么，规模不在这个范围的是否就不合适呢，我想不能一概而论。

在对这 300 多家农家乐的经营情况调查中发现，面积在 300 平米以内的和超过 3500 平米的，经营情况都不大理想，亏损的店多是 300 平米以内的和 3500 平米～5000 平米的。

为什么会有这种情况？某农家乐餐馆很小，只有 2 张桌子，但是同样需要厨师、服务员，需要锅碗瓢盆，需要缴纳各种税费和管理费以及其他各项开支，收入就靠这 2 张桌子所能容纳的顾客人流人次带来的销售收入。假如还是这个餐馆，在成本不变的前提下，增加 2 张桌子，也是可以运转的。那么，这个餐馆销售收入就有翻倍的可能。

同样的道理，300 平米以内的小农家乐，即使小，开农家乐的基本项目和开支都不能少。这样，一个 450 平米的农家乐和 300 平米的农家乐除了房租会高一些外，其他的成本并不会有明显的变化。所以，小农家乐单位面积成本高，销售收入少是规模不合适的原因。

那为什么 3500 平米～5000 平米的店也不合适？因为在农家乐市场，3500 平米～5000 平米的农家乐既不能上规模，也不便于做特色，只能综合经营。相对大型农家乐和特色专项农家乐来说，这些农家乐缺少吸引力。另外，3500 平米、5000 平米的农家乐和一个 1500 平米的农家乐比，虽然面积增加了 1 倍和 2 倍，但是从实际销售上看，并不成比例，也就是说坪效差距很大。从投资上来说是不合算的。所以，3500 平米～5000 平米的农家乐是否合适要认真研究。

当然，上面的情况是一种理想状态。农家乐的规模不同，投资成本也不同。在考虑什么规模合适的前提下，还要考虑最根本的问题，这就是投资人的资金实力。

如果只能根据资金实力情况来选择开农家乐规模，而这个规模又没有竞争优势怎么办？开农家乐有句话："大农家乐做规模，小农家乐做特色"。农家乐小千万不要什么项目都做，结果变成了"什么都有，什么都无"的农家乐。农家乐规模小，就要用特色来竞争，也可以说是错位经营。

在资金实力具备的前提下，就是要考虑投入产生效益的最大化。假如在某个地方开农家乐，600 平米的时候月销售额 4 万～5 万元，而开 1000 平米的时候也是这个数字，那么多出 400 平米就是不合适的。当面积达到 2000 平米的时候，也许能销售 6 万元，但 600 平米能销售 4 万元～5 万元，显然 2000 平米的农家乐投资效益比 600 平米的农家乐低。

四十六、农家乐为什么要慎玩高价？

现在有很多农家乐在广告宣传上玩起“高价”，认为一个产品价格高，档次就等于高。抱着这种心态，一些农家乐在新品推出时有意将价格提高，让消费者误认为这种产品是高档的。事实上，很多消费者也存在单纯的认识，认为一分价钱一分货，花出去的钱就一定能物有所值地得到回报，正是抓住了消费者的这种心态，一些农家乐一味追求宣传，以为把自己说得越好，牌子就越响，过于注重牌子的包装，甚至不惜透支品牌资源。事实上，品牌的基础核心是实力。靠玩“高价”只能在短时间内沾到便宜，而群众的眼光是雪亮的，当广大消费者通过实践证实你的产品确有虚假成分时，会给该品牌造成长期的负面影响，所以，有远见的农家乐是不会玩这种小把戏的。

四十七、农家乐经营中的促销之前为什么要准备充分

促销是刺激顾客在一定时间里在同一家农家乐多多购买商品的一种经营手段。促销可以吸引新顾客，改变顾客结构，影响市场占有率。促销前的准备很重要，而且要充分。农家乐必须把促销方案搞得尽量详细一些。促销时间段一般要控制三个星期之内为佳。在促销方式选择上，要区别是免费提供给顾客样品，还是优惠券、赠品；是让顾客免费试用，还是让顾客抽奖；是在销售现场组织陈列和表演，还是举办展销会。总之，在促销之前的各项准备工作，一定要搞细致。有备而来才能胜券在握。事前的充分准备，再加上农家乐组织者现场的灵感，相信农家乐是很容易获得成功的。

四十八、为什么要把农家乐商品的价位定得尽量低些？

做经营，不仅要说话和气，而且还要价钱公道，价位尽可能低一些。你对每一位顾客，不论童叟，皆应面带笑容。对于购货多有不便的顾客，你只需要对方打来一个电话，或是托人捎来一个口信，你就能满足顾客对商品的需求，送货入户。农家乐把商品的价位定得尽量低些，相信会赢得更多顾客的。但你要注意，千万不要打价格战。虽然在短期之内，打价格战会刺激顾客购买，但已有愈来愈多的事实证明了：打价格战，会降低你所经营的商品销售量，降低你所经营的商品的市场占有率，因为它是在告诉人们，只有价格战，交易才公平。

四十九、成立农家乐价格联盟有好处吗？

曾几何时，人们希望国家控价。但是计划经济的老路不能重走。在实行社会主义市场经济的今天，农家乐要避免价格大战，成立农家乐价格联盟是一个不错的办法。大家在价格上形成联盟，那么市场就不会不景气。行业经营，有时候靠农家乐自律，有的时候更靠结成联盟，“大家的事好商量”是经营联盟的关键词。如今，在农家乐行业也出现了这样的联盟。各农家乐结盟，这种现象已经从一个地市，蔓延到一个省，乃至全国。结成价格联盟，最重要的是成员都能严格遵守价格秩序，否则再好的联盟也只是一个花架子。

五十、农家乐发展会员要注意什么？

农家乐建立驴友俱乐部、游客俱乐部，吸收会员，定期收会费，搞活动。会员办卡可积分并享受等级优惠待遇。相关奖励兑现农家乐要提前告知。会员权利如何？农家乐要切实维护他们的权利，给会员更大的空间。

五十一、农家乐为什么要以绝对的优势压倒对方？

人们常把经营看成是打仗，这说明竞争是残酷的。大家可能都注意到这样的斗鸡场面：当两种竞争力量势均力敌的时候，彼此都不示弱，更想能压倒对方。而当双方力量对比发生了明显变化，一方占绝对优势的时候，预示着它的胜利不远了。处于弱势的那一方就会变攻为守，避免更多的摩擦和消耗，经营更多是维持现状。这给农家乐的启示是：要想有必胜的把握，就要有必胜的优势。要以绝对的优势压倒对手，方能立于不败之地。绝对的优势不是一天两天就能形成的。而是一个不断积累的一个渐进的过程。不注重量的积累，就不能从量变到质变，更不会直接形成绝对的优势。

五十二、农家乐为什么要商品“香”就得用真材实料？

香油为什么那么“香”？是因为它香在原料真，是真正的好芝麻，用手一揉，看不见瞎粒、瘪粒。扒鸡为什么那么“香”？是因为它香在鸡龄上，不大不小的鸡味道最“香”。豆腐丝为什么那么“香”？是因为它香在选用的豆质好。烤鸭为什么能“香”飘国外？爆肚为什么能“香”遍京城？包子为什么“香”逸津城？麻花为什么能“香”越华北？肥牛火锅为什么“香”传大江南北？红焖羊肉为什么能“香”盛中原？全是因为它们用的是真材实料。农家乐只要能够做到这一点，那么就能让自己的商品“香”起来。

五十三、农家乐为什么不要小看工夫钱？

农家乐商店工艺品制作挣的是“工夫钱”。工艺品的价格往往很贵。一件根雕，价值上千。就连一套剪纸，也价格不低。工艺品其技术含量高低，往往体现在工艺的复杂程度上。工艺复杂的，技术含量高些，工艺简单的，技术含量低些。工艺复杂的，耗时要长，工艺简单的，耗时短。就根雕而言，选料一般耗时一、二个月，然后还要打磨、修理、嵌字、上漆，人工成本很高。因此，在某种程度上讲，工艺品制作者挣的是“工夫钱”。一定不要小看“工夫钱”，农家乐其实有时拼的是耐力。农家乐经营者没有耐力是搞不好经营工作的。如果工夫你比别人下得多，你就有获得成功的可能。

五十四、农家乐促销折扣力度和时间？

多数农家乐促销折扣力度在 85 折左右，时间在一个月左右。促销折扣力度和时间，游客一方面希望越大越长，另一方面对老打折产生一定的视觉疲劳。促销折扣力度和时间考量农家乐吸引力强不强？游客关注度强不强？但频繁打折，对农家乐无益。

五十五、为什么农家乐要让顾客觉得放心？

有早点店，在门前露天支起个布蓬子，摆上几个饭桌、几把椅子、几把筷子，在布蓬外，放个锅灶，就炸起了油饼。一桶油反复炸上十多天是经常的事，油的质量也没保证。更糟糕的是，面案师傅也就是老板，用手收完顾客的钱后，连洗都不洗，又去赶面团了。有多少病菌也被顾客吃进肚子里面了。有的早点店做的肉包子，简直让人难以下咽。用的猪肉馅是最便宜的,一元钱左右的老母猪肉、猪的血脖。这些东西,人是不能食用的。还有,有的早点店三天两头更换服务员,根本没有卫生防疫部门核发的卫生健康证。农家乐要切记:不要学那些不正规的早点店,要正规经营,才让顾客觉得放心。

五十六、为什么农家乐可让顾客定价?

有一家名为"顾客定价"的农家乐餐馆,别出心裁地想出一种由顾客自己定价的经营方式,将餐馆经营的各种菜肴、点心、饮料等分成五六种一套的套餐,每种套餐分别规定了高低不等的五种价格,由顾客自己在用餐结束后任选其中一种价格付账。据农家乐经营者介绍,大部分顾客都是按一二等套餐的价格付账,因为来餐馆就餐的顾客认为如果付费偏低,有失体面。让顾客定价的营销策略,一方面可以吸引顾客,另一方面可以根据顾客付款的情况来反映服务质量,以便改进经营。该农家乐餐馆因此生意兴隆。

五十七、为什么农家乐海鲜店需要新鲜的海水?

某农家乐海鲜店生意很红火。养活海鲜离不开新鲜的海水,要知道客人愿意亲自到水族箱挑新鲜、活的海中生物。于是农家乐定期收购新鲜的海水,小成本换回来的是高客流,一年后该农家乐就发财了。

五十八、怎么理解谋求农家乐"赢利"?

经营,谋求的是什么呢?你的回答应该是"赢利"。从简单的字面上的理解，“赢利”是获利，获得利益的意思。更有深一层的理解是：“经营”强调的是过程，“赢利”强调的是结果。换一个角度说：“经营”是“赢利”的基础，而“赢利”是“经营”最终的目标。那么你怎样才会使你的农家乐店从“经营”走向“赢利”呢？你可能这样说：找市场！那么有市场就一定能赢利吗？回答应该是不一定。原因就是这样的简单：正确的方法，没有用在正确的时间里，或者是没有用在正确的地方，还有另外一种可能，就是你压根就没有掌握住经营的方法。

五十九、农家乐怎么建立经营的劳动耗费指标？

我们都知道，任何一种商品都有劳动耗费。经营的劳动耗费不仅取决于销售的难易程度、商品本身的复杂程度，而且还取决于销售的劳动效率。一般农家乐店用人均劳动生产率指标来核算销售的劳动效率，但这不全面。应该用劳动耗费指标与人均劳动生产率指标一起共同评价劳动效率。劳动耗费与劳动生产率指标之间存在反比例关系，即：劳动耗费越大，劳动效率越低。劳动耗费越小，劳动效率越高。劳动耗费与商品销售额指标之间存在正比关系，即：商品销售额越多，劳动耗费越大。商品销售额越少，劳动耗费就越小。建立经营的劳动耗费指标，有助于提高农家乐经营的劳动效率。

六十、为什么农家乐经营者要一心一意？

对农家乐经营者来说，三心二意是很难做出高效率的事情的。领悟经营要领悟得快，干起经营来要雷厉风行，别人难以匹敌，这些其实都应该是一个经营效率的问题。在你的日常经营工作中怎样才能使效率得到充分的彰显呢？农家乐经营者要懂得，最实用、最重要的方法是聚精会神经营、凝神聚力突破。如果三心二意是绝对不会也不可能换来高的经营效率的，即便你是经营的天才。高度专注、高度投入是提高效率、生发出能量聚焦效应最简单最有效的秘诀。

六十一、为什么农家乐经营要有明确要求？

农家乐经营者的要求是尽自己的最大可能使顾客的需求得到最为满意的满足。还要进一步明确：经营是两个效益的统一，这应成为经营的目的，而不是原由。经营是架起商品与顾客的由价值向使用价值转换的桥梁，这体现了经营的介质性。经营是从顾客导向出发的，这体现了经营的针对性。经营是使每一种商品都走向成熟期、旺销期，这体现经营的时间性。经营要敏锐地抓住有价值的市场信息，并且灵活运用这些信息，这体现了经营的灵活性。经营要对每个顾客类型进行细分，这体现了经营的细分性。经营要对采取多种多样的手段，才能解决顾客问题，这体现了经营的多样性。

六十二、农家乐经营者如何应对危机？

危机的几种情况：顾客拥挤；突然停电；顾客偏激或精神麻烦者；自来水管崩裂；天花板垂落。

危机处理办法：安抚顾客；疏导顾客；机动灵活。

危机防范措施：

做好设备日常维护。每天早晨开业后检查 UPS 是否接通电源，指示灯是否亮。下班后关闭电源检查款机及防盗报警器是否与 UPS 连接。每周一早晨将款台及防盗器电源关闭后，检查 UPS 是否正常使用，保障款机及防盗器在切断电源后正常使用 15 分钟。

做好人员安排。疏导顾客，具体位置人员安排如下：消防通道门口 2 人：出口 1 人，入口 1 人。农家乐工作人员对现场人员进行合理安排，重点位置安排人员，具体位置如下：安全出口 1 人；款台有款员

1人、店员1人;营业现场主通道2人。负责人依据“输导顾客路线图”安排店员快速做好顾客输导。

重点部位的人员安排及制度制订。收款员每日上岗前应检查必备用具是否完好,每个款台都应准备《紧急情况收款登记本》、《紧急情况收款收据》。

制定停电及电脑收款程序出现异常时收款流程预案。款台可以用款机正常收款15分钟;农家乐店负责人应及时为收款员安排临时助手1名,对顾客准备交款的商品由临时人员在《紧急情况收款登记本》上登记,要求各项填全;收款员负责核算商品价格并开具《紧急情况收款收据》一式二份(一份交顾客,一份留存)并加盖印章,要求:只填写总数量及合计价格,收款,找零,提示顾客出卖场路线;在电脑收款程序正常后及时按《紧急情况收款登记本》上的明细录入电脑,并请临时助手符合后在《紧急情况收款登记本》上签字。

六十三、游客选择农家乐餐馆看什么?

一看哪家农家乐的上菜速度更快;二看服务更周到;三看哪家餐厅的距离最近。

六十四、农家乐的整体状态决定游客的消费行为吗?

决定。农家乐的整体状态包括:农家乐的产品质量是否是最好;农家乐的产品价格是否最合理;农家乐的员工素质是否优秀。

六十五、如何让游客觉得他购买农家乐商品就是一种投资？

首先确保它是一流的环保的原材料制成的，其次要操作方便。

六十六、如何让游客不再关注消费价格？

如果让游客看到利益和好处，农家乐商品价格就不再那么重要，销售成了一件很容易的事情。

六十七、问游客的两个有魔力的问题？

如果农家乐产品价格不变，你还会买吗？为什么？

六十八、根据农家乐的地形状况如何进行科学设计？

农村环境与城市环境在某些方面有着很大的差距。农家乐选址的地方有时不是平平整整的一块地或规范建筑。

某农家乐选址的地块就是一个深度达十几米的建筑、生活垃圾填埋场。刚刚接手时，农家乐设计人员认为设计出一幅美景画给农家乐，先要造出一张纸来，即：做地形。处理农家乐景观如果按照按照传统的中国园林造地形方法，应该是“有丘无壑”，只造“山头”，不挖沟，从下往上逐步回填压实。但根据该农家乐的地形状况，宜从上往下有时甚至需要从中间分别向上下展开此外，削坡也是一项重要的工作。由于边坡土质比较松软，坡度比较陡，如果不做地形处理，施工机械很难在上面作业。要通过填新土碾压的方式，一点一点地对所有边坡进行削坡处理。把平均坡度降低在坡上可以设计一条多彩的花带。同时，处理好雨水回收、循环灌溉花草的问题。

附录　农家乐经营示范户相关案例

农家乐规划与开发、经营相关示范案例

项目编号:001

项目名称:×××农家乐

该农家乐每年接待游客 2 万多人。在自家小园种上的黄瓜供游客采摘，每公斤黄瓜收费 2 元，扣除买种、浇水、除草管理费用，实际成本每公斤 0.5 元。仅黄瓜采摘这一项，每斤黄瓜获利 1.50 元。看到这一喜人景象，经营者决定租用村里的集体用地十亩二十年用于种大棚菜，每年只需交给村委会租金一万元。他扣了三个大棚，每季生产出黄瓜 5 万公斤，总固定成本 4 万元，每公斤黄瓜的变动成本为 0.15 万元。每公斤黄瓜总成本 0.95 元。虽然总成本略有上升，但是产量多了，销售额增加了，适度的规模增长使他手里的钱变动越来越多。后来，他利用所租地西南角一个废弃的坑塘改造成养鱼池，供游客垂钓，100 元一天，钓到的大鱼另按市场价收费。这一增加的项目为他多带来了 6 万元的年利润。他用这笔新增加的利润，使之从体验型农家乐逐渐发展成为融餐饮、旅舍、体验于一体的综合型农家乐。他算了一笔账：餐饮一项年收益 10 万元，旅舍一项年收入 8 万元，体验一项年收入 12 万元，年综合收益 30 万元，年综合收益率 50%。如今，他的“农家乐王国”不光吸引了很多农家乐经营者前来取经，而且多年的打造让这里也成了都市白领十分向往的地方。

项目编号:002

项目名称:×××农家乐

金秋时节的某一天早晨,一游客从市区开车出发过四元桥经丫髻山,行至平谷区刘家店镇地界,但见路旁的果园里平谷大桃缀满枝头,采摘的客人络绎不绝。快到中午,他来到北吉山村,远远看到一户宅院大门上一个拱形的门头铁架上四个楷体大字:××××,大门两侧挂着大红灯笼一副对联上写的是"宝地步步发大财,福门年年走鸿运"。随着一句暖人心脾的"客人来了,欢迎光临!",早有人把他领进大门。院子很大,右边是小菜园,有压水机和自来水水管及龙头等。"自家种菜客人采"的木牌戳在菜地边上。站在院里还可看到一排灰砖瓦房背后不远处的丫髻山。停车歇脚,走进餐厅雅间"农家乐××号房",接待的村姑拿给他点菜菜谱。一会儿,服务员端上热气腾腾的饭菜来。大块牛肉、粉条、炸豆腐,吃起来特别香。吃完一结账,六个人才吃了120元,真便宜啊!几个人随后在不远处该农家乐的鱼坑里垂钓。晚上几个人在房间里睡大通炕,没有选择木床。房间里的布置与氛围,让每个游客都感觉又回到了儿时的乡村生活中。

项目编号:003

项目名称:×××农家乐

一游客来到位于昌平的一家农家院,远远看到一个广告牌中间呈弧形贯穿东西的五个大字"×园农家院",下面一行字字体小些,写有"吃粗粮 山野菜 侉炖鱼 炖柴鸡 烤全羊 睡土炕"18个字。走进餐厅,里面光线很好,墙上挂着××书刘禹锡的"陋室铭"。大厅天花板上纵横两排挂着拉花。一问,知道这里的旅游星等级是乡村酒店,虽说也是农家乐,但是特色要更多一些了。自己种上种子,平时这里的人负责管理。成熟的果蔬立马就采,还能自己下厨当厨师。生态果蔬,山间野味,特色烤羊,当地农家菜,保准让你大快朵颐。晚上住宿,房里有大彩电,独立浴室,住一宿标准间80元。一到乡村酒店级的农家乐,就可以是集餐饮、住宿、会议、娱乐、室内外烧烤、采摘、垂钓、登山健身及旅游服务为一体的综合性民俗宾馆了。

项目编号:004

项目名称:×××农家乐

某庄园餐饮以秘制烧鸽为主要特色,自产自制。辅以精品庄园菜、私家菜等。占地100亩,餐饮建筑面积1.2万平方米。性质为农家庄园+都市酒店。服务有特色,设有游泳馆、武馆、垂钓、运动休闲、观光采摘,人均消费80～120元,200个免费停车位。

项目编号:005

项目名称:×××农家乐

农家乐生产、销售商品一体化有助于农家乐发展。

某农家乐占地1000多亩,其中三分之一的面积建起100多个玫瑰大棚。紧临大棚建起2个木屋氧吧客房,里面各种设施应有尽有,还建有中西餐厅各一个,余下的面积建起玫瑰原料库、玫瑰精油提炼加工车间。客人可以在这里吃饭、住宿、游玩、劳动、休闲,还购买走大量的玫瑰精油商品。

项目编号:006

项目名称:×××农家乐

项目概况:(略)

××××××农家乐种植区内,长得一人多高的西红柿秧上挂满了小灯笼式的西红柿。这种西红柿的品种叫荷兰玛瓦西红柿,特点是耐储存、耐运输,口感不错。

几亩大棚里这种西红柿吸引了很多游客和经销商采摘。每千克能卖3～5元,一棚西红柿能卖1.5～2.5万元。

项目编号:007

项目名称:×××农家乐

项目概况:(略)

这是一家种植、养殖型农家乐。

经营者××讲，他多年在外打工，经过商，办过厂，赚了大笔钱。打工回乡后，通过了解家乡基本情况、资源状况，发现他们村及周边村山水资源丰富，特别是荒山，十分适宜农家乐发展。只是由于村民缺乏资金、技术和思想观念陈旧，使优势资源长期闲置，得不到充分利用，导致落后面貌难以改变。

因此，从2011年开始，他就着手回家开展调查论证，确定回乡创业。经过一年多的准备，于2012年8月正式租赁经营荒山1000亩，经营期36年，已预付租金10万元，同时已投资近30万元，先后完成整地10亩，现已种植泡桐3亩。此外，还完成修建基地场房2间，修建村道5千米，架设输电线路2.5千米。

凭借办过厂的经验，他知道要想干好农家乐，除了要有规划，还要有自己的特色，真正有自己的品牌特色。他请专职设计技术人员，负责农家乐的规划、种植、养殖、管理，实行立体种养模式，开展民俗文化活动。

他计划3～5年投资500万元，完成租赁山地面积100亩。他还打算新建乡村酒店一栋。完成油茶基地建设10亩，板栗基地5亩。利用丰富的山场资源，发展农家乐旅游。

项目编号:008

项目名称:×××农家乐

项目概况:(略)

从××高速公路出发，沿着××特有的玉米青纱帐，可以到达一个特色农家乐。在这个农家乐里，能体验种菜、养牲畜、钓鱼，然后品尝农家菜，如有兴趣还能“买断”某片菜园的种植权，俨然一个现实版“开心农场”。这个农家乐，就是经营者投资200万元打造的。请游客来观光，让他们体验新型农产品口味，以此来拓展新产品、新销路。

项目编号:009

项目名称:×××农家乐

项目概况:(略)

特色描述:打温情牌的××农家乐小餐馆

概述：

小李新开了一家农家乐餐饮店。营业面积 20 平方米，厨房 25 平方米。聘用大厨 1 名，配菜 1 名，服务生 2 名。

刚开张时，小李在店员安排、店面布置、供货关系方面忙活了一阵子。每天他都要和顾客聊天、拉家常、搞好关系，以赢得他们对这家餐馆的好感。

"请问这是您点的菜吗？"

"砂锅有点儿热，您吃时要小心。"

"谢谢您的点菜。"

"请您慢用，我把门带上，您看好吗？"

"请问上次的饭菜有没有不合您口味的地方？"

"我们下次改。"

小李的温情牌，让餐馆有了良好的客户基础，也保持了餐馆经营的稳定性。

项目编号：010

项目名称：×××农家乐

项目概况：（略）

特色描述：实行计算机餐饮管理的×××农家乐餐馆

概述：

"只有标准化的问题得到解决，农家乐餐馆才能做大"。×××农家乐的小郑购置了一套农家乐餐饮信息化管理软件，由研制方派技术人员装好了系统软件，接好了工作站与客户端连线。

信息化管理系统对农家乐菜的辣度、咸度等指标进行了量化处理。在不影响乡土味道的前提下，用数字化的方式来烹调农家乐菜。

餐厅使用 POS 机点菜，后台厨房的打印机同步提交点菜信息，库存管理员根据点菜系统中的物料消耗，随时补货，财务系统根据点菜系统和结账系统的数据，对每天的销售状况进行精细统计。

项目编号:011

项目名称:×××农家乐

项目概况:(略)

特色描述:“江湖武侠”农家乐餐饮店

概述:

中国二十世纪七、八十年代,港台武侠作家群(以金庸、古龙、梁羽生为代表)笔下的武侠形象画,您能想到它会置于农家乐餐饮店的门口吗?

×××省××××农家乐就是一个武侠谜开的餐饮店。玲珑的古色古香的门面,以竹子为主要材料,几件长兵器竖在一边,店门上写着“人在江湖身在乡村”。大门正对室内的藏经阁(柜台里有四十二章经,其实就是四十二道菜的菜谱)。门口右边还设有“金盆洗手”台。桌椅木制,餐具是仿古式的陶瓷制品。与江湖有关的元素一一展现。这里没有“老板”,而有“二庄主”。没有服务员,而有“店小二”。没有顾客,而有“大侠”、“女剑客”。没有菜单,不设点菜。为初次来的客人举行一个仪式,叫“第一次行走江湖”。为团体来的客人举行“武林大会”推选“盟主”,被选为“盟主”的客人吃饭不花钱。“女剑客”点菜称为“华山论剑”。“店小二”一律穿练功服,服装背后上绣“武”字。餐厅内以“武侠”为主题。吃饭叫“练功”。“练功台”就是饭桌。每张饭桌上桌牌上写有不同的派别。如:有的叫“峨眉派”,有的叫“华山派”,有的叫“武当派”。该农家乐顾客盈门,络绎不绝。

项目编号:012

项目名称:×××农家乐

项目概况:(略)

特色描述:“乡村食养坊”农家乐餐饮店

概述:

该农家乐根据不同季节特点,不同人群的需要,推出养生健体的各款炖汤。炖汤一般需4~6小时。

汤名如下：

绿豆白鸽；冬瓜荷叶炖水鸭；板蓝根炖猪蹄；红丝线炖瘦肉；半边莲炖鱼尾；绿豆海带煲老鸽；橄榄炖猪肺。

此外，采用瓦缸煨汤。以瓦缸为器，精配食物。以土鸡、天麻、猴头菇等为原料。以山泉水为原料，放入巨型大瓦缸内。以硬质木炭火恒温煨制达7小时以上。

项目编号：013

项目名称：×××农家乐

项目概况：（略）

特色描述："生日"农家乐餐饮店

概述：

该农家乐根据顾客不同年龄特点，不同人群的需要，推出生日餐。

为老年人过生日，一定要把"长命百岁，万寿无疆"祈福语作为主题帖。推出"长寿面"、"长寿桃""长寿汤""长寿菜"。

为周岁新生儿过生日，主题应是"健康成长""前途无量"。

为年轻人过生日，推出西式餐。

为情人过生日，要强调"浪漫情调"，以布置"小木屋二人世界，烛光细语对酌"为主题。

项目编号：014

项目名称：×××农家乐

项目概况：（略）

特色描述："抗联食品"农家乐店

概述：

该农家乐的"抗联食品"，采用老工艺，新配方。主料是大米、大豆，辅料有十几种。是在当年东北抗联主食基础上的改进食品。

包装袋上印有当年抗联战士的战地生活地图。食品是地方特产，但由于附上相关的故事，因而很畅销。

项目编号:015

项目名称:×××农家乐

项目概况:(略)

规划说明:为保留景观魅力,如:文化底蕴,进行整体、合理的开发,经过深入调查和论证,项目定位于集旅游度假、游憩、演艺为一体的休闲、居住、度假型农家乐。

规划重点:

1. 保存自然风貌。

2. 保证项目整体和谐。

3. 凸显多个项目景观。

4. 为未来开发创造机会。

风格主题:

1. 景观房产。

旅游度假配套设施。

2. 酒店型农家乐。

规划方案备选。

滨水游憩带:滨水长廊+公寓+特色街区。

滨水游憩带:滨水长廊+公寓。

滨水游憩带:滨水公寓。

3. 演艺中心。

(1)娱乐休闲如 KTV 等。

(2)茶艺、培训、高档餐饮、休闲餐饮、休闲皮具、服装、运动用品、美食、珠宝、化妆品、鲜花店。

项目编号:016

项目名称:×××××农家乐

项目概况:×××××农家乐,占地面积2亩,总投资10余万元。主要以冬暖式日光温室蔬菜生产、果蔬采摘和住宿餐饮为主,现有××"40"型冬暖式高效节能大棚2个,配置了机器化卷帘系统。

主要产品有：黄瓜、西红柿、彩椒、茄子、韭菜、油麦菜、油菜、苦苣等。农家乐产品于2011年10月首批通过中国绿色食品认证。

项目定位：(略)

目标市场和目标客户群定位：(略)

经营定位：(略)

主题形象定位：(略)

经营规模定位：(略)

营销推广：

1. 板块营销。

2. 推广主题—白领乐园。

项目编号：017

项目名称：×××××观光园农家乐

项目概况：×××××观光旅游园项目占地3亩，以热带植物观光、花卉种植、水果采摘为主，以优秀的旅游观光、文体娱乐项目为亮点，倾心致力丰富本地及外地游客的精神文化生活，满足人们多样化的休闲游乐需求，以最好的景观、顶尖的游乐设施服务人民，让城市居民回归自然，体验农村、农业生活、享受休闲时光。

项目定位：

1. 农家乐定位：商务、旅游、人文。

2. 游客定位：本地及外地游客。

项目规划：

建筑规划：观光园。

功能规划：花卉种植、水果采摘。

项目编号：018

项目名称：××农家乐

项目概况：占地面积5亩，项目的主要建设包括：旅游接待中心、产业试验中心、玫瑰小镇、高科技蔬菜种植区四大板块，按高起点、高标准、高层次、高科技、高品位的目标建设。

项目调研：

1. 整体形势。

2. 片区形势。

3. 自身分析。

4. 消费者调研分析。

项目定位：

1. 前期定位。

2. 理念定位。

3. 经营定位。

4. 目标消费者定位。

项目编号:019

项目名称：×××农家乐

项目概况：×××旅游度假农庄占地 11 亩，主要建设生态体验园、温室暖棚、篝火广场、农家院、水上餐厅以及水上游乐园等，按照“都市农业、休闲农业、观光农业”的发展理念，提供各种蔬菜、瓜果采摘及垂钓服务，使游客得到园林式、郊野休闲居住体验。

项目调研：

1. 整体形势。

2. 片区形势。

3. 自身分析。

4. 消费者调研分析。

项目定位：

1. 前期定位。

2. 理念定位。

3. 经营定位。

4. 目标消费者定位。

项目编号:020

项目名称：×××蔬菜种植型农家乐

项目概况：占地总面积 23 亩。

经营状况：已建成日光温室大棚 8 个，采取自主种植和外包种植两种模式。以生产绿色环保、无公害蔬菜为主，辅以部分绿化用草木花卉绿植，主要种植有西红柿、黄瓜两大果蔬，换季间隔种植茴香、油菜、茼蒿等叶菜，供应北京各大院校、超市等集团客户，同时辐射周边批发市场。

成功要素：

1. 选址得当。
2. 独特建筑风格。
3. 业态布局合理。

运营价值：

1. 不断改良细节。
2. 注重游客关系维护。
3. 休闲潮流做主。
4. 树立风向标。
5. 增值服务。

项目编号：021

项目名称：徐××农家乐

项目概况：

1949 年四川郫县农科村以多味乡情吸引了人们的眼球。几十年后，徐××开辟了中国农家乐的新纪元。中国农家乐创始人徐××，四川成都郊区郫县农科村人。曾前来视察的四川省一位领导亲自写的农家乐招牌，让×××觉得蓬荜生辉。

经营状况：

经营之初用二十世纪 70、80 年代的磨盘作为醒目标志物。现已开有五代农家乐。1979 年开第一代农家乐时，每日接待 70、80 位游客。住宿就在徐家老宅，那个年代的一所乡村平房。摆设是生产工具。接待游客就餐每日午餐七、八桌。1997 年建第二代农家乐，平房换成两层小楼，餐饮接待 30 多桌，徐××一直住在那里。那时，四川盆地悄然兴起农家乐。农科村、郫县300多家农家乐年接待游客500万人次，旅游收入超过12亿元。

成功秘诀：

1. 抓园林+抓农家乐=两手抓两手硬。

所建苗圃基地的兰天竹是从四川雅安山区采来的野生花卉。花木销售收入1亿元。从兰天竹种植（易成活）开始的农民，第一年纯收入都在3000元以上。接下来决定种植银杏等苗木，把生意做大。到现在，主业还是园林，农家乐还是副业。

2. 徐家老宅的第一份农家饭菜就是从其厨房开始的。

厨房里放置一个磨盘。买花的客人在这里吃。环境园艺让人喜欢。口口相传，农家乐庭院有了名气。乡味乡情，吃饭比城里好吃。1990年夏天，一个旅行社找到他，形成一个价格。对方说，一桌饭菜100元，我给你200元，你赚100元。旅游度假这可是商机啊！徐纪元的农家乐开始正式面向大众营业。很快，第一批客人如期而至。每客20元，各地农家乐价格标杆20元，做几个菜？他觉得多一个少一个无所谓，有钱赚就行。客人越来越多。价格20元一直持续到2000年。正宗的农家院饭菜，点土灶，做菜加郫县豆瓣，忙得不可开交。农家乐成功得益于他家可口的饭菜。

3. 重视食品安全。

徐家农家乐大院董事长徐××认为：食品安全不过关，再美的环境也没有用。

4. 传经给别人。

周边许多人取经徐家农家乐，效仿其做法。他把农家乐经验毫无保留告诉别人：一定要因地制宜，不要把模式搬回去。有条件你就搞。

5 把握市场转变。

2000年以后，高档农家乐冲击低档农家乐。小户干脆关门了。农科村农家乐倒闭了一大半，巨大反差让徐××忧心忡忡。他完全可以放弃农家乐专心经营园林。他开始找原因，放下身段，向竞争者讨教。规划好，路途近，卫生好是竞争者优势。他决定干脆投入大一点。拟投入400万元。有人说他拿钱打水漂。可他坚持认为设备、环境太差,家具破破烂烂是竞争力不强的原因。这个认识催生了他的20亩第三代农家乐。典型的川西民居风格,三层楼别墅型农家乐,70桌餐饮。可承揽会议、搞活动。主人与客人同吃同住。

6. 不断转型升级。

2010年徐××农家乐已经四次转型升级。发展休闲旅游的同时,投资2000万元建成了乡村酒店——第四代农家乐。宽敞会议室容纳300多人开会。城里宾馆搬到乡村来了,体现到社会进步。城里人、农民聚会都在农家乐,结婚、嫁女、做寿。农家土鸡、土鸭,城里人喜欢。

7. 眼光、魄力是他的两把刀。

园林产业是后盾。这是徐纪元的经验。如今,他把农家乐经营管理交给他的三个儿子。他和儿子们在一起商讨工作。谈到第五代农家乐朝什么方向发展时,达成共识是:休闲农业有饱和的时候,养老产业有巨大空间。一般家庭,子女工作太忙没法陪老人。建档次高的托老院、国际农庄、酒店,发展养老产业,托老养生,配套医疗,是第五代农家乐发展方向。

8. 政府帮助农民提高农家乐服务水平。

农业局长讲课,对农民厨艺、礼仪接待有针对性地培训,吸引外地农民回乡创业。一农民原在深圳经商一年营业额1000万元,毛利35%以上,一年收入30.4万元。现回乡投资农家乐。

项目编号:022

项目名称:河南宁陵县刘花桥村××农家乐

项目概况:(略)

成功之道:

1. 做了什么?

政府规划——将该县旅游主题定为:花海果园、中原梨香。把刘花桥村打造成为中原原生态梨园村落,形成梨花桥旅游景区。

2. 因为什么?

(1)进行了调查和对已有旅游资源的分析比较。

①产品有美誉度、知名度,这就是卖点。

②产品历史悠久,这就是看点。

③产品种植面积广,这就是突破点。

④所处村庄历史文化资源丰富,这就是重点。

⑤历史的遗迹呼应着美丽的传说。

⑥民俗是最好的产品配套资源。

(2)分析比较得出结论:

结论是发展生态旅游,优势明显。

3. 做了什么?

(1)明确了市场定位

挖掘本县的品牌旅游资源,主打××牌可增加农民收入。优势资源集中在××村,以××村为发展龙头切实可行。

(2)明确生态旅游规划方案

①以××村为实施目标。

②依托××××等旅游资源。

③开发三大系列旅游产品体系。

④通过×××的举措,实现把×××打造为××××的目标。

(3)明确市场定位

①总体定位。

②宣传口号。

③打造的重点措施:

第一,进行了科学选址。

选址从以下方面进行了考量:

一看历史是否悠久、历史文化资源是否丰富?

二看该地民间传说及旅游资源是否相对集中?

三看是否处于规划区的中央核心地带?

四看景区的可进入性是否强?

第二,组合了旅游产品。

是为实现市场定位目标；开发出的系列旅游产品体系联系紧密；旅游产品规划以××为主组成旅游网点；增植花树大力挖掘文化底蕴，引入水源开发多元化旅游景点。

第三，明确了营销对象。

对村周边市县及游客活动半径进行研究；确定开展生态旅游的主要营销对象。

4. 情况怎么样？

(1)以现场发布会的形式向营销对象推广介绍以××村为中心的生态旅游产品。

(2)在旅游专业媒体上进行宣传促销。

(3)举办××观赏节和××采摘节，聚拢人气。

(4)一系列旅游营销推广活动的举办带动了当地农家乐的大力发展。

(5)该村现有“农家乐”餐饮18处，整洁、卫生、美观，“农家乐”的优质服务更让游客获得了“三好”(玩得好、吃得好、住得好)的满足。

第八章　农家乐的规划和设计案例

（决定农家乐的导向）

本章提供了农家乐的全案规划、设计梗概，配合案例加以说明。

玩活农家乐规划

- 农家乐景观设计要与周边环境相协调。
- 设计好农家乐开发全案策划和修建规划。

一、农家乐景观设计

例：

×××农家乐景观设计

（一）工程概况

×××农家乐位于×××镇。×××镇紧邻北京潮白河，与通州塔隔河相望。廊坊——涿州高速穿乡而过，该乡最西端与将于2015年通车的北京地铁东小营站相距不到1里。

该镇村落历史较长，民风古朴，老民居至今仍保留着明清时期的旧貌。婚俗仪式古老，礼仪有特色。还有就是民间故事之乡。“蝲蝲蛄救了唐王李世民”“龙伐木”等民间故事充满神奇色彩。

其景观设计突出建筑环境特点，从民俗文化中汲取景观设计元素，保留生态价值要素。

(二)现状分析

目前，有圈养形式牛舍，固定成排厂房 15 间。还有荷花种植塘一个。

(三)规划范围

对从荷花塘向东 1000 米，从牛舍向南 500 米的区域范围进行规划、设计。

(四)设计思路

1. 以线穿点的项链状自然布局。

北门

水 景　　花 园

牛舍　荷花塘（紧邻潮白河）

加工牛肉制品　出藕区

酒店　休闲度假区

中心景区

南门(正门)

2. 使农家乐景观与周边环境相协调。

农家乐景观要利用好荷花这个意象。利用荷花塘呈东北——西南带状延伸的特点，在南门入口处，以所种植的荷花作为门户景观。采用跌瀑溪流，让荷花静中有动，动静结合，营造如诗如画的氛围，引发游客不一样的感触。与周边潮白河水景观、堤岸生态林景观相谐共荣。

(五)功能分区

1. 牛养殖区

养牛厂最主要的建筑是牛舍。如果设计不好牛舍，那么整体设计就会受到影响。

2. 荷花种植区

荷花可观赏、莲藕可食用，能给种植户带来一定的经济效益。

3. 餐饮、住宿服务区

用从荷花塘里采来的鲜藕做菜，用牛肉或牛奶做菜或做饮品。这就让餐饮有了对游客的吸引力。在荷塘旁住宿，翻开一本书，或背诵一下作家朱自清的散文《荷塘月色》，游客一定会对住宿在这里感到极大的喜悦。

4. 休闲娱乐体验区

(六)设计目标

1. 布置景观小品

从农家乐大门内甬路、车道沿线上，布置各种以荷花、金牛为题材的宣传景观小品，增长知识，对游客来说不是坏事。

2. 改扩建牛舍

扩建牛舍1000平方米，改建饲料青贮窖1000平方米，购进红外线消毒设备一套。

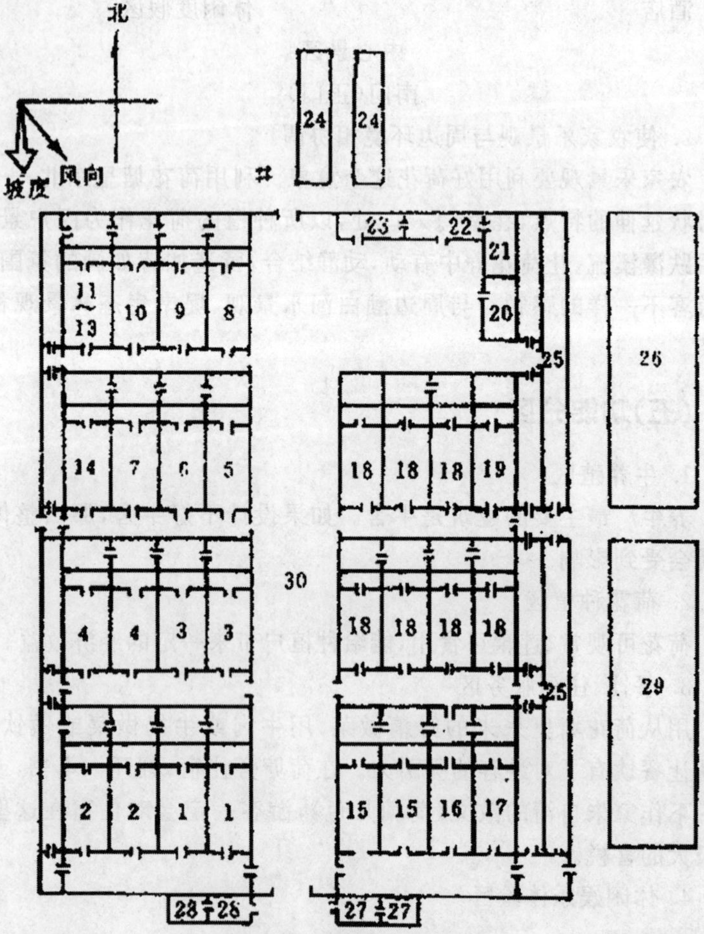

×××农家乐牛舍扩建方案图

3. 利用水塘养好荷花、鲤鱼。水塘生态环境为养殖鲤鱼提供了保护和利用的空间。

4. 搞好种养产品加工。研发牛肉干等深加工食品。研发荷花口服液、莲蓬籽口服液等深加工保健食品。设计开发牛皮皮革制品。

5. 搞好有机肥料加工。利用好牛粪便资源，进行深加工，生产出有机肥料，从而把废物变成宝物。

6. 搞好水景广场。使进入餐饮住宿区域的游客缓冲及休闲的空间增大，同时可以提高餐饮住宿服务的品位。

二、农家乐开发全案策划和修建规划

例：

××农家乐

策划及概念性规划项目书

（一）项目总体判断

【地理位置】

本农家乐位于×××中部，东、北、西面临××市，南与××相连，西隔××河与北京××区相望。距×××50 公里，××100 公里。××河在××穿过。

【人口面积】

所在乡镇人口××万，面积×××平方千米。

【地形】

地处燕山前平原，地势平坦。

【主要河流】

潮白河和鲍丘河等。

【交通】

京秦铁路、102 国道和 271 省道过境，公路四通八达，交通比较便利。

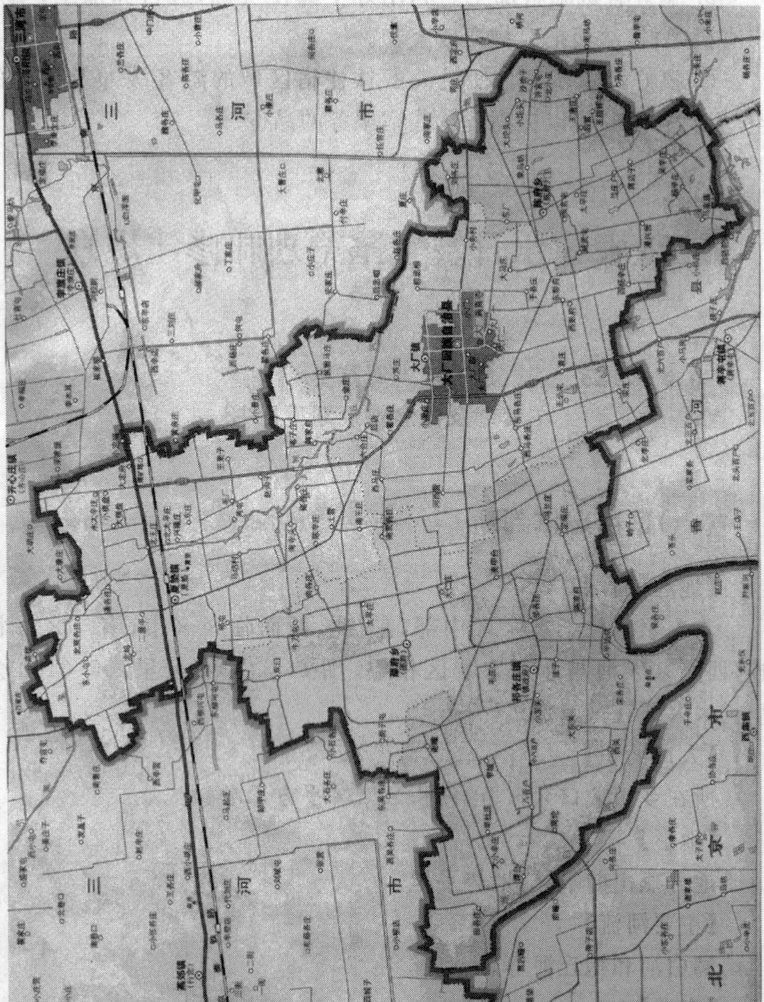

【风景名胜】

××清真寺

【当地土特产】

牛羊肉、西瓜。

在对农家乐项目资源、周边环境及相关资源的调查之后，对周边区域相似资源进行了比较分析。

【周边区域】×河、××河

【与周边区域相似资源比较】

大××农家乐资源：民族特色清真食品生产基地、休闲度假基地、绿色有机蔬菜基地、观光农业基地。

×河农家乐资源：康复疗养、现代设施农业、休闲度假基地、养老基地。

××河农家乐资源：养老、健身康复、观光农业、绿色有机蔬菜。

【定性的资源分析】

本农家乐辐射及影响力强，对本镇有引领作用，对本县旅游发展有一定的带动作用。从交通发展角度来看，项目地处×××潮白新城的一个交通节点，距离潮白河×××大桥车程10分钟。本项目将成为未来本镇的新名片、本镇新的经济增长点，并带动整个县域的旅游经济的发展。

(二)市场研究

【收集相关市场资料】

大×区位优势明显，有"首都东大门"之称。与通州新城毗连，交通便捷。大×规划对接通州快速通道网。

大×人口密度高，工业和农业发展水平都较高，是环首都圈的内圈。农民人均年收入在5000元左右。农业人口占全县12万人口(大×2020年人口将达到50万人口)的76.7%，即9.2万人。

大×潮白河工业区是新兴产业示范区。重点发展石油装备、新能源、环保产业。大×有2万亩规模的绿色有机蔬菜基地，种植生菜、黄瓜、西瓜、西芹、茄子等。大×地表水资源量1292.0立方米。大×蔬菜种植面积3.64万亩。日光温室0.16万亩。大中小棚0.26万亩。

【精确的市场定位与市场目标】

市场定位：(1)核心市场。以潮白河潮白新城为核心的周边市场。半天车程的城市群的休闲度假市场。(2)基础市场。环渤海市场(京、津、唐是其核心)、过境分流客源市场。(3)机会市场。以土桥八通线轻轨交通枢纽为核心的休闲度假市场。其他休闲市场和旅游客源点。

(三)定位分析

1.总体定位

总体定位:具有回族风情京东皇家牧场养殖体验的旅游养生乐园。

定位阐释:优美的生态自然环境,在都城文化与伊斯兰文化、游牧文化相互渗透和融合中产生具有浓郁特色的文明。在此基础上,当地养殖业、特色旅游产业迅速发展。

2. 目标定位

目标定位:牛养殖及牛产品深加工研发基地。特色旅游休闲度假基地。××地区最大的生态养殖示范基地。××地区最大乡村旅游集散中心。

3.形象定位

形象定位:现代生态养殖、深加工基地、浪漫休闲度假胜地。

定位阐释:现代生态养殖、深加工基地—利用当地优良的林水环境养殖,给牛羊提供良好的环境,采用现代化的科研设备进行牛产品的深加工,形成独特的养殖生产加工链条。优美的自然环境,人文资源和文化古迹打造具有自然生态特色的浪漫休闲度假胜地。

(四)功能布局

功能定位:牛养殖及牛产品深加工研发基地及特色旅游目的地。

功能布局:功能分区分游客服务区、汽车服务区、休闲服务区。

(五)产品体系构建

××旅游资源类型丰富,与之对应的是可提供产品的类型也极为丰富。在对××旅游资源形成的认识的基础上,构建如下的产品体系:

1. 从旅游主题的角度，××旅游产品可包括生态旅游产品、文化旅游产品、体育运动旅游产品、商务休闲度假产品、娱乐休闲旅游产品、科教旅游产品等。

2. 从旅游性质的角度，旅游产品涵盖观光、休闲、游乐、度假、旅游地产五大产品体系，各产品体系所包含的产品类型如下：

观光：田园观光；生态观光；建筑观光；文化观光。

休闲：农业休闲；商务休闲；养生休闲；运动休闲；生态休闲；文化休闲。

游乐：水游乐；生态游乐；运动游乐；乡村游乐；文化游乐。

度假：休闲度假；养生度假；商务度假。

旅游地产：住宅地产；商业地产。

（六）重点项目概念性策划

1. 农家乐××项目体系

(1)创意文化产业：水幕音乐电影。

(2)工业旅游：生态科技养殖园、潮白河工业园区。

(3)草原旅游：草原牧场(××清朝时为皇家牧场，水草丰茂。)。

(4)文化旅游：农耕文化展。

(5)主题公园：民俗主题园。

(6)商务会展：夏令营。

(7)休闲度假：生态林休闲度假区。

2. 开发思路

开发一个大型的农家乐，为游客提供旅游信息咨询、餐饮住宿等服务。农家乐将整合旅游资源，满足游客个性化旅游需求。

3. 主要产品

包括游客服务中心、车辆集散中心、自驾车服务中心、特色商街、休闲商街。

4. 示意图

第九章　怎样撰写农家乐文书

（决定农家乐的特点）

本章解决的是如何撰写农家乐文书的问题。

玩神农家乐文书

· 常用农家乐文书有七类。

常用的农家乐文书有哪些

常用农家乐文书，主要有：

（一）请示、报告、通知类。

（二）方案类（如：计划任务书、市场预测报告、市场调查报告、预决算报告、财务分析报告、统计分析报告、经营决策方案、商品广告等）。

（三）告启类（如：海报、通知、广告等）。

（四）礼仪类（如请柬、祝词、贺词等）。

（五）信电类（书信、信息、电子邮件等）。

（六）契约类（如：合同书、协议书等）。

（七）宣传类（如：说明书、解说词、宣传标语等）。

农家乐文书样式

例一：

××农家乐开业申请书

××工商局：

我是……，为了……，我申请开办农家乐，请批准我的要求，发给营业执照。

开业后，我保证……。

申请人：×××

××××年××月××日

例二：

×××农家乐农耕文化展

展览主题：农耕文化

时间：××××年××月××日

地点：×××农家乐展厅

欢迎参加，备有免费听讲证，请提前二日到×××农家乐领取。

例三：

××××农家乐计划任务书

1. 计划摘要
2. 农家乐简介
3. 品牌经营
4. 人员
5. 发展计划
6. 发展规模
7. 市场分析和估算

8. 市场形成及推动因素
9. 营销方案
10. 生产与服务
生产管理
(1) 生产过程
(2) 成本控制
(3) 质量控制
生产类型
(1) 生产技术
(2) 员工技术培训
生产经营设备
供应情况
技术保障
11. 财务预算
(1)初创用途及金额
(2)近期效益预测
(3)流动资金和现金流量预测
(4)未来五年效益预测
12. 风险防范
(1) 技术风险
(2) 农业局专家技术指导
13. 进度安排
(1) 形成市场调查报告
(2) 选址领执照登记开业仪式
(3) 整合人员、资产、规划建设生产加工基地
(4) 扩大经营领域
(5) 注册生态菜商标制作广告制订促销方案
(6) 农超对接签约

例四：

×××农家乐开业启事

本农家乐定于××××年××月××日正式开张营业。

地址：×××县××镇××村××街××号

电话号码：×××××××××

×××农家乐启

××××年××月××日

后　记

当前，我国工业化、城镇化推进速度明显加快，农村土地城市化向人口城市化转变能促使社会结构转型，缓解人多地少的矛盾。农业进入高投入、高成本、高风险的时期已是不争的事实。要解决谁来种地、种什么能增加农民收入，缩小城乡差距这一问题，需要加快建设现代农业，创新经营机制，释放农村资源、生产要素潜能，激发多元经营主体活力，激励农民生产经营热情，激发农村内生活力。为全面建成小康社会，除了有序推进农村人口转移至城镇外，还要推进幸福、美丽乡村建设。发展乡村文化旅游和休闲农业，创建生态文明示范县、示范村镇，开发农家乐是落实这一政策的具体化。这对于农村苦于找不到致富新出路的农民来说不啻是个福音。然而，经营农家乐不是一件简单的事情，本书配合案例，向您揭示农家乐种种经营招数，看罢此书，您一定会茅塞顿开，大呼过瘾。

当前农村市场需求很强。考虑到农家乐经营者需要一看就能懂、实用、价格低廉的图书，据此出版一些农村版图书，讲清楚农民“怎样做”，文字要浅显通俗，配上图解更好，这样才能做到农民读者一看就懂，一试就灵，一干就有效。目前，反映最新行业知识、方法的指南类书比较受农民读者欢迎，这是广大农民科技致富，建设环保、文明、健康、和谐的社会主义新农村的要求。事实上，如果出版社这样做了，那么就会获得很好的社会效益和经济效益，而农村图书需求也才能得到真正的满足。

本书在创作过程中，参考了一些资料，走访了很多农家乐从业者，得到了他们的帮助，对此表示感谢。

金盾出版社对本书的出版给予了大力支持，在此一并致以衷心地感谢！

主要参考文献

中国地图册．星球地图出版社，2011.

京圈旅游通．中国地图出版社，2010.

园林绿化工程识图与预算快学一本通．机械工业出版社，2012.

黄艺叶眉主编．景观设计师是怎样炼成的．机械工业出版社，2011.

卢圣主编．景观设计与绘图．化学工业出版社，2010.

曾书琴主编．都市型现代农业的理论与实践．中山大学出版社，2012.

农家乐(乡村游)服务宝典编委会编．农家乐乡村旅游之住宿服务．旅游教育出版社，2011.

农家乐(乡村游)服务宝典编委会编．农家乐乡村旅游之餐饮服务．旅游教育出版社，2011.

顾朝林主编．北京首都圈发展规划研究—建设世界城市的新视角．科学出版社，2012.

鲁勇主编．53条北京及周边自驾游标准路线．中国轻工业出版社，2011.

乔娇娇编著．中国饮食．时代出版传媒股份有限公司黄山书社，2012.

肖迪编著．传统乐器．时代出版传媒股份有限公司黄山书社，2012.

徐雯吕，品田著．传统手工艺．时代出版传媒股份有限公司黄山书社，2012.

孙欣，童芸编著．中国雕刻．时代出版传媒股份有限公司黄山书社，2012.

林正楠编著．古典建筑．时代出版传媒股份有限公司黄山书社，2012.

侯振华主编．乡村生态旅游手册．沈阳出版社，2010.